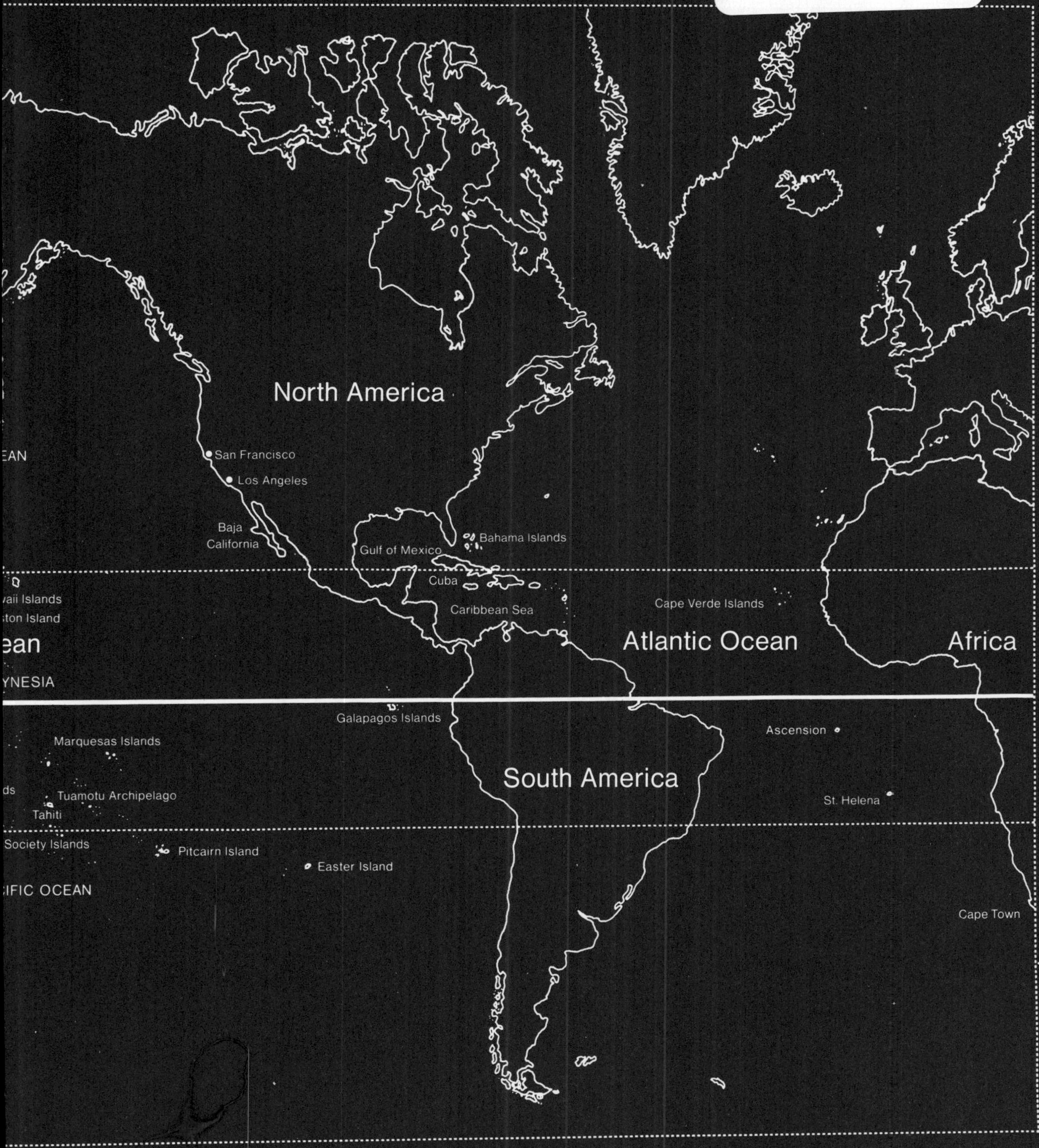
North America
EAN
San Francisco
Los Angeles
Baja
California
Gulf of Mexico
Bahama Islands
Cuba
Caribbean Sea
Cape Verde Islands
Atlantic Ocean
Africa
vaii Islands
ston Island
ean
YNESIA
Galapagos Islands
Ascension
Marquesas Islands
South America
ds
Tuamotu Archipelago
Tahiti
St. Helena
Society Islands
Pitcairn Island
Easter Island
CIFIC OCEAN
Cape Town

Fotos auf dem Schutzumschlag

Oben links:	*Holacanthus passer,* Foto: Rödiger
Oben rechts:	*Chaetodon xanthurus,* Foto: Nieuwenhuizen
Unten:	*Holacanthus clarionensis,* Foto: Friese

Dieses Buch ist Dr. William A. Gosline gewidmet, der mir hilfreich bei meinem Werdegang zum Ichthyologen zur Seite stand und der mir großzügigerweise nach seiner Pensionierung einen großen Teil seiner persönlichen Bibliothek übereignete.

CIP-Kurztitelaufnahme der Deutschen Bibliothek
Allen, Gerald R.:
Falter- und Kaiserfische, Band 2: Atlantik, Karibik, Rotes Meer, Indopazifik.
Melle: Mergus-Verlag, 1979
ISBN 3-88244-002-3

Typographische Gestaltung: Hans-Jürgen Braun
Satz: Fotosatz F. Nollmann, Werther
Druck: MERGUS PRESS, Hongkong
Redaktion und Herausgeber: Hans A. Baensch
Übersetzung: Arnd Rödiger

Printed in Hongkong

Dr. Gerald R. Allen

Falter- und Kaiserfische

Atlantik, Karibik,
Rotes Meer und Indo-Pazifik
Zusammen mit Band 1
werden alle
Arten der Welt
erfaßt.

Mit 300 Farbfotos,
davon über 150 Original
Unterwasser-Aufnahmen

Band 2

Bearbeitung Hans A. Baensch
Vorwort Professor Dr. Konrad Lorenz

MERGUS

Verlag für Natur- und Heimtierkunde
Hans A. Baensch · Melle · W. Germany

Inhaltsverzeichnis

Vorwort

von Konrad Z. Lorenz, Altenberg.

Gerald R. Allen ist einer der wenigen Naturforscher, die sowohl die Freilandbeobachtung als auch das Studium in Gefangenschaft lebender Tiere als Wissensquelle benutzen. Besonders bei Fischkundlern ist es leider recht häufig, daß die Taucher unter ihnen eine gewisse Verachtung für die Aquarienliebhaber zeigen und daß umgekehrt nur verhältnismäßig wenige Aquarianer im offenen Meere tauchen.

Versteht es der Aquarienwirt, oder auch ein anderer Tierhalter, artgemäße und biologisch richtige Haltungsbedingungen herzustellen – soweit dies bei der betreffenden Tierart überhaupt möglich ist – dann hat die Beobachtung in Gefangenschaft einen großen Vorteil gegenüber der im Freiland: Man wird hier in die Lage versetzt, verwandte Arten, die normalerweise geographisch weit voneinander beheimatet sind, *nebeneinander* zu sehen, was einen zum Vergleichen und zu Gedanken über ihre stammesgeschichtliche Verwandschaft anregt. Wichtige Entdeckungen sind auf diese Art und Weise gemacht worden. Die großen Pioniere der vergleichenden Verhaltensforschung Oskar Heinroth und Charles Otis Whitman waren beide *„Tierliebhaber"*, die viele Vogelarten einer Gruppe in Gefangenschaft oder Halbgefangenschaft untersuchten; bei Whitman waren es die Tauben, bei Heinroth die Entenvögel (Anatidae).

Bei mir selbst, dem Schreiber dieses Vorworts, waren es zum einen wie bei Heinroth die Entenvögel, zum anderen aber, und dies nicht weniger ausschlaggebend, die Cichliden oder Buntbarsche. Von ihnen ausgehend dehnte sich mein Forschungsinteresse allmählich auf die ganze große Gruppe der stachelflossigen Fische, der Acanthopterygier, aus. Gerade diese formenreiche Fischgruppe bietet dem Aquarianer die Möglichkeit, durch genaue Beobachtung wertvolle Beiträge zur vergleichenden Wissenschaft zu liefern.

Die Stachelflosser, und unter ihnen besonders die Barschartigen (Percomorphae), sind deshalb für die vergleichende Stammesgeschichtsforschung so interessant und aufschlußreich, weil sie erst in verhältnismäßig junger erdgeschichtlicher Zeit, zu Anfang des Tertiärs, entstanden sind und mit erstaunlichem biologischem Erfolg, in unzähligen Familien, Gattungen und Arten verzweigt, so ziemlich alle ökologischen Nischen besetzt haben, die Fischen überhaupt zugänglich sind.

Besonders attraktiv sind für den vergleichenden Forscher, sei er nun Morphologe oder Verhaltensforscher, solche Gruppen, die sich durch eine besonders große Zahl von Gattungen und Arten auszeichnen. Die Cichliden und Riffbarsche (Pomacentriden) sind solche Gruppen, die Falterfische (Chaetodontidae) und Kaiserfische (Pomacanthidae) eine andere. Letzteren hat nun Gerard R. Allen, der sich schon mit den Pomacentriden beschäftigte, das vorliegende Buch gewidmet. Es ergänzt den bereits erschienenen Band von Roger C. Steene.

Was Allen ganz besonders auszeichnet, ist sein „systematisches Taktgefühl". Dieses entspringt zweifellos einer profunden Kenntnis der von ihm behandelten Arten, einer Kenntnis, die weder allein auf der Freilandbeobachtung, noch allein auf der Aquarienhaltung seiner Objekte beruht, sondern nur durch die Anwendung beider Forschungsmethoden zu erreichen ist.

Die verwandschaftlichen Beziehungen von Pomacanthiden und Chaetodontiden sind bislang nur insoweit geklärt, als durch Warren Burgess überzeugend dargelegt wurde, daß beide durchaus nicht so nahe verwandt sind, wie man bis dahin angenommen hatte. Bei den Chaetodontiden ist die Entwicklung der Larven nämlich durch das sogenannte Tholichthys-Stadium gekennzeichnet, wohingegen es bei den Pomacanthiden in dieser Hinsicht nichts Vergleichbares gibt. Welche Verwandschaftsgruppen sich innerhalb der beiden Familien abgrenzen lassen, ist weithin unbekannt. In diesem Buch ist Allen Burgess gefolgt und hat die Eingruppierung der Arten innerhalb der Untergattungen in einer gesonderten Aufstellung vorgenommen. Dies ist für mich unmittelbar überzeugend, soweit ich die betreffenden Fische selbst kenne. Dadurch ist der Leser in der Lage, sich selbst die zusammengehörigen Gruppen (Untergattungen) vorzustellen.

Wohl selten haben Forscher so viel Wissen über eine Tiergruppe zusammengetragen wie Allen und Steene in den beiden Bänden über Falter- und Kaiserfische. Sie haben sich die ehrgeizige Aufgabe gestellte, *alle* Arten zu behandeln, die man überhaupt kennt. Die

meisten von ihnen haben sie selbst im Freien beobachtet, sehr viele aber auch selbst im Aquarium gehalten. Sie sind daher ganz besonders dazu berufen und befähigt, über ihre Ökologie und auch über die Ansprüche zu berichten, die sie an die Aquarianer stellen.
In einer Zeit, in der sich die meisten Menschen der Natur in sehr schädlicher Weise zu entfremden im Begriffe sind, stellt es einen Lichtblick dar, daß das Interesse an Meerestieren und deren Haltung in Seewasser-Aquarien offensichtlich ständig im Zunehmen begriffen ist. Die Pflege von Meeresfischen, wie auch deren wissenschaftliche Beobachtung in der freien Natur, stellen hohe Anforderungen an das Einfühlungsvermögen und an das biologische „Fingerspitzengefühl" des Aquarienwirts bzw. die Beobachtungsgabe des ichthyologisch interessierten Tauchers dar. Sowohl die Aquarienpflege als auch die Forschung im Freien sind keine „Hobbies" im üblichen Sinne, sondern eine äußerst ernsthafte und den ganzen Menschen fordende Beschäftigung.
Sie wird so zu einer „Schule" der allgemeinen Lebensfreude, deren erzieherische Werte nicht hoch genug einzuschätzen sind.
Dieses Buch über die Falter- und Kaiserfische, deren Schönheit in der Tat berückend ist, wird sicherlich dazu beitragen, daß noch mehr Menschen Zugang zu dieser „Schule" finden und mit wachen Augen und offenem Herzen die Faszination der Natur erleben.

Konrad Lorenz
Altenberg/Österreich
Juli 1978

Vorwort des Autors

Dieses Buch ist der zweite Band eines zweiteiligen Werkes über die Falter- und Kaiserfische der Welt. Im ersten Band, den mein enger Freund Roger C. Steene schrieb, wurden diejenigen Arten behandelt, die den Bereich von Australien und Neuguinea bewohnen. Dies war ein geeigneter Ausgangspunkt, denn nirgendwo in der Welt gibt es mehr Falter- und Kaiserfische als gerade in diesen Regionen. Im vorliegenden Band werden nun die restlichen Arten behandelt, so daß damit eine umfassende Darstellung dieser beliebten Fische erfolgte.
In diesem Band werden 65 Chaetodontiden und 43 Pomacanthiden behandelt, hinzu kommen noch einige Arten, die bereits im Band 1 beschrieben worden sind. Damit ist nun eine Darstellung aller bis jetzt bekannten Arten gegeben, 114 Falterfische und 74 Kaiserfische. Viele von ihnen werden hier zum erstenmal im Bild vorgestellt, die meisten von ihnen mittels hervorragender Unterwasserfotografien, aufgenommen in ihrem natürlichen Lebensbereich. Hinzu kommen allgemeine Informationen zu ihrer Klassifizierung, ihrer Naturgeschichte sowie ihrer Haltung im Aquarium. Ein weiterer Teil beschäftigt sich mit dem faszinierenden Problem der Hybridation (Kreuzung), welche bei diesen Fischen ein häufiger vorkommendes Phänomen zu sein scheint. Eine umfassende Bibliographie schließt das Buch ab, die sowohl dem Wissenschaftler als auch dem interessierten Laien hilfreich sein kann.
Vermutlich hat keine andere Gruppe von tropischen Meeresfischen die Phantasie des Menschen so gefangen genommen wie die Falter- und Kaiserfische. Ganz sicherlich zählen sie zu den schönsten und den anmutigsten aller Meerestiere. Die Natur ist hier gewissermaßen höchst verschwenderisch gewesen, was den ungeheuren Reichtum an Farben und bizarren Mustern anbelangt.
Insgesamt hat dieses zweibändige Werk das Ziel, als ein praktischer und informativer Führer durch die Welt der Falter- und Kaiserfische zu dienen. Es wird sowohl dem Aquarianer als auch dem Studenten der Ichthyologie helfen, sich schnell und umfassend in die Klassifizierung und die Biologie dieser Fischgruppen einzuarbeiten.

Danksagung

Mein Dank gilt in erster Linie Roger C. Steene und dem Herausgeber, Hans A. Baensch, die mich eingeladen haben, an diesem Projekt mitzuarbeiten. Mein Dank richtet sich auch an Dr. Konrad Lorenz, der sich großzügigerweise bereiterklärte, das Vorwort zu schreiben. Dr. Walter A. Starck II ermöglichte es mir, von Bord seines Forschungsssschiffes „El Torito" aus während der Jahre 1970–1973 eingehende Beobachtungen der Falter- und Kaiserfische bei den Palau-Inseln und im Melanesischen Archipel zu machen. Die National Geographic Society in Washington, D.C. finanzierte Expeditionen zu der Oster-Insel (1969), zur Lord-Howe-Insel (1973) und zu den Salomon-Inseln (1973).

Viele andere Leute waren mir selbstlos behilflich während einer Weltreise in den Jahren 1975–76, in deren Verlauf Falter- und Kaiserfische eingehend beobachtet und in ihrem natürlichen Habitat fotografiert werden konnten. Zu diesen Personen zählen Dr. Patrick Colin (Puerto Rico), Dr. George De Bruin (Sri-Lanka), Mr. David Fridman (Eilat, Rotes Meer), Mr. Jack Moyer (Japan) und Dr. Ross Robertson (Panama). Auf der gleichen Reise stellte mir das Smithsonian Tropical Research Institut die Einrichtungen ihrer Forschungsstation in Panama zur Verfügung. Mein Dank gilt auch der Food und Agricultural Organization (F.A.O.) der Vereinten Nationen und vor allem aber Dr. Walter Fischer der gleichen Organisation, die mir Beobachtungen und Sammlungen am Persischen Golf, im Golf von Oman und im mittleren Teil des Roten Meeres im Jahre 1977 ermöglichten. Auf dieser Reise fand ich besonders Unterstützung durch Dr. Peter Vine und seiner Frau Paula bei einem Besuch in Dschidda (Saudi-Arabien) und durch Dr. William F. Smith-Vaniz, der mir bei den Tauchaktivitäten zur Seite stand. Besonders dankbar bin ich dem Western Australian Museum für die Unterstützung bei meiner Feldarbeit und den verschiedenen Forschungsprojekten während der letzten vier Jahre. Der Australian National Parks und Wildlife Service unter der Leitung von Mr. Vance Russell stellte finanzielle Mittel zur Verfügung, die Roger Steene und mir einen Besuch der Weihnachts-Insel im Indischen Ozean während der Zeit Mai–Juni 1978 ermöglichten. Roger Lubbock und Alan Power waren mir eine große Hilfe, indem sie etliche Fotos von relativ seltenen Arten beisteuerten. Dank schulde ich auch den verschiedenen Unterwasserfotografen und Peter Chlupaty für seine Hinweise auf die Pflege im Aquarium. Die wertvollen Zeichnungen dieses Bandes stammen von Martin Thompson aus Perth. Ganz besonders dankbar bin ich Dr. John E. Randall des Bernice P. Bishop Museums in Honululu, der während meiner Zeit an der Universität von Hawaii mein Doktorvater war.

Dr. Randall, oder „Jack", wie er bei seinen Kollegen in aller Welt heißt, weckte zu einem großen Teil mein Interesse an Korallenfischen und unterstützt auch heute noch meine Forschungsarbeit in unschätzbarer Weise. So beschaffte er beispielsweise während der gegenwärtigen Studien Fotografien von seltenen Fischarten aus entlegenen Gegenden und begleitete mich auch auf zahlreichen Forschungsreisen. Dank sagen will ich auch Dr. Warren E. Burgess, der durch seine Untersuchungen an Falterfischen mein eigenes Interesse an dieser Fischgruppe während unserer gemeinsamen Jahre als Studenten an der Universität von Hawaii erregte. Auf seine Studien wird das ganze Buch hindurch Bezug genommen. Schließlich danke ich noch meiner Frau Connie Allen für ihre beständige Ermutigung und moralische Unterstützung, sowie für ihre exzellente Arbeit beim Schreiben dieses Manuskriptes.

Gerald R. Allen, Perth, Australien, 1978

Die äußeren Körpermerkmale bei Falter- und Kaiserfischen

Im folgenden werden zunächst die äußeren Kennzeichen eines typischen Falterfisches dargestellt. Zusätzlich werden die Köpfe von verschiedenen typischen Kaiserfischen verglichen. In den Zeichnungen werden folgende Abkürzungen benutzt:

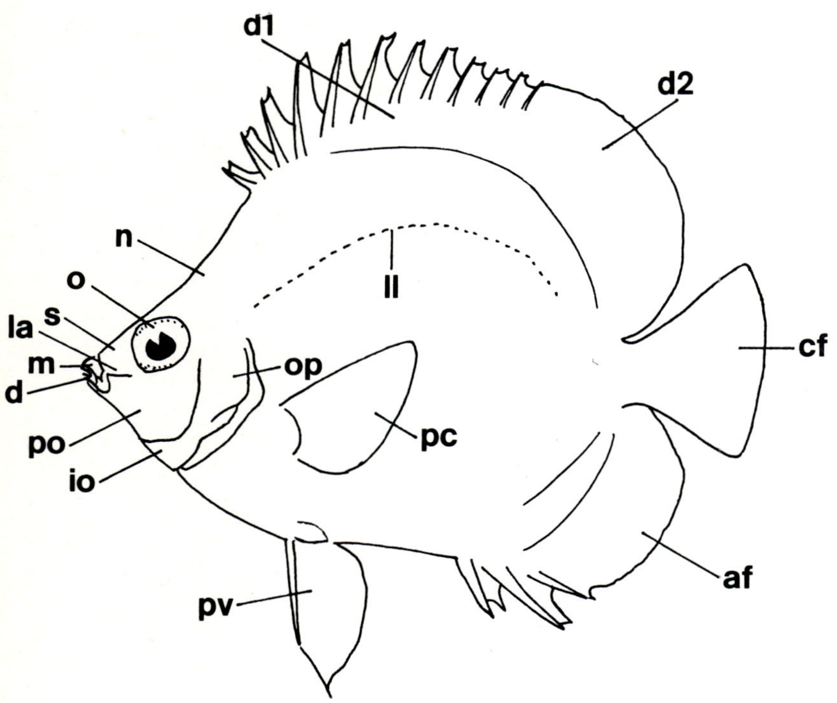

af = Anale (Afterflosse)
cf = Caudale (Schwanzflosse)
ct = Schuppenzacken (ctenii): mikroskopisch kleine Stacheln an den Schuppenrändern
d = Unterkiefer
d_1 = Hartstrahlige oder erste Rückenflosse (Dorsale)
d_2 = Weichstrahlige oder zweite Rückenflosse
io = Zwischenkiemendeckel (Interoperkel)
la = Lacrimale (Präorbitalfortsatz oder Tränenbein)
ll = Laterale (Seitenlinie)
m = Maxillare (Oberkiefer)
n = Nacken (Stirn)
o = Augenhöhle (Auge)
op = Operkel (Kiemendeckel)
pc = Pectoralen (Brustflossen)
po = Präoperkel (Vorkiemendeckel = Wange)
ps = Präoperkelstachel (Vorkiemenstachel)
pv = Ventralen (Bauchflossen)
s = Lacrymal, Präorbital
sf = Schuppenzentrum

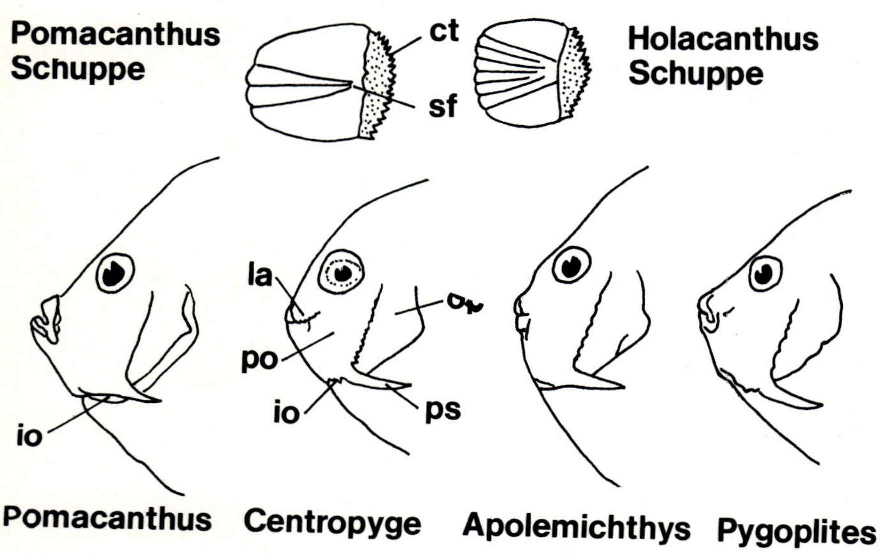

214.
Ein kleiner Schwarm *Heniochus intermedius* und im Hintergrund ein Pärchen *Chaetodon austriacus*.
UW-Aufnahme im Roten Meer.
Foto: Moosleitner.

Familie

Chaetodontidae Falterfische

Einführung

Die Falterfische sind vor allem bekannt für ihre auffallenden Farbmuster, ihr feines Äußeres und ihre graziösen Schwimmbewegungen. Sie sind die Lieblingsfische vieler Taucher und Aquarianer. Die Familie umfaßt 114 verschiedene Arten, die vornehmlich die Korallenriffe der tropischen Meere bewohnen. Einige wenige Arten kommen auch in kühleren Gewässern vor. Die meisten Arten leben in Tiefen von weniger als 20 Metern, doch sind einige auch in sehr tiefem Wasser von wenigstens 200 Metern beheimatet. Die Jungtiere verändern häufig während ihres Wachstums das Farbkleid, doch sind diese Farbveränderungen weitaus weniger spektakulär als bei einigen Kaiserfischarten. Junge Falterfische sind als Aquariumfische sehr beliebt, und sie werden häufig besonders aus dem Orient nach Europa und Amerika importiert.

Geographische Verbreitung

Falterfische kommen in allen tropischen Meeren vor, doch sind auch eine kleinere Anzahl von ihnen in den kühleren gemäßigten Breiten beheimatet. Die riesigen Weiten des Indo-Pazifiks bilden die Heimat für nahezu 90% der Arten. Die restlichen 12 Arten sind im tropischen Atlantik zu Hause. Viele Arten sind relativ weit verbreitet. So kommen etwa 25 Falterfischarten sowohl im westlichen Pazifik als auch im Indischen Ozean vor. Andere haben wiederum eine eher beschränkte Verbreitung, auch wenn sich diese noch auf den gesamten westlichen Indischen Ozean oder einen großen Teil des Pazifiks erstrecken kann. Zwei Regionen müssen besonders erwähnt werden wegen ihrer großen Anzahl von endemischen Arten (Arten, die nur dort und sonst nirgendwo vorkommen). Die erste dieser Gegenden ist das Rote Meer und der anschließende Golf von Aden, wo sieben endemische Arten festgestellt worden sind, die andere Region sind die hawaiianischen Inseln, wo vier endemische Arten existieren. Fünf Arten haben eine extrem beschränkte Verbreitung: *Amphichaetodon melbae* (San-Felix-Inseln), *Chaetodon declivis* (Fatu Hiva, Marquesas-Inseln), *C. guezei* (Réunion). *C. litus* (Osterinsel) und *Hemitaurichthys multispinosus* (Pitcairn-Insel). Die folgenden fünf Regionen besitzen die umfangreichste Artenanzahl in der Welt (die in Klammern angegebenen Ziffern beziehen sich auf die Anzahl der vorkommenden Arten): 1. Australien (50); 2. Philippinen (45); 3. Indonesien (44); 4. Taiwan (43); 5. Neuguinea (42). Die folgende Tabelle gibt eine grobe Analyse der geographischen Verbreitung der Familie der Chaetodontiden wieder. Die unter der jeweiligen Unterregion aufgeführte Artenanzahl kommt nur ausschließlich dort und nicht auch in anderen Unterregionen vor.

Verbreitung der Falterfische

Region	Unterregion	Anzahl der Arten
Indo-Westpazifik	Verbreitet über fast die gesamte Region	20
	Verbreitet im Westpazifik	15
	Westlicher Indischer Ozean	9
	Australien und vorgelagerte Inseln	8
	Indo-Australischer Archipel bis Japan	9
	Westpazifik bis östlicher Pazifischer Ozean	8
	Rotes Meer	7
	Weitverbreitet im Indischen Ozean	6
	Südost-Ozeanien	5
	Hawaii-Inseln	4
	Ostindische Inseln	2
	Mittlerer und östlicher Indischer Ozean	2
	Golf von Oman – Persischer Golf	2
	Südwestlicher Pazifik	1
Östlicher Pazifik		4
Atlantik	Westlicher Atlantik	7
	Mittel- und Ostatlantik	5

Biologie

Die Falterfische zählen zu den auffallendsten Fischgestalten aller tropischen Riffe. Die überwiegende Anzahl der Arten trifft man dort an, wo sich ausgedehnte Riffe lebender Korallen in relativ flachem Wasser von weniger als 15 bis 20 m Tiefe erstrecken. Diese Tatsache läßt eine große Abhängigkeit dieser Korallenfische vom Korallenriff als Nahrungsquelle und als Unterschlupfmöglichkeit vermuten. Eine kleine Anzahl von Arten, wie etwa *Chelmon mülleri* des nördlichen Australien, bewohnen schlammige Küstenriffe, wo die Artenvielfalt der Korallen gering ist. Andere Arten, wie etwa *Chaetodon mitratus* im Indischen Ozean, bewohnen Geröllregionen oder tiefer gelegene unterseeische Abhänge, wo kaum oder gar keine Korallen mehr wachsen. Einige wenige Arten, wie z. B. *Hemitaurichthys polylepis,* bilden Schwarmformationen hoch über dem Meeresgrund, wo sie sich von tierischem Plankton ernähren. Die Chaetodontiden zählen zu den tagaktiven Fischen, die relativ ortsgebunden sind (s. Reese, 1973 und 1975). Mit anderen Worten, der Lebensbereich der meisten Arten beschränkt sich auf isolierte Riffe oder relativ kleine Regionen größerer Riffgebiete. Für die Nahrungssuche durchstreifen sie ihren gesamten Lebensbereich. Eine geringe Anzahl von Arten, beispielsweise *Chaetodon trifasciatus, C. baronessa, C. triangulum* und *C. larvatus,* sind so territorial gebunden, daß sich ihr Lebensbereich auf nur einige Quadratmeter beschränkt und lediglich ein oder mehrere größere Stöcke der Tischkoralle *(Acropora)* umfaßt. Diese Territorien werden heftig gegen Mitglieder der eigenen Art oder andere korallenfressende Falterfische verteidigt. Bei den meisten anderen Arten sind sowohl inter- als auch intraspezifische argonistische Verhaltensweisen (Kämpfen, Jagen, Flüchten) nicht sehr ausgeprägt. Ehrlich *et al.* (1977) fanden jedoch heraus, daß kämpferische Gehabe und Gezänk vor allem am Abend und in der Morgendämmerung festzustellen sind, und daß solches Verhalten der Verteidigung des Schlafplatzes dient. Bei Einbruch der Abenddämmerung stellen die Fische ihre Futtersuche recht abrupt ein und ziehen sich in Korallenspalten oder unter Korallenüberhänge zurück, wo sie während der gesamten Nacht regungslos stehen bleiben. Viele Arten nehmen eine spezielle Nachtfärbung (s. Seite 334 [Anhang]) an, wobei das gesamte Farbmuster heller wird oder sich der Rückenteil des Körpers verdunkelt und dort ein oder zwei helle Flecken erscheinen. Einige Arten wie *Chaetodon trifasciatus, C. plebeius* und *C. aureofasciatus* scheinen jede Nacht zur selben Schlafstelle zurückzukehren, während andere dort einen Rastplatz suchen, wo sie sich gerade bei Anbruch der Nacht befinden.

Kontrovers geführt wird die Diskussion hinsichtlich der möglichen Ursachen der prächtigen Farbmuster der Korallenfische im allgemeinen, wie der Kaiser- und Falterfische im besonderen. Der berühmte Verhaltensforscher Professor Konrad Lorenz hat vermutet, daß die plakatartige Farbgebung der Riff-Fische die Aufgabe hat, als intraspezifischer Stimulus zu dienen, um die einzelnen Individuen voneinander fernzuhalten, so daß für jedes einzelne Individuum eine genügend große Futterbasis zur Verfügung steht. Außerdem würden dadurch unnötige Aggressionen zwischen nicht im Nahrungswettbewerb stehenden Fischen der verschiedenen Arten verhindert. Ehrlich *et al.* (1977) stimmen jedoch mit dieser Erklärung, gestützt auf ihre eigenen Feldbeobachtungen, die sie bei Lizard Island am Großen Barriere-Riff durchführten, nicht überein. Sie glauben, daß die Plakatfarben wenig mit der Verteidigung des Reviers zu tun haben. Sie vermuten vielmehr, daß die Farbmuster wahrscheinlich verschiedene andere Funktionen zu erfüllen haben, wie z. B. als Verständigungsmittel während der Werbung und der Brutzeit. Außerdem könnten sie dazu dienen, einem Raubfisch zu signalisieren, daß der Falterfisch einige unangenehme und „widerwärtige" Eigenschaften besitzt (z. B. harte Knochen oder scharfe Stacheln).

Reese hat 1975 das Sozialverhalten der Falterfische studiert und ist dabei auf verschiedene Grundmuster gestoßen. Einige Arten, wie z. B. die oben erwähnten ortsansässigen Arten, kommen gewöhnlich als Einzelexemplare vor, doch bilden sie gelegentlich auch kleine Gruppen. Andere leben normalerweie als Paare. Je nach der Häufigkeit ihrer Neigung zur Paarbildung unterscheidet man Arten, die schwach oder stark zur Paarbildung neigen. Zur ersten Kategorie zählen solche Arten wie *Chaetodon citrinellus, C. lunula, C. ornatissimus, C. quadrimaculatus* und

C. reticulatus. Beispiele für die stark paarbildenden Arten sind *C. ephippium, C. multicinctus, C. punctatofasciatus, C. triangulum, C. trifasciatus, C. unimaculatus* und *C. vagabundus.* Reese führte den überwiegenden Teil seiner Studien am Enewetak Atoll und im südlichen Teil des Großen Barriere-Riffs durch. Er betonte, daß bestimmte Arten durchaus verschiedene Sozialverhalten abhängig von ihrem Standort aufweisen. Eine andere Art des Sozialverhaltens einiger Arten, welche bislang jedoch noch nicht von Reese untersucht worden ist, betrifft die Bildung riesiger Zusammenschlüsse von Falterfischen, die bis zu mehreren hundert Individuen unfassen können. Dieses Phänomen findet sich bei manchen der Arten von *Hemitaurichthys* und bei wenigen Arten von *Chaetodon,* wie z. B. *C. miliaris* von Hawaii.

Hinsichtlich der Fortpflanzung der Falterfische liegen bislang noch wenige Informationen vor. Alles was man weiß ist, daß sie winzige schwimmende Eier legen, die zur Oberfläche treiben. Die Schlupfzeit ist vermutlich von ähnlich langer Dauer wie bei den Kaiserfischen (18–30 Stunden bei einer Temperatur von 29°C). Die Larven sind mit knöchernen Platten umgeben und werden „*Tholichthys*“ genannt. Sie sind pelagisch für einen Zeitraum zwischen einigen Wochen und mehreren Monaten.

Das allgemeine Freßverhalten von Falterfischen ist durch die Studien von Hiatt und Strasburg (1960), Randall (1967), Reese (1975) und Andersen *et al.* (im Druck) erforscht worden. Danach scheint es fünf Haupttypen in der Familie zu geben. Die Erkenntnisse basieren auf den Nahrungsresten, die man im Magen- und Darmtrakt fand und auf Beobachtungen im natürlichen Habitat. Arten, die in Regionen mit reichem Korallenwachstum leben, wie z. B. *Chaetodon trifasciatus, C. trifascialis, C. baronessa, C. triangulum, C. plebeius* und *C. ornatissimus* ernähren sich vornehmlich von harten Korallen. Eine zweite große Gruppe, zu denen unter anderem *C. lineolatus, C. melannotus* und *C. unimaculatus* gehören, leben hauptsächlich von Weichkorallen, obwohl auch Steinkorallen nicht verschmäht werden. Eine dritte Kategorie bevorzugt hauptsächlich kleine Wirbellose (mit Ausnahme von Korallen), besonders Polychaeten (Borstenwürmer) und kleine Krustentiere. Zugehörig zu dieser Gruppe sind Arten wie *C. auriga, Chelmon rostratus, Chaetodon sedentarius, C. striatus und die Arten von Forcipiger.* Die vierte Gruppe umfaßt jene Arten, die weitgehend hinsichtlich ihrer Ernährung vom Zooplankton abhängig sind; Beispiele sind hier *Hemitaurichthys polylepis, H. zoster* und *Heniochus diphreutes.*

Die letzte größere Kategorie sind die Opportunisten unter den Falterfischen, die Allesfresser, die sich von all den Dingen ernähren, die oben bei den anderen Gruppen erwähnt wurden. Einige Beispiele dieser Arten sind *C. citrinellus, C. falcula, C. ephippium, C. ulietensis* und *C. vagabundus.*

Taxonomie (Klassifizierung)

Die Klassifizierung der Falterfische, wie sie hier in diesem Buch vorgenommen wird, beruht auf der kürzlich erstellten Monographie von Burgess (1979), welche die erste wahrhaft umfassende Arbeit dieser Gruppe seit der Veröffentlichung von Ahl im Jahre 1923 darstellt. In einigen Fällen bin ich jedoch Burgess eher aus Gründen der Vereinheitlichung als aus persönlicher Überzeugung gefolgt. So können z. B. starke Belege gegeben werden für die Beibehaltung der Gattungen *Megaprotodon* und *Gonochaetodon,* die beide von Burgess als Untergattungen von *Chaetodon* betrachtet werden. Wie dem auch sei, die Entscheidung ob Gattung oder Untergattung scheint mir im wesentlichen subjektiv zu sein, und meiner Meinung nach ist es zum gegenwärtigen Zeitpunkt wichtiger, eine Vereinheitlichung anzustreben. Wegen ihrer unterschiedlichen Formen und Farbenmuster ist es relativ leicht, Falterfische zu identifizieren. Die einzigen artbezogenen Probleme, welche bei einigen Formen dieser Gruppe auftauchen, beziehen sich auf geringfügige Variationen im Farbmuster, die mit geographischen Faktoren zusammenhängen. In den wenigen Fällen, wo Probleme dieser Art auftreten, bin ich auch hier im wesentlichen Burgess gefolgt. Meiner Meinung nach ist die Bestimmung einiger Arten recht unsicher und falls später einmal zusätzliche Fakten über ihre Verbreitung bekannt werden sollten, so mag sich die jetzige Bestimmung als unrichtig erweisen. Sie könnten eben nur Farbvarianten sein, wohingegen sie von

Burgess bereits als nahe Verwandte klassifiziert werden. Bestimmungsprobleme dieser Art zeigen sich beispielsweise bei den folgenden Paaren: *C. hoefleri* – *C. marleyi*; *C. melannotus* – *C. ocellicaudus*; *C. baronessa* – *C. triangulum*; *C. mertensii* – *C. madagascariensis*. Burgess hat darüber hinaus auch Unterarten des Pazifischen und Indischen Ozeans bei *C. trifasciatus* und *C. unimaculatus* erkannt.
Die Eingruppierung der Arten innerhalb der verschiedenen Untergattungen ist auf den folgenden Seiten dargestellt.

214a. *C. trifasciatus* aus dem Pazifischen Ozean. Foto: Steene.

214b. *C. trifasciatus* aus dem Indischen Ozean. Foto: Steene.

FAMILIE CHAETODONTIDAE – 114 Arten

Gattung *Amphichaetodon* – 2 Arten (Südpazifik)

Gattung *Chaetodon*

- Untergattung *Chaetodon* – 28 Arten (alle tropischen Gebiete)
- Untergattung *Chaetodontops* – 9 Arten (Indo-Westpazifik)
- Untergattung *Citharoedus* – 2 Arten (Indo-Westpazifik)
- Untergattung *Corallochaetodon* – 3 Arten (Indo-Westpazifik)
- Untergattung *Discochaetodon* – 4 Arten (Indo-Austral. Archipel)
- Untergattung *Gonochaetodon* – 3 Arten (Indo-Westpazifik)
- Untergattung *Lepidochaetodon* – 1 Art (Indo-Westpazifik)
- Untergattung *Megaprotodon* – 1 Art (Indo-Westpazifik)
- Untergattung *Prognathodes* – 7 Arten (Ostpazifik, Atlantik, westl. Indischer Ozean)
- Untergattung *Radophorus* – 16 Arten (Indo-Westpazifik)
- Untergattung *Rhombochaetodon* – 5 Arten (Indo-Westpazifik)
- Untergattung *Roa* – 6 Arten (Indo-Westpazifik)
- Untergattung *Tetrachaetodon* – 4 Arten (Indo-Westpazifik)

Gattung *Chelmon* – 3 Arten (Indo-Austral. Archipel)

Gattung *Chelmonops* – 1 Art (Südaustralien)

Gattung *Coradion* – 3 Arten (äußerster Westpazifik)

Gattung *Forcipiger* – 2 Arten (Indo-Pazifik)

Gattung *Hemitaurichthys* – 4 Arten (Indo-Westpazifik)

Gattung *Heniochus* – 8 Arten (Indo-Westpazifik)

Gattung *Johnrandallia* – 1 Art (Ostpazifik)

Gattung *Parachaetodon* – 1 Art (Indo-Westpazifik)

Die Arten innerhalb der Gattungen und Untergattungen der Familie Falterfische

Die folgende Aufstellung basiert größtenteils auf der Arbeit von Burgess (1979). Gültige Arten erscheinen halbfett gedruckt und die wichtigsten Synonyme kursiv und eingerückt. Für jede gültige Art wird die ungefähre Verbreitung angegeben. Die Seitenzahlen beziehen sich auf Band 1 und 2 von „Falter- und Kaiserfische". Die charakteristischen Hauptmerkmale der einzelnen Gattungen und Untergattungen werden kurz skizziert.

Gattung *Amphichaetodon* Burgess, 1978

Rückenstacheln 12; Rückenflosse dreieckig; Seitenlinie vollständig mit 47–55 Schuppen; Maul mittelgroß, 2,4–3,3mal in Kopflänge; Tränenbein = Präorbitalfortsatz (vor dem Auge zum Maul hin) beschuppt.

Amphichaetodon howensis (Waite, 1903) – Nördl. Tasman-See und Lord-Howe-Insel, Band 1, S. 59
    Chelmonops howensis (Waite, 1903)

Amphichaetodon melbae Burgess + Caldwell 1978 – San-Felix-Insel, Band 2, S. 164

Gattung *Chaetodon* Linnaeus, 1758

Rückenstacheln 11 bis 16; Rückenflossen unterschiedlich in der Form; Seitenlinie unvollständig mit 22–55 Schuppen; Maul unterschiedlich, 1,9–4,5mal in Kopflänge; Tränenbein unterschiedlich beschuppt.

Untergattung *Chaetodon*

Rückenstrahlen XI–XIV*, 18–25; Afterstrahlen III, 16–19; hinterer Rand der Rücken- und Afterflosse mit stumpfen Winkeln; Maul kurz, spitz, 2,7–3,3mal in der Kopflänge enthalten; Tränenbein frei und glatt; Seitenlinie mit hohem Bogen; Schuppen unterschiedlich geformt, rund bis eckig.

Chaetodon assarius Waite, 1905 – Westaustralien, Bd. 1, S. 13

Chaetodon blackburnii Desjardins, 1836 – Ostafrika, Bd. 2, S. 171

Chaetodon capistratus Linnaeus, 1758 – Westatlantik, Bd. 2, S. 173
    Chaetodon bricei Smith, 1897

*Die römischen Ziffern geben die Hartstrahlen, die arabischen Ziffern die Weichstrahlen an.

Chaetodon citrinellus Cuvier, 1831 – Indo-Westpazifik, Bd. 1, S. 20
    Chaetodon nigripes De Vis, 1885
    Chaetodon citrinellus var. *semipunctatus* Ahl, 1923

Chaetodon daedalma Jordan und Fowler, 1923 – Japan bis Taiwan, Bd. 2, S. 176

Chaetodon dolosus Ahl, 1923 – Ostafrika, Bd. 2, S. 181
    Chaetodon mendoncae Smith, 1953

Chaetodon fremblii Bennett, 1828 – Hawaii-Inseln, Bd. 2, S. 186
    Chaetodon frehmlii Cuvier, 1831
    Chaetodon bleekeri Seale, 1902

Chaetodon güntheri Ahl, 1923 – Südjapan bis Australien, Bd. 1, S. 23

Chaetodon guttatissimus Bennett, 1832 – Indischer Ozean und Rotes Meer, Bd. 2, S. 189
    Chaetodon maculatus Sauvage, 1891

Chaetodon hoefleri Steindachner, 1881 – Westafrika, Bd. 2, S. 191

Chaetodon humeralis Günther, 1860 – Ostpazifik, Bd. 2, S. 192

Chaetodon kleinii Bloch, 1790 – Indischer Ozean – West-Pazifik, Bd. 1, S. 24
    Chaetodon melastomus Schneider, 1801
    Chaetodon melammystax Schneider, 1801
    Chaetodon virescens Cuvier, 1831
    Chaetodon flavescens Bennett, 1831
    Chaetodon bellulus Thiollière, 1857
    Chaetodon corallicola Snyder, 1904
    Chaetodon cingulatus Fowler, 1934

Chaetodon litus Randall und Caldwell, 1976 – Osterinsel, Bd. 2, S. 195

Chaetodon marleyi Regan, 1921 – Südafrika, Bd. 2, S. 199

Chaetodon melannotus Schneider, 1801 – Indo-Westpazifik, Bd. 1, S. 28
    Chaetodon dorsalis Rüppell, 1828
    Chaetodon marginatus Cuvier, 1831
    Chaetodon reinwardti Günther, 1860

Chaetodon miliaris Quoy und Gaimard, 1824 – Hawaii-Inseln, Bd. 2, S. 204
    Chaetodon mantelliger Jenkins, 1901

Chaetodon multicinctus Garrett, 1863 – Hawaii-Inseln, Bd. 2, S. 209

Chaetodon ocellatus Bloch, 1781 – Westatlantik, Bd. 2, S. 212
Chaetodon bimaculatus Bloch, 1790
Sarothrodus maculo-cinctus Gill, 1861
Sarothrodus ataeniatus Poey, 1868
Sarathrodus amplexicollis Poey, 1875
Chaetodon ocellicaudus Cuvier, 1831 – Ostindische Inseln bis Afrika, Bd. 2, S. 214
Chaetodon pelewensis Kner, 1868 – Westpazifik, Bd. 1, S. 34
Chaetodon germanus De Vis, 1884
Chaetodon punctatofasciatus Cuvier, 1831 – Westpazifik, Bd. 1, S. 36
Chaetodon punctato-lineatus Gray, 1854
Chaetodon quadrimaculatus Gray, 1831 – Westpazifik, Bd. 2, S. 218
Chaetodon robustus Günther, 1860 – Westafrika, Bd. 2, S. 219
Chaetodon luciae Rochebrune, 1880
Chaetodon sanctaehelene Günther, 1868 – Ascension- und St.-Helena-Inseln, Bd. 2, S. 220
Chaetodon sanctaehelene var. *uniformis* Ahl, 1923
Chaetodon sedentarius Poey, 1858 – Westatlantik, Bd. 2, S. 222
Chaetodon gracilis Günther, 1860
Chaetodon smithi Randall, 1975 – Pitcairn- und Rapa-Inseln, Bd. 2, S. 226
Chaetodon hemichrysurus Burgess + Randall, 1978
Chaetodon striatus Linnaeus, 1758 – Westatlantik, Bd. 2, S. 228
Chaetodon consuelae Mowbray, 1928
Anisochaetodon trivirgatus Weber und de Beaufort, 1936
Chaetodon striatus var. *albipinnis* Ahl, 1923
Chaetodon striatus var. *dorsimacula* Ahl, 1923
Chaetodon trichrous Günther, 1874 – Gesellschaftsinseln und Tuamotu-Inseln, Bd. 2, S. 232

Untergattung *Chaetodontops*

Rückenstrahlen XII, 23–26; Afterstrahlen III, 17–22; hinterer Rand der Rücken- und Afterflosse mit stumpfen Winkeln; Maul kurz, 2,8–3,5mal in der Kopflänge; Seitenlinie mit hohem, winkligen Bogen, Kiemendeckel frei und gerundet; Zähne normal; Schuppen abgerundet.

Chaetodon adiergastos Seale, 1910 – Philippinen bis Westaustralien, Bd. 1, S. 12
Chaetodon auripes Jordan und Snyder, 1901 – Taiwan bis Japan, Bd. 2, S. 168
Chaetodon aureus Temminck und Schlegel, 1842
Chaetodon fallax Ahl, 1923
Chaetodon dorsiocellatus Ahl, 1923

Chaetodon collare Bloch, 1787 – äußerer Westpazifik und Indischer Ozean, Bd. 2, S. 174
Chaetodon viridis Bleeker, 1854
Chaetodon praetextatus Cantor, 1850
Chaetodon collare var. *parallelus* Ahl, 1923
Chaetodon fowleri Klausewitz, 1955
Chaetodon fasciatus Forskål, 1775 – Rotes Meer, Bd. 2, S. 184
Chaetodon flavus Schneider, 1801
Chaetodon flavirostris Günther, 1874 – Südwestl. Pazifik, Bd. 1, S. 22
Chaetodon aphrodite Ogilby, 1889
Chaetodon lunula (Lacépède, 1803) – Indo-Westpazifik, Bd. 1, S. 26
Chaetodon biocellatus Cuvier, 1831
Chaetodon reticulatus Cuvier, 1831 – Westpazifik, Bd. 1, S. 40
Chaetodon superbus Cuvier, 1831
Chaetodon semilarvatus Cuvier, 1831 – Rotes Meer, Bd. 2, S. 223
Chaetodon melanopoma Playfair, 1866
Chaetodon wiebeli Kaup, 1863 – Ostindische Inseln bis Japan, Bd. 2, S. 234
Chaetodon bella-maris Seale, 1914
Chaetodon collare var. *kneri* Ahl, 1923
Chaetodon frenatus Fowler, 1934

Untergattung *Citharoedus*

Rückenflossenstrahlen XII, 23–28; Afterflossenstrahlen III, 19–23; stachlige Rückenflosse gleichmäßig eingeteilt, weicher Teil der Rücken- und Afterflosse hinten mit stumpfem Winkel; Maul kurz, 3,0–4,0mal in der Kopflänge; Seitenlinie in hohem und winkligem Bogen; Zähne am Vorderkiefer in ungleichmäßigen Reihen; während des „Tolichthys“ Larvenstadiums supraorbitale „Hörner“ vorhanden.

Chaetodon meyeri Schneider, 1801 – Indo-Westpazifik, Bd. 1, S. 31
Holacanthus flavo-niger Lacépède, 1802
Chaetodon ornatissimus Cuvier, 1831 – Indo-Westpazifik, Bd. 1, S. 33
Chaetodon ornatus Gray, 1831
Chaetodon ornatissimus var. *kaupi* Ahl, 1923
Chaetodon lydiae Curtiss, 1938

Untergattung *Corallochaetodon*

Rückenstrahlen XIII, 20–21; Afterstrahlen III, 19; hartstachlige Rückenflosse gleichmäßig eingeteilt, weicher Teil der Rücken- und Afterflosse hinten mit gerundetem Winkel; Maul kurz, 3,1–4,1mal in der Kopflänge; Seitenlinie in hohem, winkligen Bogen; Zähne am Vorderkiefer in ungleichmäßigen Reihen; Kiemendeckel fast vollständig unter Schuppen verborgen; Schuppen in vertikaler Richtung verlängert.

Chaetodon austriacus Rüppell, 1835 – Rotes Meer, Bd. 2, S. 169
Chaetodon vittatus Klunzinger, 1870
Chaetodon klunzingeri Kossman und Räuber, 1876

Chaetodon melapterus Guichenot, 1862 – Persischer Golf und Westindischer Ozean, Bd. 2, S. 200
Chaetodon arabicus Steindachner, 1903
Chaetodon melanopterus Playfair, 1865
Chaetodon trifasciatus var. *arabica* Steindachner, 1902

Chaetodon trifasciatus Park, 1797 – Indo-Westpazifik, Bd. 1, S. 48; Bd. 2, S. 157
Chaetodon vittatus Bloch und Schneider, 1801
Chaetodon lunulatus Quoy und Gaimard, 1824
Chaetodon tau-nigrum Cuvier, 1831
Chaetodon bellus Lay und Bennett, 1839
Chaetodon layardi Blyth, 1852
Chaetodon ovalis Thiollière, 1857
Chaetodon pepek Thiollière, 1857
Chaetodon trifasciatus caudifasciatus Ahl, 1923

Untergattung *Discochaetodon*

Rückenstrahlen XI, 19–22; Afterstrahlen III, 16–18; Rücken- und Afterflossen stark gerundet; Maul kurz, 2,8–4,5mal in der Kopflänge; Seitenlinie in niedrigem, sanften Bogen; Kiemendeckel verkürzt; Schuppen gerundet.

Chaetodon aureofasciatus Macleay, 1878 – Nordaustralien und Neuguinea, Bd. 1, S. 14

Chaetodon octofasciatus Bloch, 1787 – äußerer Westpazifik, Bd. 1, S. 32
Chaetodon octolineatus Gray, 1854

Chaetodon rainfordi McCulloch, 1923 – Ostaustralien, Bd. 1, S. 39

Chaetodon tricinctus Waite, 1901 – Norfolk- und Lord-Howe-Inseln, Bd. 1, S. 46

Untergattung *Gonochaetodon*

Rückenstrahlen XI, 24–25; Afterstrahlen III, 20–22; Rückenflosse erhöht; Strahlen nach hinten an Länge zunehmend; Seitenlinie in mäßig sanftem Bogen; Kiemendeckel frei und glatt; Schuppen rhomboid angeordnet in einem Zick-Zack-Muster.

Chaetodon baronessa Cuvier, 1831 – Westpazifik, Bd. 1, S. 16

Chaetodon larvatus Cuvier, 1831 – Rotes Meer, Bd. 2, S. 193
Chaetodon karraf Cuvier, 1831

Chaetodon triangulum Cuvier, 1831 – Indischer Ozean, Bd. 2, S. 231

Untergattung *Lepidochaetodon*

Rückenstrahlen XIII, 21–22; Afterstrahlen III, 19; Rücken- und Afterflosse rund; Maul kurz, 2,5–3,2mal in der Kopflänge; Seitenlinie in hohem, sanften Bogen; Kiemendeckel teilweise verborgen; Zähne in gleichmäßigen Reihen, die äußerste Reihe am stärksten.

Chaetodon unimaculatus Bloch, 1787 – Indo-Westpazifik, Bd. 1, S. 51; Bd. 2, S. 233
Chaetodon sphenospilus Jenkins, 1901
Chaetodon unimaculatus interruptus Ahl, 1923

Untergattung *Megaprotodon*

Rückenstrahlen XIV, 15; Afterstrahlen IV, 15; hartstrahlige Rückenflosse gerundet, Strahlen zum 5. Strahl an Länge zunehmend; die weichen Teile der Rücken- und Afterflosse spitz; Seitenlinie in niedrigem Bogen; Schuppen rhomboid angeordnet in einem Zickzack-Muster.

Chaetodon trifascialis Quoy und Gaimard, 1824 – Indo-Westpazifik, Bd. 1, S. 47
Chaetodon bifascialis Cuvier, 1829
Chaetodon leachii Cuvier, 1831
Chaetodon striganguli Gmelin, 1789
Eteira taunayi Kaup, 1860
Chaetodon tearlachi Curtiss, 1938
Megaprotodon strigangulus Bleeker, 1876
Megaprotodon trifascialis Jordan und Seale, 1906

Untergattung *Prognathodes*

Rückenstrahlen XIII, 18–20; Afterstrahlen III, 15–16; hartstrahlige Rückenflosse in dreieckiger Form, der 3. oder 4. Strahl am längsten; der 2. Afterstrahl bedeutend länger als der 3.; Rückenflosse eingekerbt, der hintere Rand der Rücken- und Afterflosse beinahe vertikal; Maul hervorspringend, 2,1–2,9mal in der Kopflänge; Augenbinde fehlt oder abgewinkelt unter dem Auge; Schuppenfutteral an der Rückenflossenwurzel niedrig

Chaetodon aculeatus (Poey, 1860) – Westatlantik, Bd. 2, S. 165
Chelmo pelta Günther, 1860
Chaetodon unicolor Sauvage, 1880
Prognathodes aculeatus Poey, 1868

Chaetodon aya Jordan, 1886 – Westatlantik, Bd. 2, S. 170
Chaetodon eques Steindachner, 1903
Chaetodon dichrous Günther, 1869 – Ascension- und St.-Helena-Inseln, Bd. 2, S. 180
Chaetodon falcifer Hubbs und Rechnitzer, 1958 – Ostpazifik, Bd. 2, S. 182
Chaetodon guezei Maugé und Bauchot, 1976 – Réunion, Bd. 2, S. 188
Chaetodon guyanensis Durand, 1960 – Westatlantik, Bd. 2, S. 190
Chaetodon goniodes Woods, 1961
Chaetodon marcellae Poll, 1950 – Westafrika, Bd. 2, S. 198
Chaetodon altipinnis Cadenat, 1950

Untergattung *Radophorus*

Rückenstrahlen XII–XIV, 20–25; Afterstrahlen III, 19–22; Rücken- und Afterflosse nur hinten mit stumpfem Winkel; Maul spitz, leicht hervorspringend, 1,9–2,8mal in Kopflänge; Seitenlinie in hohem, winkligen Bogen; Kiemendeckel frei und glatt; Schuppen winklig.

Chaetodon auriga Forsskål, 1775 – Indo-Westpazifik, Bd. 1, S. 15; Bd. 2, S. 167
Chaetodon setifer Bloch, 1793
Pomacantrus filamentosus Lacépède, 1802
Chaetodon sebanus Cuvier, 1831
Chaetodon decussatus Cuvier, 1831 – ostindischer Ozean, Bd. 2, S. 178
Chaetodon pictus (non Forskål) Bleeker, 1852
Chaetodon vagabundus var. *jordani* Ahl, 1923
Chaetodon ephippium Cuvier, 1831 – Indo-Westpazifik, Bd. 1, S. 21
Chaetodon principalis Cuvier, 1831
Chaetodon garnotii Lesson, 1835
Chaetodon melsanti Thiollière, 1857
Chaetodon falcula Bloch, 1793 – Indischer Ozean, Bd. 2, S. 183
Chaetodon dizoster Valenciennes, 1831
Chaetodon gardineri Norman, 1939 – Golfe von Oman und Aden, Bd. 2, S. 187
Chaetodon leucopleura Playfair, 1866 – Sansibar bis Rotes Meer, Bd. 2, S. 194
Chaetodon leucopygus Ahl, 1923
Chaetodon lineolatus Cuvier, 1831 – Indo-Westpazifik, Bd. 1, S. 25
Chaetodon lunatus Cuvier, 1831
Chaetodon tallii Bleeker, 1854
Chaetodon mesoleucos Forsskål, 1775 – Rotes Meer, Bd. 2, S. 202
Chaetodon hadjan Bloch, 1801
Chaetodon nigropunctatus Sauvage, 1880 – Golf von Oman und Persischer Golf, Bd. 2, S. 210
Chaetodon obscurus Boulenger, 1887
Chaetodon oxycephalus Bleeker, 1853 – Melanesien bis Sri Lanka, Bd. 2, S. 215
Chaetodon rafflesi Bennett, 1830 – Westpazifik und ostindischer Ozean, Bd. 1, S. 38
Chaetodon princeps Cuvier, 1831
Chaetodon sebae Cuvier, 1831
Chaetodon dahli Ahl, 1923
Chaetodon selene Bleeker, 1853 – Ostindische Inseln bis Südjapan, Bd. 1, S. 42
Chaetodon semeion Bleeker, 1855 – Westpazifik, Bd. 1, S. 43
Chaetodon ulietensis Cuvier, 1831 – Westpazifik, Bd. 1, S. 50
Chaetodon aurora De Vis, 1885
Chaetodon ulietensis var. *confluens* Ahl, 1923
Chaetodon vagabundus Linnaeus, 1758 – Indischer Ozean bis Westpazifik, Bd. 1, S. 52
Chaetodon pictus Forskål, 1775
Chaetodon nesogallicus Cuvier, 1831
Chaetodon xanthocephalus Bennett, 1832 – Westlicher Indischer Ozean, Bd. 2, S. 235
Chaetodon nigripinnatus Desjardins, 1836
Chaetodon nigripinnis Peters, 1855
Chelmo pulcher Steindachner, 1875
Chaetodon auromarginatus Bliss, 1883
Chaetodon dayi Ahl, 1923

Untergattung *Rhombochaetodon*

Rückenstrahlen XIII, 20–23; Afterstrahlen III, 16–17; hartstrahlige Rückenflosse gerundet bis fast dreieckig; weichstrahlige Rückenflosse hinten abgerundet; Afterflosse winklig; Maul spitz, 2,6–3,2mal in der Kopflänge; Seitenlinie in niedrigem Bogen, Schuppen rhomboid angeordnet in einem Zickzack-Muster.

Chaetodon argentatus Smith und Radcliffe, 1911 – Ostindische Inseln bis Japan, Bd. 2, S. 166
Chaetodon madagascariensis Ahl, 1923 – Indischer Ozean, Bd. 2, S. 196
Chaetodon chrysurus Desjardins, 1833
Chaetodon mertensii Cuvier, 1831 – Westpazifik, Bd. 1, S. 30
Chaetodon dixoni Regan, 1904
Chaetodon paucifasciatus Ahl, 1923 – Rotes Meer, Bd. 2, S. 216
Chaetodon xanthurus Bleeker, 1857 – Ostindische Inseln bis Okinawa, Bd. 2, S. 236

Untergattung *Roa*

Rückenstrahlen XIII, 19–22; Afterstrahlen III, 16; hartstrahlige Rückenflosse in dreieckiger Form; der 3. oder 4. Strahl am längsten; der 2. Afterstrahl bedeutend länger als der 3.; der hintere Rand der Rücken- und Afterflosse beinahe vertikal; Maul spitz, 2,7–3,7mal in der Kopflänge; Augenbinde unter dem Auge vertikal; Schuppenfutteral der Rückenflosse niedrig.

Chaetodon burgessi Allen und Starck, 1973 – Palau-Insel und Philippinen, Bd. 2, S. 172

Chaetodon declivis Randall, 1975 – Marquesas-Inseln, Bd. 2, S. 177

Chaetodon declevis Burgess und Randall, 1978

Chaetodon mitratus Günther, 1860 – Indischer Ozean, Bd. 2, S. 206

Chaetodon modestus Temminck und Schlegel, 1842 – Indo-Westpazifik, Bd. 2, S. 208

Coradion desmotes Jordan und Fowler, 1902
Loa excelsa Jordan, 1922
Heniochus excelsa Gosline, 1965
Chaetodon jayakari Norman, 1939

Chaetodon nippon Steindachner und Döderlein, 1884 – Philippinen bis Japan, Bd. 2, S. 211

Chaetodon carens Seale, 1910
Chaetodon decipiens Ahl, 1923

Chaetodon tinkeri Schultz, 1951 – Hawaii, Bd. 2, S. 230

Untergattung *Tetrachaetodon*

Rückenstrahlen XIV, 16–17; Afterstrahlen III–IV, 15–16; Rückenstrahlen abgestuft; Rücken- und Afterflosse hinten gerundet; Maul kurz und stumpf, 3,0–4,0mal in der Kopflänge; Seitenlinie in niedrigem Bogen; Kiemendeckel teilweise verborgen durch Schuppen; Wurzel der hartstrahligen Rückenflosse zweimal so lang wie die Wurzel der weichstrahligen Rückenflosse; Schuppen abgerundet.

Chaetodon bennetti Cuvier, 1831 – Indo-Westpazifik, Bd. 1, S. 18

Chaetodon vinctus Bennett, 1839

Chaetodon plebeius Cuvier, 1831 – Indo-Westpazifik, Bd. 1, S. 35

Chaetodon cordiformis Thiollière, 1856
Megaprotodon maculiceps Ogilby, 1910

Chaetodon speculum Cuvier, 1831 – Westpazifik, Bd. 1, S. 44

Chaetodon spilopleura Cuvier, 1831
Chaetodon ocellifer Franz, 1910

Chaetodon zanzibariensis Playfair, 1866 Westl. Indischer Ozean, Bd. 2, S. 237

Gattung *Chelmon* Cloquet, 1817

Rückenstacheln 9; Stacheln der Rückenflossen nach hinten länger werdend; Seitenlinie vollständig mit 45–55 Schuppen; Maul länglich, 1,7–3,0mal in Kopflänge; Tränenbein ohne Schuppen.

Chelmon marginalis Richardson, 1842 – Nordaustralien, Bd. 1, S. 56

Chelmo tricinctus Castelnau, 1876

Chelmon mülleri (Klunzinger, 1879) – Nordost-Australien, Bd. 1, S. 57

Chelmon rostratus (Linnaeus, 1758) – äußerster Westpazifik und Indischer Ozean, Bd. 1, S. 58

Chaetodon enceladus Shaw und Nodder, 1791
Chelmon lol Thiollière, 1857

Gattung *Chelmonops* Bleeker, 1876

Rückenstacheln 11; Stacheln der Rückenflosse nach hinten länger werdend; Seitenlinie vollständig mit 51–56 Schuppen; Maul länglich, 2,2–2,6mal in Kopflänge; Tränenbein ohne Schuppen.

Chelmonops truncatus (Kner, 1859) – Südaustralien, Bd. 1, S. 60

Chelmo trochilus Günther, 1874

Gattung *Coradion* Kaup, 1860

Rückenstacheln 8 bis 10; Stacheln der Rückenflosse nach hinten länger werdend; Seitenlinie vollständig mit 43–52 Schuppen; Maul kurz, 2,9–3,8mal in Kopflänge; Tränenbein beschuppt.

Coradion altivelis McCulloch, 1916 – Australien bis Japan, Bd. 1, S. 62

Coradion fulvocinctus Tanaka, 1918

Coradion chrysozonus (Cuvier, 1831) – Australien bis China, Bd. 1, S. 64

Chaetodon labiatus Cuvier, 1831
Chaetodon guttatus Gray, 1854

Coradion melanopus (Cuvier, 1831) – Ostindische Inseln bis Neuguinea, Bd. 1, S. 66

Gattung *Forcipiger* Jordan u. McGregor, 1898

Rückenstacheln 11 oder 12; tief eingeschnitten zwischen den Rückenstacheln; Seitenlinie vollständig mit 66–80 Schuppen, Maul länglich, 1,4–2,1mal in Kopflänge; Tränenbein teilweise beschuppt.

Forcipiger flavissimus Jordan und McGregor, 1898 – Indo-Pazifik, Bd. 1, S. 68

Forcipiger longirostris (Broussonet, 1782) – Indo-Pacifik, Bd. 1, S. 69; Bd. 2, S. 338

Forcipiger cyrano Randall, 1961
Forcipiger inornatus Randall, 1961

Gattung *Hemitaurichthys* Bleeker, 1876

Rückenstacheln 12 bis 16; Rückenflosse gerundet; Seitenlinie vollständig mit 70–90 Schuppen; Maul kurz, 2,5–3,6mal in Kopflänge; Tränenbein teilweise beschuppt.

Hemitaurichthys multispinosus Randall, 1975 – Pitcairn-Insel, Bd. 2, S. 238

Hemitaurichthys multispinus Burgess und Randall, 1978

Hemitaurichthys polylepis (Bleeker, 1857) – Westpazifik, Bd. 1, S. 70

Hemitaurichthys thompsoni Fowler, 1923 – Hawaii-Inseln, Bd. 2, S. 239

Hemitaurichthys zoster (Bennett, 1831) – Indischer Ozean, Bd. 2, S. 240

Gattung *Heniochus* Cuvier, 1817

Rückenstacheln 11 oder 12; 4. Rückenstachel sehr lang; Seitenlinie vollständig mit 40–60 Schuppen; Maul mittellang, 2,5–4,5mal in Kopflänge; Tränenbein teilweise beschuppt.

Heniochus acuminatus (Linnaeus, 1758) – Indo-Westpazifik, Bd. 1, S. 73; Bd. 2, S. 341

Chaetodon macrolepidotus Linnaeus, 1758
Chaetodon bifasciatus Shaw, 1803
Chaetodon mycteryzans Gray, 1854

Heniochus chrysostomus Cuvier, 1831 – Westpazifik, Bd. 1, S. 74

Heniochus melanistion Bleeker, 1854
Heniochus drepanoides Thiollière, 1857

Heniochus diphreutes Jordan, 1903 – Indo-Westpazifik, Bd. 1, S. 75; Bd. 2, S. 341

Heniochus intermedius Steindachner, 1893 – Rotes Meer, Bd. 2, S. 242

Heniochus monoceros Cuvier, 1831 – Indo-Westpazifik, Bd. 1, S. 76

Heniochus permutatus Cuvier, 1831

Heniochus pleurotaenia Ahl, 1923 – östl. Indischer Ozean, Bd. 2, S. 244

Heniochus singularius Smith und Radcliffe, 1911 – äußerer Westpazifik und östl. Indischer Ozean, Bd. 1, S. 78

Heniochus varius (Cuvier, 1829) – Westpazifik und östl. Indischer Ozean, Bd. 1, S. 79

Taurichthys viridis Cuvier, 1829
Taurichthys bleekeri Castelnau, 1875

Gattung *Johnrandallia* Nalbant, 1974

Rückenstacheln 12; 4. Rückenstachel am längsten; die restlichen Stacheln an Länge abnehmend; Seitenlinie vollständig mit 52–63 Schuppen; Maul kurz, 3,0–3,5mal in Kopflänge; Tränenbein ohne Schuppen.

Johnrandallia nigrirostris (Gill, 1863) – Ostpazifik, Bd. 2, S. 245

Chaetodon nigrirostris Jordan und Gilbert, 1882
Heniochus nigrirostris Hubbs und Rechnitzer, 1958
Pseudochaetodon nigrirostris Burgess, 1975

Gattung *Parachaetodon* Bleeker, 1874

Rückenstacheln 6; Rückenstacheln nach hinten länger werdend; Seitenlinie unvollständig mit 40–43 Schuppen; Maul kurz, 2,8–3,8mal in Kopflänge; Tränenbein beschuppt.

Parachaetodon ocellatus (Cuvier, 1831) – äußerer Westpazifik und östl. Indischer Ozean, Bd. 1, S. 82

Chaetodon obligacanthus Bleeker, 1850
Chaetodon townleyi De Vis, 1885

Für die Bestimmung maßgebend sind zusätzlich zu den obigen Merkmalen die allgemeine Körperform und der Körperumriß der verschiedenen Gattungen und Untergattungen.

Gattung: *Amphichaetodon*

Amphichaetodon melbae BURGESS und CALDWELL, 1978
Chilefalterfisch

Diese Art wurde auf Grund von 17 Exemplaren bekannt, die bei der San-Felix-Insel vor der Küste von Chile (ungefähr 27° südlicher Breite) gefangen wurden. Morphologisch ähnelt diese Art sehr *Amphichaetodon howensis* (Band 1, S. 59) von den Lord-Howe-Inseln, von Neusüdwales und Neuseeland. Hauptsächlich unterscheiden sich die beiden Arten im Hinblick auf das Farbmuster. Beide Arten besitzen fünf vertikale Streifen am Kopf und am Körper. Beim *melbae* sind diese jedoch relativ eng, mit hellen und breiteren Flächen zwischen den Bändern. Beim *howensis* sind die dunklen Streifen entweder ungefähr gleich breit oder breiter als die hellen Zwischenräume. Das Habitat von *A. melbae* besteht vornehmlich aus Felsenriff. Über die Tiefe ihres Vorkommens ist wenig bekannt. Im Zierfischhandel ist die Art so gut wie nicht vorhanden. Gefangene Exemplare verlangen kühle Wasserbedingungen mit einer optimalen Temparatur zwischen ungefähr 16° und 19°C. Die Maximallänge beträgt ungefähr 16 cm.

215.
Von *Amphichaetodon melbae* standen nur Schwarzweißfotos der präparierten Exemplare zur Verfügung. Deshalb wurde die für dieses Buch originalgetreue Farbzeichnung von Martin Thompson angefertigt.

Gattung: *Chaetodon*

Falterfische

Chaetodon aculeatus
Karibischer Pinzettfisch

(POEY, 1860)

Diese Art ist im ganzen westindischen Gebiet von Südflorida bis nach Curaçao vor der Küste von Venezuela verbreitet. Im allgemeinen trifft man sie in tieferen Gewässern an, doch sie sind von Dr. John Randall auch in sehr geringen Tiefen von nur einem Meter vor der Felsenküste von Curaçao beobachtet worden. Der überwiegende Teil der Fänge und Beobachtungen dieser Art sind in Tiefen zwischen 20 und 50 m gemacht worden. Die bislang größte Tiefe, in der man diese Art antraf, wird mit 91 m angegeben. Diese Art hält sich häufig unterhalb von Steinabfällen oder an deren oberen Kanten auf. Manchmal werden sie auch in Höhlen und unter Überhängen beobachtet. Vor der Südküste Floridas wird der Fisch häufig in Tiefen zwischen 20 und 30 m gesehen, wo sein Habitat vornehmlich aus großen, kopfförmigen Korallen, Schwämmen und Alcyonarien (Oktokorallen) besteht. Gewöhnlich handelt es sich um Einzelgänger, doch manchmal sieht man sie auch paarweise. Jungfische bilden zuweilen Gruppen von 8 bis 10 Tieren. Die Nahrung besteht offensichtlich zum großen Teil aus kleinen Krustentieren und anderen Wirbellosen, die aus den Korallen oder zwischen den Stacheln von Seeigeln herausgepickt werden. Diese Art gelangt häufig in den Zierfischhandel, wo sie manchmal unter dem Namen „Ross' Schmetterlingsfisch" verkauft wird. Es ist dies eine recht kräftige Art, die sich im Aquarium leichter als die meisten anderen Falterfische hält.

216.
Chaetodon (Prognathodes) aculeatus
Aufnahme eines halberwachsenen Tieres in einem Aquarium in Sydney.
Foto: Friese.

217.
Chaetodon aculeatus
Aquariumaufnahme eines fast ausgewachsenen Tieres. Die Länge dieser Art beträgt selten mehr als 10 cm.
Foto: Kahl.

216 ▲

217 ▼

Chaetodon argentatus SMITH und RADCLIFFE, 1911
Silberfalterfisch

Diese Art wurde ursprünglich anhand von 2 Exemplaren beschrieben, die in den Jahren 1908 und 1909 vor der Südküste von Luzon (Philippinen) gefangen wurden. Auf Grund weiterer Fänge danach weiß man, daß sich ihre Verbreitung aber viel weiter erstreckt. Man findet sie nordwärts bis Südjapan und bis hin nach Taiwan und den Ryukyu-Inseln. In Japan kommen sie häufig in der Tanabe Bay vor (südliches Honshu, ungefähr 450 km südöstlich von Tokio), wie auch bei Hachijo Island (ungefähr 280 km südlich von Tokio). Im japanischen Teil des Verbreitungsgebietes leben sie vornehmlich auf Felsengrund, wohingegen sie weiter im Süden Korallenriffe bewohnen. Im allgemeinen trifft man diese Art in Paaren oder in kleinen Gruppen in Tiefen zwischen 5 und 20 m an. Der Silberfalterfisch gehört zum Artkomplex der *xanthurus*. Diese Gruppe besitzt als charakteristisches Merkmal ein dunkles Netz auf den Seiten und eine Binde mit roter, oranger oder brauner Pigmentierung auf dem hinteren Teil des Körpers. In Gefangenschaft hält sich diese Art besonders gut. Die wesentlichen Importe kommen von den Philippinen und aus Hongkong. Ihre Maximallänge beträgt ungefähr 20 cm.

218.
Chaetodon argentatus
Aquariumaufnahme eines ca. 10 cm langen Tieres.
Foto: Nieuwenhuizen.

219.
Chaetodon argentatus
Jungtier, 33 mm TL.
Taiwan.
Foto: Randall.

◄ 218 219 ▼

Chaetodon auriga FORSSKÅL, 1775
Fähnchen-Falterfisch

Diese Art wird sowohl in Band 1 als auch in Band 2 beschrieben, weil etliche Wissenschaftler die Meinung vertreten, es handele sich um zwei verschiedene Unterarten: *C. auriga auriga* Forskål und *C. auriga setifer* Bloch. Die letztgenannte Abart ist weit verbreitet im tropischen Indo-Pazifik von Hawaii bis nach Ostafrika (sie wurde in Band 1 beschrieben). *C. auriga auriga* ist beschränkt auf das Rote Meer. Beide sind in ihrer äußeren Erscheinung sehr ähnlich, doch fehlt bei den erwachsenen Tieren im Roten Meer der schwarze Fleck an der weichstrahligen Rückenflosse, und sie besitzen im allgemeinen eine sehr viel kürzere Fahne am hinteren Ende der Rückenflosse. Diese Unterart ist im ganzen Roten Meer recht häufig, und sie bewohnt unterschiedliche Lebensräume, von Korallenriffen bis Seegraswiesen und Schottergrund. Man trifft sie einzeln, in Paaren, aber auch in Gruppen an, die über große Entfernungen hinweg die Unterwasserwelt nach Futter suchend durchstreifen. Ihre Nahrung besteht hauptsächlich aus Korallen oder anderen kleinen Wirbellosen wie Krabben und Garnelen. Besonders die kleinen Tiere eignen sich für ein Leben in Gefangenschaft. Sie akzeptieren alle Arten von trockenem und gefrorenem Futter. Gut versorgt halten sie sich im Aquarium mehrere Jahre lang. Die Maximallänge beträgt etwa 18 cm, doch im Aquarium erreichen sie selten diese Länge.

221.
Chaetodon auriga
14 cm Länge. Rotes Meer, Dschidda, in 18 m Tiefe.
Foto: Debelius.

220.
Chaetodon auriga
Ausgewachsenes Tier in Nachtfärbung. UW-Aufnahme, Rotes Meer.
Foto: Moosleitner.

▼ 220

221 ▶

Chaetodon auripes JORDAN und SNYDER, 1901

Goldfalterfisch

222 ▲ 223 ▼

Das Verbreitungsgebiet dieser Art erstreckt sich von Tokio bis nach Taiwan. Nach Masuda *et al.* (1975) kommt sie sehr häufig im Süden von Honshu, Shikoku und Kyushu vor. Dort überleben sie selbst niedrige Wintertemperaturen von nur 10°C. Früher haben viele Autoren *Chaetodon auripes* mit *C. collare* verwechselt. Desgleichen wird der Goldfalterfisch recht häufig als *Chaetodon aureus* Schlegel (1884) bezeichnet, doch dieser Artenname ist bereits durch *Chaetodon aureus* (Bloch, 1787) belegt, welcher ein Synonym für das Jungtier von *Pomacanthus arcuatus,* des Grauen Kaiserfisches darstellt. Kleine Jungtiere besitzen einen schwarzen Augenfleck an der weichstrahligen Rückenflosse, welcher während der Wachstumsperiode nach und nach verschwindet. Sie verfügen ebenfalls über eine dunkle Binde an der Schwanzwurzel, und die Schwanzflosse ist transparent. Die Art ist relativ robust und sie läßt sich in Gefangenschaft gut halten. In Amerika und Europa erscheint sie jedoch nur selten im Zierfischhandel. Die Maximallänge beträgt etwa 20 cm.

222.
Chaetodon auripes
Jungtier, ca. 5 cm.
UW-Aufnahme, Nord-Taiwan.
Foto: Randall.

223.
Chaetodon auripes
Aquariumaufnahme eines ausgewachsenen Tieres aus Taiwan.
Foto: Shen.

Chaetodon austriacus RÜPPELL, 1835
Rotmeer-Rippelstreifen-Falterfisch

Das Verbreitungsgebiet dieses besonders schön gemusterten Fisches ist auf das Rote Meer beschränkt. Auf Grund der Färbung und der äußeren Erscheinung ist diese Art offensichtlich ein naher Verwandter der weit verbreiteten Arten *C. trifasciatus* und *C. melapterus* aus dem Persischen Golf und dem Golf von Oman. Sie ähnelt in hohem Maße dem *C. trifasciatus,* doch besitzt sie im Gegensatz dazu eine recht dunkle After- und Schwanzflosse. Sie liebt Korallengebiete und lebt gewöhnlich in Tiefen von weniger als 12 bis 15 m. Einzelne Exemplare oder Paare sind recht häufig zu sehen. Doch gelegentlich trifft man auch kleinere Gruppen, die das Riff nach Futter absuchen. *Chaetodon* austriacus ist im ganzen Roten Meer recht häufig, besonders aber im Golf von Aquaba (nördliches Rotes Meer) und dann weiter im Süden vor Dschidda und Port Sudan. Offensichtlich lebt diese Art ausschließlich von lebenden Korallen, und aus diesem Grunde ist es sehr schwierig, sie in Gefangenschaft zu halten. Einigen Aquarianern in Eilat ist es freilich gelungen, Exemplare dieser Art über einen längeren Zeitraum am Leben zu erhalten, indem sie jeden Tag einige kleine Stücke lebender Korallen ins Aquarium gaben. Diese Methode ist für die meisten Hobby-Aquarianer natürlich kaum praktikabel. Die Maximallänge der Tiere beträgt etwa 13 cm. Den kleinen Jungfischen fehlt die intensive Farbgebung der Erwachsenen, doch sind auch sie keineswegs unattraktiv.

224.
Chaetodon austriacus
Jungtier, 3,5 cm. UW-Aufname, Dschidda, Rotes Meer. Im Gegensatz zu den Erwachsenen, die auf Futtersuche weite Strecken abschwimmen, verbringen die Jungtiere die meiste Zeit zwischen den Ästen einzelner Korallenstöcke.
Foto: Debelius.

224 ▲

225.
Chaetodon austriacus
Ausgewachsen, 12,5 cm Länge. Eilat, Rotes Meer, in 6 m Tiefe.
Foto: Allen.

225 ▼

Chaetodon aya JORDAN, 1886
Tiefseebank-Falterfisch

Diese Art gehört zu einer Gruppe von Falterfischen, die eng miteinander verwandt sind und die die tieferen Riffe des tropischen Ostpazifiks und des Atlantiks bevorzugen. Alle Mitglieder dieser Gruppe weisen eine ähnliche Körperform auf, die durch hervorspringende Rückenstrahlen und ein beinahe gleiches Farbmuster, das sich in erster Linie aus schwarzen und weißen Tönen zusammensetzt, charakterisiert wird. *C. aya* ist die am weitesten verbreitete Art dieser Gruppe. Ihr Verbreitungsgebiet erstreckt sich entlang des Kontinentalschelfs vor der Halbinsel von Florida und dem Golf von Mexiko. Es erstreckt sich gleichfalls in nördlicher Richtung über den warmen Golfstrom bis in die Nähe von Kap Hatteras, Nord Carolina. Weitere Mitglieder dieser Artengruppe sind *C. guyanensis* aus der südlichen Karibik, *C. marcellae* von Westafrika und *C. falcifer* aus dem tropischen Ostpazifik. Da sich diese Tiere am liebsten im tiefen Wasser aufhalten, werden sie nur selten von Tauchern beobachtet, obwohl sie bei Wassertemperaturen zwischen 16 und 22°C dennoch auch in Tiefen zwischen 45 und 150 m zu finden sind. Taucher mit Preßluftgeräten treffen sie manchmal auch in Tiefen von 30 m an. Doch die überwiegende Anzahl von Exemplaren wurden von Trawlern gesammelt, die in tieferem Wasser arbeiten. Das erste Exemplar, auf welchem die ursprüngliche Beschreibung von *C. aya* beruht, ist auf ganz ungewöhnliche Art und Weise gefangen worden. Es wurde von einem Roten Schnapper ausgewürgt, der in der Nähe von Pensacola (Florida) in den 80er Jahren des 19. Jahrhunderts gefangen wurde. Wegen der großen Tiefe seines Habitats ist diese Art für den Aquarianer in der Regel nicht zu haben. Die Maximallänge beträgt etwa 15 cm.

226.
Chaetodon aya
Die Zeichnung zeigt sehr gut die markante Form und Färbung dieser sehr seltenen und in größeren Tiefen lebenden Art.

Chaetodon blackburnii DESJARDINS, 1836
Strahlen-Falterfisch

Diese Art unterscheidet sich deutlich von allen anderen Mitgliedern der Gattung durch das Vorhandensein von 16 Rückenflossenstrahlen, die höchste Anzahl, die man bei *Chaetodon* überhaupt finden kann. Sie lebt entlang der ostafrikanischen Küste von Kenia bis hinunter in den Süden nach Bashee (ungefähr 415 km südlich von Durban). Ebenfalls vorhanden ist sie bei der Insel Mauritius und wahrscheinlich auch bei Madagaskar. Unterwasserbeobachtungen dieser Art sind recht spärlich, und so gibt es infolgedessen nur wenige Informationen über ihre Naturgeschichte. Es ist anzunehmen, daß sie Korallenriffe bewohnt. Die Jungfische und Erwachsenen sind sich sehr ähnlich. Bei den Jungtieren ist allerdings die schräge Binde nicht so deutlich ausgeprägt und die hellen Stellen hinter dem Kopf sind reduziert. Die Maximallänge beträgt etwa 13 cm.

227 ▲

228 ▼

227.
Chaetodon blackburnii
Halb ausgewachsenes Tier von 8 cm Länge.
Aquariumaufnahme.
Foto: Nieuwenhuizen.

228.
Chaetodon blackburnii
Ausgewachsenes Exemplar von ca. 12 cm Länge.
Aquariumaufnahme.
Foto: Kahl.

Chaetodon burgessi ALLEN und STARCK, 1973
Burgess Falterfisch

Als ich zu Beginn des Jahres 1972 als Meeresbiologe für die Verwaltung des Trust Territory (Treuhandgebiet) auf den Palau-Inseln tätig war, hatte ich die Gelegenheit, eine Reihe von Tauchgängen zusammen mit meinem Freund Dr. Walter Starck zu machen. Einer dieser Tauchabstiege mit dem Preßluftgerät, die mir in Erinnerung geblieben sind, fand bei den Ngemelis-Inseln im Gebiet der südlichen Palau-Inseln statt, wo wir vor der Bairakaseru-Insel einen unglaublich steilen Felsabfall entdeckten. An der oberen Kante des Steilabfalls war das Wasser bei Ebbe nur knietief. Man machte nur einen Schritt über die Kante hinweg, und schon fiel das Riff senkrecht etliche 100 m in die Tiefe ab! Die Neigung war absolut vertikal und an manchen Stellen sogar überhängend. Wir unternahmen etliche Tauchgänge an diesem faszinierenden Ort und sammelten mancherlei ichthyologische Schätze, darunter einige Fischarten, die der Wissenschaft bis dahin noch nicht bekannt waren.

Walter und ich hatten schon lange den Ehrgeiz, neue Arten von Falterfischen zu entdecken, und bei der Bairakaseru-Insel wurde unser Wunsch schließlich erfüllt. Während unseres ersten Tauchgangs sichteten wir ein Paar nicht bekannter Chaetodontiden, die zwischen den Ästen einer schwarzen Koralle am Steilabfall umherschwammen. Wir erkannten sofort, daß wir eine neue Art vor uns hatten. Unsere Versuche, die Fische mit Rotenone, einem kommerziellen Fischfangmittel zu erbeuten, mißlangen. Schließlich aber war es Walter möglich, während der drei folgenden Tauchgänge 3 Exemplare mit der Harpune zu erlegen, in Tiefen zwischen 40 und 75 m. Wir nannten diese Art sofort *Chaetodon burgessi* zu Ehren von Dr. Warren Burgess, der erst kürzlich eine umfassende Monographie der Chaetodontiden geschrieben hat. Während unserer Tauchunternehmungen trafen wir ungefähr 8 Paare von *C. burgessi* an, die sich alle in der Nähe von schwarzen Korallen an dem Steilabfall aufhielten. Dieselbe Art ist kürzlich auch bei den Philippinen gefangen worden, die ungefähr 800 km westlich von Palau gelegen sind. Wegen des tiefliegenden Habitats ist diese Art im Zierfischhandel praktisch unbekannt. Die Maximallänge beträgt ungefähr 14 cm.

229.
Chaetodon burgessi
Diese Aquariumaufnahme von der äußerst seltenen Art zeigt ein fast ausgewachsenes Exemplar.
Foto: Lubbock.

Chaetodon capistratus LINNAEUS, 1758
Pfauenaugen-Falterfisch

Der Pfauenaugen-Falterfisch ist den Tauchern und Aquarianern der Südostküste der Vereinigten Staaten wohlbekannt. Es ist der am häufigsten auftretende Falterfisch der Westindischen Inseln. Man sieht ihn überall in der Karibischen See und im Golf von Mexiko und darüber hinaus auch an der Südostküste der Vereinigten Staaten. Der warme Golfstrom hat wahrscheinlich seine Verbreitung bis entlang der östlichen Küste der Vereinigten Staaten erleichtert, und selbst in der Gegend von Massachusetts im Norden ist von Fängen berichtet worden. Das charakteristischste Unterscheidungsmerkmal dieser Art ist der große falsche Augenfleck an der Schwanzwurzel. Vermutlich dient diese Markierung dazu, potentielle Räuber zu verwirren und sie bei ihren Angriffen vom Auge abzulenken, so daß der Falterfisch eine gute Chance zum Entkommen hat. Diese Art ist ein Bewohner flacher Riffe, wo sie im allgemeinen einzeln oder in Paaren auftritt. Ihre Hauptnahrung besteht aus Zoantheren, Polychaeten, Gorgonien und Tunikaten. In der Gefangenschaft nehmen sie bereitwillig eine Nahrung an, die sich aus lebenden und gefrorenen Garnelen sowie aus frischem Fisch und Muschelfleisch zusammensetzt. Ebenso gern fressen sie aber auch Trockenfutter, welches im Handel zu kaufen ist. Es ist dies eine vergleichsweise billige Fischart, die zudem noch zu den zähesten unter den Falterfischen gehört. Sie eignet sich deshalb ideal für den Anfänger der Aquaristik. Die Maximallänge beträgt etwa 15 cm, doch die meisten Exemplare werden nicht größer als 10 cm.

230 ▲ 231 ▼

232 ▼

230.
Chaetodon capistratus
Die Jugendform bis etwa 3 cm Länge hat auf beiden Seiten je zwei Augenflecke.
Foto: Norman.

231.
Dieses Jungtier hat etwa 3 cm Länge, es hat den zweiten Augenfleck schon verloren. Es färbt sich ab etwa 5–6 cm Länge so, wie die ausgewachsenen Tiere später aussehen.
Foto: Norman.

232.
Chaetodon capistratus
Ausgewachsenes Tier von 11 cm Länge. UW-Aufnahme, Nassau/Bahamas.
Foto: Baensch.

Chaetodon collare BLOCH, 1787
Halsband-Falterfisch

Dieser auffallende Falterfisch lebt an den Küsten Indonesiens und der Philippinen und in gewissen Gegenden des Indischen Ozeans einschließlich Indiens, Sri Lankas, der Malediven, Pakistans, des Golfs von Oman und der Südostküsten der arabischen Halbinsel. Er ähnelt etwas dem Perlen-Falterfisch *C. reticulatus* des westlichen Pazifiks, doch im Gegensatz zu dieser Art besitzt *Chaetodon collare* einen roten Schwanz. Das helle Band hinter den Augen ist viel enger, und es fehlt ihm die gelbe Färbung, die für *reticulatus* charakteristisch ist (s. Bd. 1, S. 40). Ich beobachtete diese Art im Jahre 1975 bei den Thousand Islands (Pulau Seribu) in der Java-See vor Djakarta. Gewöhnlich sieht man sie in Paaren am Außenriff in Tiefen zwischen 5 und 10 m. Zwei Jahre später traf ich weitere Exemplare, diesmal in der Nähe von Muscat am Golf von Oman. Sie kommen dort relativ häufig vor. Meist schwammen sie in Paaren, und selbst Schwärme von 20 Fischen waren dort nicht selten. Bei Muscat bestand ihr Habitat zum großen Teil aus Felsen und in beschränktem Maße auch aus Korallen. Man konnte sich den Tieren sehr leicht nähern. Die meisten Exemplare hielten sich in Tiefen zwischen 4 und 15 m auf. Diese Art gelangt sehr häufig in den Export nach Europa und Amerika. Gefangene Exemplare lassen sich jedoch manchmal nur schwer an Aquariumbedingungen anpassen. Dies gilt in besonderem Maße für die Fütterung, da der überwiegende Teil ihre Nahrung normalerweise aus Korallenpolypen besteht.

233.
Chaetodon collare
Ein ausgewachsenes Paar. Die Maximallänge der Art beträgt etwa 16 cm. UW-Aufnahme, Malediven.
Foto: Schöpfer.

234.
Chaetodon collare
Jungtier, 5 cm Länge. Aquariumaufnahme.
Foto: Norman.

◄ 233 234 ▼

Chaetodon collare im Riff, Malediven

235.
Chaetodon collare
Ein herrlicher Schwarm
bei den Malediven.
Foto: Langhoff.

Chaetodon daedalma JORDAN und FOWLER, 1903
Eisenfalterfisch, Eisfalterfisch

Das Verbreitungsgebiet dieser Art erstreckt sich um die Ryukyu-, Bonin- und Izu-Inseln sowie um die Hauptinseln des südlichen Japans, hier besonders von der Sagami Bay (nahe Tokio) an in Richtung Süden. Sie gilt als seltene Fischart, mit Ausnahme in einigen bestimmten Regionen bei den Izu- und Bonin-Inseln, wo sie vor allem Felsenriffe bevorzugt. Diese Art wird nur gelegentlich von japanischen Aquarianern gehalten, und nur selten wird sie bei uns importiert. Die Maximallänge beträgt etwa 15 cm.

236.
Chaetodon daedalma.
Aquariumaufnahme eines halbausgewachsenen Tieres von etwa 8 cm Länge aus Japan.
Foto: Yasuda.

Chaetodon declivis RANDALL, 1975
Marquesas Falterfisch

Die erst kürzlich entdeckte Art ist sehr eng verwandt mit *C. tinkeri* von den hawaiianischen Inseln. Sie wurde gesammelt und beschrieben von Dr. John E. Randall während einer siebenmonatigen Kreuzfahrt in Südost-Ozeanien an Bord des 30-m-Schoners „Westward". Die Art ist bekannt auf Grund von sechs Exemplaren, die alle mit Hilfe der Harpune und von Rotenone (einem kommerziellen Fischfanggift) an der Nordseite der Hanauu Bay (Fatu Hiva/Marquesas-Inseln) gefangen wurden. Die Fische wurden am Fuße einer steilen Felswand in einer Tiefe von 23 m über felsigem und sandigem Grund gefangen. Die Art unterscheidet sich von *C. tinkeri* vor allem dadurch, daß sie anstelle der schwarzen, eine eher rotbraune Färbung am hinteren Teil des Körpers und der Rückenflosse besitzt. Zusätzlich hat *C. declivis* ein etwas größeres Auge. Wegen ihrer beschränkten Verbreitung und des relativ tief gelegenen Habitats wird diese Art sehr wahrscheinlich kaum Eingang in den Zierfischhandel finden. Die maximale Länge beträgt etwa 12 cm. Der lateinische Ausdruck *declivis* bedeutet „abfallend" und bezieht sich auf die schroffe diagonale Zeichnung des Farbmusters.

237.
Chaetodon declivis
Die Aufnahme dieses herrlichen Tieres stammt von Fatu-Hiva, einer Insel, über die Thor Heyerdal ein Buch schrieb. Dem Ichthyologen Jack Randall, der seine Forschungen in den entlegensten Gebieten der Erde betreibt, ist die Entdeckung dieser Art zu verdanken.
Foto: Randall.

Chaetodon decussatus im Riff, Sri Lanka

Chaetodon decussatus CUVIER, 1831
Gemalter Falterfisch, Schwarzflossen-Vagabund

Diese Art ist sehr eng mit *Chaetodon vagabundus* (s. Bd. 1, S. 52) verwandt. Sie unterscheidet sich in erster Linie durch das Farbmuster. Beim *C. vagabundus* sind die weichstrahlige Rückenflosse und die Afterflosse gelb mit einer deutlichen, schwarzen Binde vor der gelben Fläche. Dahingegen ist beim *C. decussatus* der gesamte hintere Teil des Körpers schwärzlich, und es fehlt die gelbliche Färbung bis auf eine schmale Binde am Rande sowie eine etwas breitere Binde am unteren Rand der Analflosse. Das Verbreitungsgebiet von *C. decussatus* sind die Korallenriffe Sri Lankas, der Malediven, Indiens und der Andaman-See und des westlichen Teils des Indo-Malayischen Archipels. *C. vagabundus* kommt dagegen fast im gesamten tropischen Indo-West-Pazifik vor. Bei Sri Lanka zählt *C. decussatus* zu den häufigsten Falterfischen, und man findet ihn in einer Reihe verschiedener Habitats, vom Korallenriff angefangen bis zu Felsen- und Geröllgrund, in Tiefen zwischen 2 und mindestens 20 m. Gelegentlich wird diese Art von Sri Lanka importiert, und nach Gewöhnung an das Futter sind sie in der Regel exzellente Aquarienfische. In ihrem natürlichen Lebensbereich besteht ihre Nahrung hauptsächlich aus Algen und Korallenpolypen. In der Gefangenschaft akzeptieren sie aber auch viele andere Futtermittel, einschließlich trockener und gefrorener. Die Maximallänge beträgt ungefähr 20 cm.

◄ 238

238.
Chaetodon decussatus
Den Aquarianern ist diese Art besser unter dem Synonym *Chaetodon pictus* bekannt. Die herrliche UW-Aufnahme zeigt ein Paar an einem Steilriff von Sri Lanka in ca. 30 m Tiefe.
Foto: Jonklaas.

239 ▼

239.
Chaetodon decussatus
Halbausgewachsenes Tier von 8 cm Länge. Aquariumaufnahme.
Foto: Norman.

Chaetodon dichrous GÜNTHER, 1869
Igelfalterfisch, Weißrücken-Falterfisch

Dieser Falterfisch zählt zu den am wenigsten bekannten Arten. Er kommt lediglich bei St. Helena und Ascension in der Mitte des tropischen Atlantiks vor. Bei Ascension ist er im allgemeinen nur selten anzutreffen und da auch nur unterhalb von 12 m Tiefe. In der Nähe des Hummock Point kann man Exemplare dieser Art jedoch auch bei einem Steilabfall, der nur von der Oberfläche bis in 12 m Tiefe reicht, antreffen. Gewöhnlich schwimmen sie paarweise und tummeln sich über Felsengestein vermutlich auf der Suche nach Wirbellosen. Der weiße, rechteckige Fleck auf dem Körper fällt einem sofort unter Wasser auf. Diese Art ist im Zierfischhandel unbekannt. Die Maximallänge beträgt etwa 16 cm.

240 ▲ 241 ▼

240.
Chaetodon dichrous
Ein ausgewachsenes Tier von der Ascension-Insel mitten im Atlantischen Ozean. Die Aufname wurde speziell für dieses Buch angefertigt.
Foto: Lubbock.

241.
Chaetodon dichrous
Ascension-Insel. UW-Aufnahme eines ausgewachsenen Exemplares.
Foto: Lubbock.

Chaetodon dolosus AHL, 1923

Mozambique-Falterfisch

Diese Fische zählen ebenfalls zu jenen Arten, von denen man bislang so gut wie nichts weiß. Nur sehr wenige Exemplare konnten bislang gefangen werden, und fast alle wurden aus Tiefen zwischen 40 und 200 m mit dem Schleppnetz geholt. Die Art ähnelt äußerlich dem Zitronenfalterfisch *(C. miliaris)*, und deshalb haben etliche Autoren diese Arten als Verwandte betrachtet. Sie unterscheidet sich aber von den Mitgliedern der *miliaris*-Gruppe (z. B. *miliaris, güntheri* und *assarius*) durch das Vorhandensein einer dunklen Fläche am Hinterkörper. Obwohl sie in dieser Hinsicht *C. sedentarius* des westlichen Atlantiks ähnelt, unterscheidet sie sich doch wiederum wesentlich von *C. sedentarius* durch das Vorhandensein eines dunklen Fleckes an der weichstrahligen Rückenflosse. Ihr Verbreitungsgebiet erstreckt sich von der Delagoa Bay (Mozambique) in nördlicher Richtung bis zur somalischen Küste. Manchmal ist diese Art auch schon als *C. mendoncae* bezeichnet worden. Die Maximalgröße beträgt 14 cm.

242.
Chaetodon dolosus
Auch als *Chaetodon mendoncae* bekannt.
UW-Aufnahme eines halberwachsenen Tieres von Shinoni, Kenia.
Foto: Lubbock.

Chaetodon falcifer HUBBS und RECHNITZER, 1958
Sensen-Falterfisch

Ursprünglich ist diese auffallend gemusterte Art anhand von Exemplaren beschrieben worden, die man bei Guadalupe im Golf von Kalifornien beobachtete. Erst kürzlich ist sie allerdings auch bei der West-San-Benito-Insel (Baja California) beobachtet und auch gefangen worden. Weitere Fundorte sind Albermarle-Insel (Galapagos), das Kap San Lucas an der Spitze der Baja California nahe San Diego (Kalifornien) und Santa-Catalina-Insel vor Los Angeles. Diese Art ist nur bekannt auf Grund einiger weniger Exemplare, doch wurden etliche mehr von Dr. Richard Rosenblatt am Kap San Lucas gesichtet, als er dort Tauchfahrten mit einer tauchenden „Untertasse" von Cousteau unternahm. Nach seinen Beobachtungen hält sich *C. falcifer* dort auf Felsengrund in Tiefen zwischen 30 und 150 m auf, wobei die größte Konzentration dieser Tiere in Tiefen von etwa 100 m zu beobachten war. Die geringste Tiefe ihres Vorkommens ist 10–12 m bei den Galapagos-Inseln und 13 m bei Santa Catalina. Die Wassertemperaturen an diesen verschiedenen Fundorten reichten von 16 bis 20° C. *C. falcifer* ist eng verwandt mit *C. aya* und *C. guyanensis* des tropischen westlichen Atlantiks und mit *C. marcellae* von Westafrika. Diese vier Arten sind typische Vertreter derjenigen Falterfische, die tiefere Gewässer bevorzugen. Sie werden nur selten gefangen, und deshalb sind sie auch nur selten im Zierfischhandel zu erhalten. Die Maximallänge beträgt etwa 16 cm.

243.
Chaetodon falcifer
UW-Aufnahme von den Galápagos-Inseln.
Foto: Graves.

244.
Chaetodon falcifer
Die erste Farbaufnahme, die von dieser Art überhaupt angefertigt wurde. Ausgewachsenes Exemplar.
Foto: Powell.

◄ 243 244 ▼

Chaetodon falcula BLOCH, 1793
Indischer Doppelsattel-Falterfisch, Sichelfleck-Falterfisch

Diese Art ist ein sehr enger Verwandter von *Chaetodon ulietensis* (s. Bd. 1, S. 50) des westlichen Pazifiks. Die beiden Arten unterscheiden sich in erster Linie hinsichtlich der Farbgebung. Beide Arten besitzen ein Paar dunkler Binden auf der oberen Seite, doch bei *falcula* ist die schwarze Pigmentierung sehr viel intensiver, und die etwas stärker keilförmig ausgebildeten Streifen sind etwas kürzer. *C. falcula* ist auf den Indischen Ozean beschränkt. Die Verbreitung dieser Art umschließt die Nikobaren und die Andamanen, sowie Indien, Sri Lanka, die Malediven, die Seychellen, Mauritius und die Ostküste Afrikas. Im allgemeinen sieht man sie in Paaren oder kleinen Gruppierungen bis zu ungefähr 20 Individuen. Ihr Habitat besteht aus Korallenriffen in Tiefen zwischen 3 und 15 m. Die Art wird recht häufig aus Sri Lanka importiert. Kleinere Exemplare lassen sich gut in Gefangenschaft halten. Die Maximallänge beträgt etwa 20 cm.

245.
Chaetodon falcula
Voll ausgewachsenes Exemplar von Mayotte, Komoren, einer Inselgruppe zwischen Madagaskar und Südafrika.
Foto: Rödiger.

Chaetodon fasciatus FORSSKÅL, 1775

Tabakfalterfisch

C. fasciatus ist eng verwandt mit *C. lunula* des tropischen Indo-Pazifiks, welcher in Band 1 (S. 26) beschrieben wurde. *C. fasciatus* ist jedoch auf das Rote Meer beschränkt und unterscheidet sich von *lunula* hauptsächlich im Hinblick auf das Farbmuster. Ihm fehlt vor allem der schwarze Fleck an der Wurzel der Schwanzflosse sowie die schrägen gelben Streifen hinter dem Kopf, beides typische Zeichen für *lunula*. Beim *fasciatus* sind darüber hinaus die Rücken- und Afterflossen von einem sehr viel helleren Gelb, und die Anzahl der schräglaufenden dunklen Streifen an den Seiten ist geringer. Die Art kommt im Roten Meer recht häufig vor und sie zieht das Augenmerk des Tauchers wegen ihrer besonderen Schönheit sofort auf sich. Es ist ein recht

246.
Chaetodon fasciatus
Porträt eines ausgewachsenen Exemplares. UW-Aufnahme im Roten Meer.
Foto: Moosleitner.

247.
Chaetodon fasciatus
Jungtier von 3 cm Länge. UW-Aufnahme, Rotes Meer.
Foto: Debelius.

248.
Chaetodon fasciatus
Ausgewachsenes Exemplar in Nachtfärbung. UW-Aufnahme, Rotes Meer.
Foto: Moosleitner.

249.
Chaetodon fasciatus
Ausgewachsenes Exemplar, 17 cm Länge. UW-Aufnahme, Eilat, Rotes Meer, in 10 m Tiefe.
Foto: Allen.

246 ▲ 247 ▼ 248 ▶

Chaetodon fasciatus im Riff, Rotes Meer

fotogener Fisch, dem man sich leicht nähern kann. Man trifft ihn meist allein oder in Paaren an, dort wo die Korallen besonders üppig wachsen, in Tiefen zwischen zwei und wenigstens 25 m. Es ist eine relativ große Art, die eine Maximallänge von ungefähr 25 cm erreicht. Insofern eignen sich für die Seewasseraquaristik auch nur die Jungtiere. Es ist eine robuste Spezies, die sich in Gefangenschaft gut halten läßt. Die Fische lieben es, die Algen von den Aquarienwänden abzuweiden, doch akzeptieren sie auch eine große Auswahl von frischen, gefrorenen und getrockneten Nahrungsmitteln. Unter natürlichen Bedingungen besteht ein bedeutender Anteil ihres Futters aus Korallenpolypen.

249 ▼

Chaetodon fremblii BENNETT, 1828
Blaustreifen-Falterfisch

250 ▲

250.
Chaetodon fremblii
Ausgewachsenes Exemplar auf kargem Felsboden. Hanauma Bay, Oahu (Hawaii-Inseln).
Die Art ist im Aquarium sehr aggressiv gegenüber Artgenossen und meist nicht sehr ausdauernd.
Foto: Randall.

251 ▼

251.
Chaetodon fremblii
Fast ausgewachsenes Exemplar von 9 cm Länge. Aquariumaufnahme.
Foto: Norman.

Chaetodon fremblii war derjenige Falterfisch, den der Autor am zweithäufigsten in den Jahren 1967–68 während einer 10monatigen Forschungsreise bei der Insel Oahu (Hawaii) angetroffen hat. Häufiger angetroffen wurde nur noch *C. miliaris* in den flachen Küstengewässern. Erwachsene Tiere von *C. fremblii* kamen in Tiefen zwischen 4 und wenigstens 65 m vor. Obwohl der Blaustreifen-Falterfisch in verschiedenen Habitaten zu Hause ist, scheint er jedoch besonders Felsengrund zu mögen. Das Verbreitungsgebiet beschränkt sich auf die Inseln von Hawaii, wobei diese Art sowohl um die Vulkan-Inseln im Südosten als auch bei den flachen Leeward-Inseln gleichermaßen häufig ist. Die Jungtiere treten meistens zwischen April und September in den flachen und geschützten Riffgebieten auf. Sie sind besonders attraktiv und werden deshalb sehr von den Aquarianern geschätzt. Die erwachsenen Tiere leben oft einzeln, doch schwimmen sie auch in Paaren oder kleineren Gruppen von 3 bis 15 Individuen. Manchmal ist zu beobachten, daß sie von den Eiern der Mönchsfische *(Chromis ovalis* und *Abudefduf abdominalis)* fressen. Ihre weitere Nahrung besteht aus verschiedenen Wirbellosen, wie Korallenpolypen, Würmern und kleinen Krustentieren. In Gefangenschaft verlieren vor allem die großen Tiere viel von ihrem leuchtenden Farbmuster. Für das Aquarium eignen sich deshalb vor allem Jungtiere. Die Maximallänge dieser Art beträgt 13 cm.

Chaetodon gardineri Gelbrand-Falterfisch

NORMAN, 1939

Trotz ihres attraktiven Aussehens hat diese Art bislang nur wenig Publizität erlangt. Das liegt wahrscheinlich an ihrer beschränkten Verbreitung und der relativ großen Tiefe, in der sie vorkommt. Die geographische Verbreitung erstreckt sich von Sri Lanka aus in Richtung Westen bis hin zur Südostküste der arabischen Halbinsel. Das Gebiet umfaßt in etwa das Arabische Meer in der Nordwestecke des Indischen Ozeans. Erst seit der Verwendung von Preßlufttauchgeräten ist diese Art etwas bekannter geworden. Nach Beobachtungen, die kürzlich in Sri Lanka gemacht wurden, kommt dieser Fisch in Tiefen von mehr als 25 m vor. Überraschend sah der Autor im Jahre 1977 einige Exemplare, die auf dem Fischmarkt in Mutrah in der Nähe von Muscat am Golf von Oman zum Verkauf angeboten wurden. Offensichtlich waren sie mit Hilfe von Netzen oder Tiefseereusen gefangen worden, beides Methoden, die von den arabischen Fischern benutzt werden. Bei den verschiedenen Tauchgängen, die wir an den Küstenriffen der Nordostspitze der arabischen Halbinsel zwischen Muscat und Khor Fakkan (Vereinigte Arabische Emirate) unternahmen, sind wir nur einmal auf diesen Falterfisch gestoßen, und zwar sahen wir einen kleinen Schwarm am Fuße eines Felsenriffs in 28 m Tiefe bei einer kleinen vorgelagerten Insel, etliche Kilometer nördlich von Muscat. In Gefangenschaft wird man diese Art nur selten sehen, auch wenn sie gelegentlich aus Sri Lanka exportiert wird. Die Maximallänge beträgt etwa 17 cm.

252.
Chaetodon gardineri
Ausgewachsenes Exemplar. Sri Lanka, UW-Aufnahme in 15 m Tiefe.
Foto: Jonklaas.

252 ▲

253.
Chaetodon gardineri
Aquariumaufnahme eines ausgewachsenen Exemplars von Sri Lanka.
Foto: Lubbock.

253 ▼

Chaetodon guezei MAUGÉ und BAUCHOT, 1976
Rüsselfalterfisch

Dies ist die neueste Entdeckung in der Familie der Falterfische. Zum erstenmal wurde sie in den Jahren 1973 und 1974 bekannt, auf Grund von lediglich zwei Exemplaren. Beide wurden mit Hilfe eines Stellnetzes in der Bucht von Saint Paul auf der Insel Réunion im westlichen Indischen Ozean in einer Tiefe von 80 m gefangen. Die Abbildung hier in diesem Buch stellt die erste Farbillustration dieser Art dar. Sie beruht auf Notizen über die Farbgebung und einer Schwarzweiß-Zeichnung, die der ersten veröffentlichten Beschreibung beigefügt waren. Die Fische sind leicht von anderen Falterfischen des westlichen Indischen Ozeans zu unterscheiden, da sie ein sehr langes Maul besitzen. Die einzige andere Chaetodon-Art, die in dieser Gegend ein noch längeres Maul besitzt, ist der leicht zu bestimmende *Forcipiger flavissimus.* Bislang wurde noch kein anderes lebendes Exemplar gefangen, so daß es auch keine Hinweise für die Aquaristik gibt. Die Maximallänge beträgt etwa 11 cm.

254.
Chaetodon guezei
Diese Art mit der langen Schnauze wurde erst 1973 entdeckt. Leider fertigte man von den gefangenen Fischen keine Fotos an, wie das bei so vielen Arten der Fall ist. Eine große Anzahl von Wissenschaftlern befaßt sich nicht mit der Fotografie. Oftmals werden Fische auch von Fischern in Netzen gefangen, und die Exemplare gelangen in einem sehr schlechten Zustand in die Hände von Wissenschaftlern. Deshalb hier die Farbzeichnung von Martin Thompson.

Chaetodon guttatissimus BENNETT, 1832
Tüpfelfalterfisch

Der Tüpfelfalterfisch ist Mitglied einer Gruppe von Fischen, zu denen auch *C. multicinctus, C. punctatofasciatus* und *C. pelewensis* gehören. Im großen und ganzen ähnelt *C. guttatissimus* dem *C. punctatofasciatus,* der in Band 1 (S. 36) behandelt wurde. Dem Tüpfelfalterfisch fehlen aber die auffallenden vertikalen Streifen der anderen Art, und die Augenbinde ist schwarz und nicht durchbrochen. Beim *punctatofasciatus* ist diese Binde an der Stirn durchbrochen und die Färbung ist überwiegend orange. Während *C. punctatofasciatus* im wesentlichen ein Bewohner des tropischen Westpazifiks ist, so ist die Verbreitung des *C. guttatissimus* auf den Indischen Ozean beschränkt. Sie reicht von der winzigen Christmas-Insel (ungefähr 300 km südlich von Java) in Richtung Westen bis zur ostafrikanischen Küste. In südlicher Richtung kommt sie dort bis etwa Durban vor. Sie bewohnt Korallenriffe und tritt einzeln, in Paaren oder kleinen Schwärmen auf. Die Hauptnahrung besteht aus Polychaeten, Algen und Korallenpolypen. Es ist schwierig, diese Art im Aquarium zu halten, denn sehr häufig verweigert sie die Annahme von Standardfutter. Im wesentlichen eignen sich nur Jungtiere oder junge Erwachsene, denn diese sind eher bereit, Futter anzunehmen. Die Maximallänge beträgt ungefähr 12 cm.

255 ▲

256 ▼

255. *Chaetodon guttatissimus* Ausgewachsenes Paar. UW-Aufnahme von Sri Lanka in 20 m Tiefe. Foto: Jonklaas.

256. *Chaetodon guttatissimus* Ausgewachsen, 12 cm Länge. Aquariumaufnahme. Foto: Kahl.

Chaetodon guyanensis DURAND, 1960
Guyana-Falterfisch

Chaetodon guyanensis ist ein naher Verwandter von *C. aya,* was an der äußeren Gestalt und an ähnlichen Farbmustern zu erkennen ist. Beide Arten bewohnen die tiefen Riffe der Karibischen See, doch scheint es so, daß ihre Verbreitung sich nicht überlappt. *C. aya* ist ein Bewohner der tieferen vorgelagerten Riffe entlang des Kontinentalschelfs des Golfs von Mexiko bis hinüber zum südöstlichen Teil der Vereinigten Staaten. *C. guyanensis* ist gegenwärtig nur bekannt auf Grund einiger weniger Exemplare, die bei Puerto Rico, bei Barbados und vor der Küste des nördlichen Südamerika in Tiefen zwischen 100 und 200 m gesammelt wurden. Über diese Art ist so gut wie nichts bekannt, und meines Wissens ist sie auch niemals lebend gefangen oder in Gefangenschaft gehalten worden. Ich schulde Herrn Dr. Patrick Colin von der Universität von Puerto Rico Dank dafür, daß er mir einen 8-mm-Film zur Verfügung stellte, der während eines Tieftauchunternehmens an Bord eines Tauchbootes aufgenommen wurde. Von einem einzelnen Bild dieses Films wurde eine Colorvergrößerung gemacht, und obgleich das Bild nicht besonders scharf ist, diente es dennoch als Grundlage für die Zeichnung von Martin Thompson.

257.
Chaetodon guyanensis
Eine Art, die *Chaetodon aya* verblüffend ähnlich sieht und wegen der Seltenheit und der großen Tiefe, in der sie vorkommt, wohl nur selten in unsere Aquarien gelangen dürfte. Von der Pflege her ist die Art nicht einmal schwierig zu halten, wenn man sie vorsichtig genug aus der großen Tiefe, in der sie vorkommt, an flacheres Wasser gewöhnen kann.
Zeichnung: Thompson

Chaetodon hoefleri STEINDACHNER, 1883

Hoeflers Falterfisch, Westafrikanischer Falterfisch

Diese Art ähnelt in ihrer äußeren Erscheinung sehr dem *C. marleyi* von Südafrika. Sie unterscheidet sich von jenem aber dadurch, daß sie eine etwas geringere Anzahl von Strahlen an der weichstrahligen Rückenflosse und den Afterflosssen besitzt (D. 22–23, A. 16–17 verglichen mit *C. marleyi:* D. 23–24, A. 18–19). Zusätzlich hat *C. marleyi* im jungen Alter einen auffallenden Fleck an der Rückenflosse, welcher beim gleich großen *hoefleri* fehlt. Verbreitet ist diese Art entlang der tropischen Küste Westafrikas, ungefähr von Mauretanien in Richtung Süden bis Angola. Die überwiegende Anzahl der Beobachtungen und Fänge stammen vom nördlichen Golf von Guinea und der afrikanischen Küste unmittelbar nördlich des Golfs von Dakar. Es gibt nur wenige Berichte über Beobachtungen dieser Art in ihrem natürlichen Lebensraum. Roger Lubbock von der Cambridge Universitiy (England) berichtet, daß sie an der Küste Ghanas offensichtlich nur selten vorkommt. Er entdeckte dort nur ein einziges Paar während eines kürzlich durchgeführten Tauchunternehmens. Er beobachtete diese Fische in der Nähe eines Ölbohrturms, der ungefähr 8 km vor der Küste steht, in einer Tiefe von 10–20 m. Die Maximallänge beträgt 20 cm.

258.
Chaetodon hoefleri
Fast ausgewachsenes Exemplar. UW-Aufnahme an der Küste von Ghana in 20 m Tiefe.
Foto: Lubbock.

Chaetodon humeralis GÜNTHER, 1860
Ostpazifik-Falterfisch

259 ▲

259.
Chaetodon humeralis
Halberwachsenes Exemplar,
7,5 cm Länge.
Aquariumaufnahme.
Foto: Norman.

260 ▼

260.
Chaetodon humeralis
Ausgewachsene Tiere in einem Schwarm an der Küste von West-Panama (Pazifik).
UW-Aufnahme,
15 m Tiefe.
Foto: Rödiger.

Chaetodon humeralis ist recht weit verbreitet entlang der Pazifikküste vom Golf von Kalifornien bis Panama. Er ist derjenige Falterfisch, den man hier in flachen Gewässern am häufigsten antrifft. Günther beschrieb diese Art ursprünglich von den Sandwich-Inseln (Hawaii), doch diese Ortsangabe ist offensichtlich falsch. Zu Beginn des Jahres 1976 beobachtete der Autor diese Art im Golf von Panama bei den Perleninseln. Gewöhnlich trat sie in Paaren oder kleinen Schwärmen auf, wobei sie augenscheinlich Felsengrund in Tiefen von 2-10 m bevorzugte. Einzelnen Tieren konnte man sich leicht nähern. Die Wassertemperaturen waren recht kühl (um 18–19°C), was auf den Einfluß von Tiefseeströmungen zurückzuführen ist. Wegen der vergleichsweise armen Fischfauna des östlichen Pazifiks besteht auch diesbezüglich kein dringendes kommerzielles Interesse, und folglicherweise sind Arten wie *C. humeralis* daher selten im Zierfischhandel zu erhalten. Jungtiere besitzen einen Fleck an der weichstrahligen Rückenflosse, und sie sind in besonderem Maße attraktiv. In mancher Beziehung ähnelt diese Art dem *Chaetodon striatus* des westlichen Atlantiks. Das wechselnde Muster von schwarzen Streifen ist ähnlich geartet, doch sind beim *humeralis* die weißen Felder zwischen den Streifen am Körper sehr viel breiter ausgebildet. Die Maximallänge dieser Art beträgt etwa 18 cm.

Chaetodon larvatus CUVIER, 1831
Rotmeer-Maskenfalterfisch

Dieser Fisch gehört zu den am schönsten gezeichneten Arten im Roten Meer. Er lebt in üppig wachsenden Korallenriffen in Tiefen zwischen 3 und 12 m. Besonders häufig kommt diese Art im mittleren Teil des Roten Meeres vor, in der Nähe von Dschidda an der arabischen Küste und vor Port Sudan an der afrikanischen Küste. *C. larvatus* ist eng verwandt mit *C. baronessa* des westlichen Pazifiks (s. Band 1, S. 16) und dem *C. triangulum* des Indischen Ozeans, doch unterscheiden sich diese Arten recht deutlich voneinander auf Grund der Farbmusterungen. Viele frühere Autoren haben diese Art der Gattung *Gonochaetodon* zugewiesen, wobei als Unterscheidungsmerkmal zum *Chaetodon* der rhombische Charakter der Schuppen und das ungewöhnliche Muster der Beschuppung galten. Darüber hinaus ist der Körper stark gedrückt und erhöht und besitzt eine charakteristische Dreiecksform. Wie auch immer, die neueren Studien von Dr. Warren E. Burgess lassen erkennen, daß diese Unterschiede höchstens für eine untergattungsmäßige Trennung ausreichen. Und aus diesen Gründen sollten denn die drei Arten auch der Gattung *Chaetodon* zugewiesen werden. *C. larvatus* trifft man gewöhnlich in Paaren an, häufig eng assoziiert mit tischförmigen *Acropora*-Korallen. Es ist dies eine ortsgebundene Art, die sehr heftig andere Falterfische verjagt, falls diese es wagen, in die Nähe ihres Futterplatzes zu kommen. Die Nahrung besteht fast ausschließlich aus Korallenpolypen, und daher ist es ein sehr schwieriges Unternehmen, diese Art in Gefangenschaft zu halten. Die Maximallänge beträgt 12 cm.

Die „Varietät" *C. karraf* (Cuvier und Valenciennes) mit einem dunklen Augenband ist nach der Erstbeschreibung nicht wieder aufgetaucht. Es könnte sich um eine Kreuzung zwischen *C. triangulum* und *C. larvatus* gehandelt haben.

261. *Chaetodon larvatus* UW-Aufnahme eines ausgewachsenen Paares im Roten Meer. Foto: Schuch.

Chaetodon leucopleura PLAYFAIR, 1866
Gelbschwanz-Falterfisch

Diese Art ist nur von relativ wenigen Örtlichkeiten im Westen des Indischen Ozeans bekannt. Angetroffen hat man sie an verschiedenen Stellen entlang der ostafrikanischen Küste von Sansibar nordwärts, bei den Aldabra-Inseln, den Seychellen und bei den Farsan-Inseln im südlichen Roten Meer. Offensichtlich bevorzugt diese Fischart tieferes Wasser. Die meisten bekannt gewordenen Fänge stammen aus Tiefen von 40 und 75 m. Die Art ist ein sehr enger Verwandter von *C. gardineri* und *C. selene.* Im Aquarienhandel ist sie nur sehr selten zu erhalten, doch erweist sie sich in Gefangenschaft als recht robust. Die Maximallänge beträgt etwa 18 cm.

Die Art bereitet jedoch Schwierigkeiten in der Futterannahme. Anfangs ist es günstig, lebende Mysis, Salinenkrebschen, Muschelfleisch und kurze Algen anzubieten, um sie allmählich an tote animalische Nahrung sowie Trockenfutter zu gewöhnen.

262.
Chaetodon leucopleura
Aquariumaufnahme eines ausgewachsenen Tieres. Die Art läßt sich im Aquarium sehr gut halten.
Foto: Friese.

Chaetodon litus RANDALL und CALDWELL, 1973
Osterinsel-Falterfisch

Obgleich diese Art in gewisser Weise nur unansehnlich gefärbt ist, zählt sie für die Wissenschaft nichtdestoweniger wegen ihrer extrem beschränkten Verbreitung zu den hoch interessanten Falterfischen. Bekannt ist der Fisch nur von der winzigen Osterinsel, diesem isolierten Vulkanfelsen, welcher ungefähr 3500 km westlich von Chile liegt und der am ehesten durch seine gigantischen Steinmonumente bekannt ist. Die Art wurde zum erstenmal im Jahre 1958 von den Besatzungsmitgliedern der Jacht „Chiriqui" gefangen, die damals Fische für das Los Angeles Country Museum in Kalifornien sammelten. Danach wurden noch mehrere weitere Exemplare von den Mitgliedern der Canadian Medical Expedition gefangen, die in den Jahren 1964 und 1965 ebenfalls zur Osterinsel führte. Im Februar 1969 erhielt der Autor die Möglichkeit, zusammen mit Dr. John E. Randall, eine weitere Expedition zur Osterinsel durchzuführen, die von der National Geographic Society finanziert wurde. Es gelang uns, ungefähr 20 weitere Exemplare zu sammeln, und daraufhin wurde die Art von Dr. Randall und Dr. David Caldwell beschrieben. Die Fischfauna der Osterinsel ist vergleichsweise arm, was vor allem auf die isolierte und subtropische Lage der Osterinsel zurückzuführen ist. Der einzige andere Falterfisch, den wir zu Gesicht bekamen, war *Forcipiger flavissimus.* Das submarine Habitat besteht bei der Osterinsel hauptsächlich aus Vulkanblöcken, die häufig dicht von Braunalgen *(Sargassum* und *Zonaria)* bewachsen sind. Die Wassertemperaturen betrugen ungefähr 21–22°C. Es gab nur ein oder zwei Korallenarten, jedoch nicht in großer Quantität, obgleich allerdings beinahe 50% des Bodens einiger größerer Gezeitenbecken aus lebenden Korallen bestand. Wir sahen Exemplare von *C. litus* in Tiefen zwischen 1 und 20 m. Die farblich etwas helleren und leicht silbrigen Jungfische wurden in flachen Gezeitenbecken gesammelt. Einmal beobachtete ich, daß ein Fisch am Körper eines anderen herumpickte, offensichtlich auf der Suche nach Parasiten. Diese Art des Putzerverhaltens ist bereits wohlbekannt bei der Lippfischgattung *Labroides,* und sie zeigt sich auch bei Jungtieren von anderen Lippfischen und einigen Falterfischen. *C. litus* erreicht eine Maximallänge von ungefähr 15 cm.

263 ▲ 264 ▼

263.
Chaetodon litus
Jungtier von 36 mm SL. Die Aufnahme stammt von einem Tier von den Osterinseln im südöstlichen Pazifischen Ozean.
Foto: Randall.

264.
Chaetodon litus
Ausgewachsenes Exemplar, 11,5 cm Länge. Osterinseln.
Foto: Randall.

Chaetodon madagascariensis AHL, 1923
Indischer Winkel-Orangenfalterfisch

Diese Art ist von früheren Autoren zunächst als *C. chrysurus* bezeichnet worden, doch Burgess (1979) hat nachgewiesen, daß dieser Name bereits belegt ist. Er wurde zuerst von Schneider benutzt, um eine Art von Pomacanthiden zu beschreiben, die fälschlicherweise der Gattung *Chaetodon* zugewiesen wurde. Aus diesen Gründen bietet sich der Name *C. madagascariensis* als naheliegend für diese im Indischen Ozean weit verbreitete Falterfischart an. Sie lebt entlang der ostafrikanischen Küste, bei Madagaskar, Mauritius, Sri Lanka, bei den Kokos-Keeling-Inseln und, erst kürzlich vom Autor entdeckt, bei der Christmas-Insel (Ind. Ozean). Doch wurde am letztgenannten Ort nur ein einziges Individuum beobachtet, am steilen Außenriff und in einer Tiefe von 16–18 m, wo der Boden hauptsächlich aus Geröll bestand. Die Farbunterschiede zwischen *C. madagascariensis* und *C. mertensii* sind nicht sehr auffallend, und obgleich Burgess (1979) meint, zwei verschiedene Arten vor sich zu haben, gibt es durchaus die Möglichkeit, daß die erstgenannte Art nur eine Abart von *C. mertensii* darstellt. Für die Aquaristik gibt es nur dürftige Empfehlungen, doch scheint die Art für ein Leben in Gefangenschaft recht gut geeignet zu sein, wenn man an die nahe verwandten Arten wie C. mertensii und *C. xanthurus* denkt. Die Maximallänge beträgt ungefähr 14 cm.

265. *Chaetodon madagascariensis* Ausgewachsenes Exemplar, 10 cm Länge. Christmas-Insel, Ind. Ozean (südlich von Java) in 18 m Tiefe. Foto: Allen.

Zum Vergleich:
C. mertensii, C. paucifasciatus, C. xanthurus

266.
Chaetodon paucifasciatus
Zum Vergleich wird dieses Foto aus Band 1 hier noch einmal wiederholt.
Foto: Norman.

267.
Chaetodon xanthurus
Siehe auch Seite 236.
Foto: Baensch.

268.
Chaetodon mertensii
Ausgewachsenes Exemplar von den Marshall-Inseln im Pazifischen Ozean. UW-Aufnahme in 20 m Tiefe.
Foto: Pat Bartlett.

266 ▲

267 ▲

268 ▼

Chaetodon marcellae POLL, 1950
Wellenfalterfisch

269 ▲

269.
Chaetodon marcellae
Aquariumaufnahme eines ausgewachsenen Exemplars von der Ghana-Küste, Westafrika.
Foto: Lubbock.

270 ▼

270.
Chaetodon marcellae
Pärchen in der typischen Unterwasserlandschaft der Kapverdischen Inseln. UW-Aufnahme, 15 m Tiefe.
Foto: Debelius.

Der Wellenfalterfisch ist ein enger Verwandter von *C. aya* und *C. guyanensis* des Westatlantiks. Er ist weit verbreitet entlang der Küste des tropischen Westafrikas und bevorzugt wie seine Verwandten tieferes Wasser. Das Verbreitungsgebiet erstreckt sich vom Senegal bis hinunter in den Süden zum Kongo. Er kommt auch bei den Kapverdischen Inseln vor und belebt wahrscheinlich auch die im Golf von Guinea gelegenen Inseln. Von Tauchern wird er nur selten beobachtet. Praktisch alle Exemplare, die bislang gefangen worden sind, wurden durch Schleppnetze aus Tiefen zwischen 35 und 95 m heraufgeholt. In dieser Tiefe variiert die Temperatur zwischen 16 und 19°C. Im Zierfischhandel ist *C. marcellae* nicht bekannt. Die Maximallänge beträgt ungefähr 14 cm.

Chaetodon marleyi REGAN, 1921
Südafrikanischer Falterfisch

Chaetodon marleyi ist lediglich von der Südspitze Afrikas her bekannt. Im Gegensatz zu den meisten anderen Mitgliedern der Familie ist dies eine subtropische Art. Das Verbreitungsgebiet erstreckt sich entlang der südafrikanischen Küste von der Lambert's Bay auf der atlantischen Seite des Kaps der guten Hoffnung bis zur Delagoa Bay, geradewegs nördlich der Grenze zwischen Südafrika und Mozambique. Es ist die einzige Falterfischart, die sowohl im Atlantik als auch im Pazifik vorkommt. Ihr Habitat ist unterschiedlich beschaffen und umfaßt sowohl Felsen- als auch Korallenriffe. Desgleichen kommen die Fische im Flußmündungen vor, wo sie zwischen Algen und Seegras leben. Gefangen wurde die Art auch bereits aus Tiefen von 120 m. Bei den südafrikanischen Aquarianern ist diese Art wohl bekannt, doch wird sie nur selten exportiert. Im Aquarium sollte der Fisch bei kühleren Temperaturen gehalten werden, als dies für die meisten anderen Falterfische empfohlen wird (15–20°C). Die Maximallänge beträgt etwa 18 cm.

Penrith, 1978, machte glaubhaft, daß *C. hoefleri* und *C. marleyi* identisch sind, was erst nach Redaktionsschluß bekannt wurde.

271.
Chaetodon marleyi
10 cm TL, Unterwasseraufnahme in der Sodwana Bay, Südafrika. 2 m Tiefe.
Foto: Allen.
Vergl. mit *C. hoefleri*, S. 191!

Chaetodon melapterus GUICHENOT, 1862
Persischer Falterfisch

272 ▲ 273 ▼

Diese attraktive Art ist eng verwandt mit *C. trifasciatus* des Indo-Westpazifiks und mit *C. austriacus* aus dem Roten Meer. Hauptsächlich unterscheidet sie sich von den anderen hinsichtlich der Farbgebung, und es fehlt ihr der längliche dunkle Streifen hinten auf der oberen Seite. Die Rückenflosse und der Hinterkörper sind weitgehend schwarz. *C. melapterus* ist hauptsächlich vom Persischen Golf, dem Golf von Oman und der Südostküste der arabischen Halbinsel bekannt, doch liegen auch Berichte von den Seychellen und von Réunion vor. Ich selbst habe die Art unter Wasser bei der Insel Bahrain und nahe Doha, Qatar, im Persischen Golf beobachtet. Obwohl es dort reichlich Korallenriffe gibt, ist die Fischfauna dennoch ärmlich und von *C. melapterus* wurden nur einige Exemplare gesichtet. Häufiger kommt sie in den flachen Küstenriffen von Khor Fakkan (Vereinigte Arabische Emirate) und Muscat (Oman) vor. Beide Örtlichkeiten sind am Golf von Oman gelegen. Bei Muscat sah ich Schwärme von mehr als 20 Fischen. Meines Wissens ist diese Art noch nicht im Zierfischhandel angeboten worden. Dieser Fisch ist zwar ein extrem hübsches Tier, dennoch scheint es nicht für das Aquarium geeignet zu sein, da es sich hauptsächlich von lebenden Korallen ernährt. Die Maximallänge beträgt etwa 12 cm. Charakteristisch bei den Jungtieren ist eine helle, hartstrahlige Rückenflosse, welche mit zunehmendem Alter dunkler wird.

272.
Chaetodon melapterus
Jungtier von 3 cm Länge. Aquariumaufnahme.
Foto: Norman.

273.
Chaetodon melapterus
Halberwachsenes Tier, etwa 8 cm Länge. UW-Aufnahme Doha, Qatar (Persischer Golf).
Foto: Allen.

274.
Chaetodon melapterus, der unter dem Namen *Chaetodon arabicus* bekannt wurde. Ausgewachsenes Exemplar von 10 cm Länge. UW-Aufnahme Muscat, Oman (Persischer Golf), 4 m Tiefe.
Foto: Allen.

274 ▼

Chaetodon mesoleucos FORSSKÅL, 1775
Weißbrauner Rotmeerfalterfisch, Weißgesicht-Falterfisch

275 ▲ 276 ▼

Dieser Falterfisch zählt zu denjenigen Arten, die nur im Roten Meer beheimatet sind, doch scheint er auch dort nicht allzu häufig vorzukommen. So traf ich ihn beispielsweise nicht bei Eilat im nördlichen Teil des Roten Meeres (1975), und bei Dschidda (1977) waren es auch nur einige wenige Paare, die ich zu Gesicht bekam. Die Art erwies sich als besonders scheu, und man konnte sich ihr mit der Kamera unter Wasser nur relativ schwer nähern. Die Tiefe, in der ich die Fische antraf, variierte zwischen fünf und 20 m. Diese Art besitzt sehr deutliche Unterscheidungsmerkmale und kann im Grunde nicht mit irgend einer anderen Falterfischart verwechselt werden. Sie wird nicht häufig importiert. Im Aquarium ist sie nicht sehr beliebt, da sie gegenüber anderen Beckeninsassen stets zänkisch ist. Bei guter Fütterung und Pflege sind Einzeltiere recht ausdauernd. Die Maximallänge beträgt etwa 16 cm.

275.
Chaetodon mesoleucos
Ausgewachsen, 12,5 cm. UW-Aufnahme, Dschidda, Saudi-Arabien, Rotes Meer.
Foto: Allen.

276.
Chaetodon mesoleucos
Eine Aquarienaufnahme dieser herrlichen, leider recht zänkischen Art.
Foto: Nieuwenhuizen.

277.
Chaetodon mesoleucos
Ausgewachsenes Paar. UW-Aufnahme an einem Wrack im Roten Meer.
Foto: Moosleitner.

Chaetodon mesoleucos an einem Wrack im Roten Meer

Chaetodon miliaris QUOY und GAIMARD, 1824
Hirsekorn-Falterfisch

278.
Chaetodon miliaris
Aquariumaufnahme eines Exemplars von Hawaii. 12,5 cm Länge. Im Aquarium verblaßt die prächtig gelbe Färbung dieser Art bei manchen Tieren.
Foto: Norman.

279.
Chaetodon miliaris
Ein Schwarm frißt genüßlich die Eier verschiedener Riffbarsche. *C. miliaris* gilt als einer der haltbarsten Fische im Seewasseraquarium.
Foto: Rödiger.

278 ▲

279 ▼

In der Vergangenheit hat es über diese Art verschiedene Berichte von vielen verstreut liegenden Orten im ganzen tropischen Pazifik gegeben. Die meisten dieser Angaben hinsichtlich der Verbreitung erwiesen sich jedoch als falsch. *C. miliaris* ist dabei sehr oft mit Falterfischen von ähnlichem Äußeren verwechselt worden, wie z. B. *C. güntheri, C. assarius* und C. citrinellus. Der echte *C. miliaris* ist auf die Inseln von Hawaii beschränkt, wo er allerdings der am häufigsten auftretende Falterfisch sein dürfte. Besonders oft trifft man ihn in den flachen Gewässern der Leeward-Inseln an, doch ist er auch recht häufig bei den Hauptinseln im Südosten der Inselkette (weniger häufig aber bei der Hauptinsel Hawaii).. Bemerkenswert ist der Tiefenbereich, in dem der Fisch vorkommt. Er lebt in flachen Gewässern von weniger als 1 m bis hinunter in Tiefen von mehr als 250 m, wo er von Wissenschaftlern von Bord eines Tauchbootes aus beobachtet wurde. Die Art lebt einzeln, in Paaren und häufig auch in riesigen Schwärmen, die den Meeresgrund nach Nahrung abgrasen. Plankton ist ein wichtiger Teil der Nahrung, doch werden auch Wirbellose gefressen. *C. miliaris* ist darüber hinaus ein Räuber von Fischeiern, und oft genug kann man beobachten, wie er die Nester von *Chromis ovalis, Abudefduf abdominalis* und *Dascyllus albisella* überfällt. Er selbst schützt sich gegen die nutzlosen Attacken der die Nester bewachenden Männchen der Demoisellen, indem er große Schwärme bildet. *C. miliaris* er-

Chaetodon miliaris und andere Falterfische fressen Laich in einer Höhle (Hawaii)

reicht eine maximale Länge von ungefähr 13 cm, und man kann die Fische recht gut im Aquarium halten. Die Art hat eine begrenzte Laichzeit, und die Jungtiere erscheinen gewöhnlich zwischen April und Juni nahe der Küste.

280.
Verschiedene Falterfische fressen die auf Steinen und Korallen abgelegten Eier von *Abudefduf saxatilis* und anderen Riffbarsch-Arten. Im Bild rechts sieht man *Chaetodon lunula*, in der Mitte *Chaetodon miliaris* und halb verdeckt *Chaetodon auriga*. Foto: Rödiger.

Chaetodon mitratus GÜNTHER, 1860
Mitrafalterfisch

281.
Chaetodon mitratus
Von den Kokos-Keeling-Inseln, südlich von Sumatra.
Foto: Smith-Vaniz und Colin.

282.
Chaetodon mitratus
Ausgewachsenes Tier von der Christmas-Insel, südlich von Java. UW-Aufnahme in 50 m Tiefe.
Foto: Allen.

281 ▲ 282 ▼

Bis zum Jahre 1973 war dieser lebhaft gezeichnete Fisch nur durch ein einziges Exemplar bekannt, auf dem auch Günthers ursprüngliche Beschreibung beruhte. Dieses Exemplar ist im Besitz des Britischen Museums (London), und obgleich nicht mehr als die präparierte Haut existiert, ist das charakteristische Farbmuster deutlich zu erkennen. Dieses Sammlungsstück diente als einziger Beweis der Existenz dieser Art über 113 Jahre hinweg, bis schließlich von weiteren Exemplaren vor der Insel Réunion durch P. Guézé und L. A. Maugé berichtet wurde. Weitere Fische wurden ein Jahr später von William Smith-Vaniz und Patrick Colin während einer amerikanischen Expedition zu den Kokos-Keeling-Inseln im östlichen Indischen Ozean gefangen. Sie fanden die Art in Tiefen von mehr als 30 m am Steilabfall des Außenriffs. Auch Dr. John E. Randall fing ein Exemplar dieses Fisches bei Mauritius im westlichen Indischen Ozean, wo auch Günthers Exemplar herstammte. Einzelne Individuen wurden darüber hinaus bei den Amiranten gesehen und bei der Cosmoledo-Inselgruppe nördlich von Madagaskar. Unter Wasser fotografiert und gefangen wurde die Art zum erstenmal bei der Christmas-Insel vom Autor und Roger Steene im Mai–Juni 1978. Ungefähr ein bis fünf Einzelexemplare konnten während eines jeden Tauchganges unterhalb von 50 m beobachtet werden. Die größte Tiefe, in der wir die Art gesehen haben, betrug 68 m. Wir sahen sie ausschließlich am Steilabfall des Außenriffs über Geröll-

Porträt von *Chaetodon mitratus*

boden oder zwischen schwarzen Korallen und Seefedern. Meistens waren sie allein, doch wir sahen sie auch zu zweit und zu dritt. *C. mitratus* ähnelt *C. burgessi,* und beide Arten gehören zu einer Gruppe (Untergattung *Roa*) von Falterfischen, die tiefes Wasser bevorzugen. Dazu gehören auch *C. tinkeri* von Hawaii und *C. declivis* von den Marquesas-Inseln. Sie haben alle eine charakteristische Körperform mit besonders ausgeprägten Rückenflossen. Der dritte und vierte Rückenstrahl ist am längsten ausgebildet, und der hintere Teil der Flossen ist verkürzt. Typisch für diese Gruppe ist auch das kontrastreiche Schwarzweißmuster. Wie schon oben erwähnt, ist das Farbmuster von *C. mitratus* dem von *C. burgessi* sehr ähnlich, doch unterscheidet es sich darin, daß das schwarze Feld am hinteren Teil des Körpers die gesamte Rückenflosse mit Ausnahme der ersten Strahlen bedeckt. Hinzu kommt, daß beim *burgessi* der am Nacken beginnende schwarze Streifen nicht nur verkürzt ist, sondern auch in einer etwas mehr vertikalen Richtung verläuft. Obwohl *C. mitratus* vermutlich sehr weit im tropischen Indischen Ozean verbreitet ist, besteht dennoch nur eine geringe Chance, ihn dem Aquarienhandel zuzuführen, vor allem wegen der Tiefe, in der diese Fische normalerweise leben. Die Maximallänge beträgt ungefähr 14 cm.

283.
Diese UW-Aufnahme zeigt das Porträt von *Chaetodon mitratus,* aufgenommen bei der Christmas-Insel in 50 m Tiefe. Das Tier ist 9 cm lang.
Foto: Allen.

Chaetodon modestus TEMMINCK und SCHLEGEL, 1842
Braunband-Falterfisch

Diese Art scheint sehr weit im tropischen Indo-Westpazifik von den Inseln um Hawaii bis zum südlichen Teil der arabischen Halbinsel verbreitet zu sein. Dennoch ist sie nur von relativ wenigen Orten her bekannt, und da auch diese Art das tiefere Wasser bevorzugt, wird sie nur selten gefangen. Burgess (1979) unterscheidet drei verschiedene Arten: *C. jayakari* Norman aus dem arabischen Meer, *C. modestus* vom äußersten Westpazifik (Südjapan bis West-Australien) und *C. excelsa* von Hawaii und Guam. Die Unterschiede zwischen diesen drei Arten sind jedoch nur äußerst gering. Burgess fand nur geringe Abweichungen hinsichtlich der Tiefe der Schwanzwurzeln und der Form des Rückenflossenfleckens (rund beim *jayakari,* leicht oval bei den beiden anderen Arten). Ich selbst betrachte diese Unterschiede als nicht so wesentlich, als daß man hier verschiedene Arten annehmen könnte. Ich ziehe es daher vor, diese drei Formen unter dem alten Namen *modestus* zusammenzufassen. Ein Exemplar, das man bei Hawaii fand, wurde durch den Lavastrom des Mauna Kea (Hawaii) im Jahre 1919 tot an die Oberfläche gespült. Zunächst wurde diese Art von Jordan als eine neue Gattung und Art beschrieben *(Loa excelsa).* Ein zweites Exemplar wurde vom Autor mit Hilfe eines Schleppnetzes während eines Fischfangunternehmens an Bord eines U.S.-Regierungsschiffes weit vor der Küste von Oahu gefangen. Weitere Exemplare wurden von Dr. Thomas Clarke von Bord eines Tauchbootes in Tiefen zwischen 120 und 190 m vor Oahu beobachtet. Es gelang ihm auch, ein erwachsenes Paar mit Hilfe eines sehr tief herabgelassenen Stellnetzes zu fangen. Möglicherweise ist diese Art nach Hawaii von Japan aus im Larvenstadium via des warmen Ausläufers des Kuroshio-Stromes gelangt, welcher ostwärts in Richtung Hawaii verläuft. Die Art ist auf sehr tiefes Wasser beschränkt. Sie lebt dort gewöhnlich in Felsengebieten. Für die Haltung im Aquarium liegen keine Informationen vor. Die Maximallänge beträgt 17 cm.

284.
Chaetodon modestus
Ein ausgewachsenes Exemplar mit 11,2 cm TL. Das Tier wurde auf der Insel Oahu, Hawaii, aufgenommen. Nach den neuesten Entdeckungen kommt diese Art auch an der Küste von West-Australien in großen Tiefen vor.
Foto: Randall.

Chaetodon multicinctus GARRETT, 1863
Hawaii-Streifenfalterfisch

Diese Art ist eng verwandt mit *C. punctatofasciatus* des tropischen Westpazifiks. Ihre Verbreitung ist beschränkt auf die Inseln von Hawaii und auf das Johnston-Atoll. Bei der Insel Oahu ist dies die vierthäufigste Falterfischart. Häufiger kommen dort nur noch *C. miliaris, Heniochus diphreutes* und *Chaetodon fremblii* vor. Meist wird sie in Paaren oder kleinen Schwärmen in Tiefen zwischen fünf und 30 m angetroffen. Sehr oft trifft man sie auch an einigen Strecken der Kona-Küste der Insel von Hawaii an, vorwiegend in solchen Gebieten, wo *Porites-* und *Pocillopora-Korallen* vorherrschen. Die Analyse des Mageninhaltes ergab, daß sich die Art sowohl von Polypen dieser Korallen ernährt als auch von Algen, Polychaeten und kleinen Garnelen. Die Jungfische treten bei der Insel Oahu zwischen April und September in Erscheinung. Ihre Färbung ähnelt der der Erwachsenen, und sie gelten als beliebte Aquarienfische. Ihre Maximallänge beträgt etwa 12 cm. Die Art ist im Aquarium recht gut haltbar.

285.
Chaetodon multicinctus
Ausgewachsenes Exemplar. Aquariumaufnahme. Foto: Kahl.

286.
Chaetodon multicinctus
Pärchen. UW-Aufnahme von den Hawaii-Inseln, 25 m Tiefe. Foto: Rödiger.

285 ▲

286 ▼

Chaetodon nigropunctatus SAUVAGE, 1880
Schwarzpunkt-Falterfisch

287.
Chaetodon nigropunctatus
10 cm Länge.
Farbvariante von Bahrein, Persischer Golf.
Foto: Allen.

287 ▲ 288 ▼

288.
Chaetodon nigropunctatus
von Muscat-Oman.
UW-Aufnahme in 6 m Tiefe.
Foto: Allen.

Diese Art ist weitaus weniger farbenfroh als die anderen Mitglieder der Familie. Sie ähnelt etwas *C. litus* von der Osterinsel, doch besitzt sie ein weißliches Gesicht und einige Reihen von kleinen, schwarzen Punkten an den Seiten. Das Verbreitungsgebiet umfaßt den Persischen Golf, den Golf von Oman, die Südostküste der arabischen Halbinsel und die tropische Küste Ostafrikas. Zu Beginn des Jahres 1977 hatte ich die Gelegenheit, diese Art in ihrem natürlichen Habitat vor Bahrein und Qatar am Persischen Golf und dem Golf von Oman nahe Muscat und Khor Fakkan zu beobachten, und zwar immer in Korallenriffen zwischen drei und 15 m Tiefe. Die Exemplare des Persischen Golfes waren etwas dunkler als jene des Golfes von Oman. An letzterer Stelle waren sie besonders am äußeren Ende der Rückenflosse häufig auch mit einer gelblichen Tönung überzogen. Gewöhnlich sahen wir sie einzeln oder in Paaren, und man konnte sich ihnen ohne Schwierigkeiten nähern. Einzeltiere durchstreifen während der Futtersuche das gesamte Riff. Korallenpolypen stellen zumindest einen Teil ihrer Nahrung dar. Im Zierfischhandel ist diese Art unbekannt. Die Maximallänge beträgt etwa 13 cm.

Chaetodon nippon STEINDACHNER und DÖDERLEIN, 1884
Japanfalterfisch

Diese Art ist bei den Inseln des südlichen Japans nicht selten. Bekannt ist sie auch von den Philippinen, wo sie jedoch von Seale auf Grund eines 11 cm großen Exemplars als eine separate Art, *C. carens,* beschrieben wurde, das bei der Insel Bantayan gefangen worden war. Im Jahre 1976 hatte ich die Gelegenheit, *C. nippon* bei Miyake-Jima zu beobachten und zu fotografieren, einer wunderschönen Vulkaninsel, die ungefähr 150 km südlich von Tokio liegt und die zu den Izu-Inseln gehört. Ich sah eine Reihe von Einzelexemplaren in den felsigen Riffen, die Miyake umgeben, in Tiefen zwischen fünf und 20 m. Die Wassertemperatur betrug etwa 20°C, was ungewöhnlich warm für den Monat Februar ist. Üblich zu dieser Jahreszeit sind Wassertemperaturen von 16°C und weniger. Es ist dies eine relativ robuste Art, die sich gut im Aquarium hält. Die Jungtiere sind in der Regel attraktiver als die ausgewachsenen Tiere, denn ihre Gelbfärbung ist lebhafter, und sie besitzen auch an der weichstrahligen Rückenflosse einen augenartigen Fleck. Diese Art wird normalerweise nicht exportiert, und so wird man sie außerhalb Japans auch selten im Aquarium antreffen. Die Maximallänge ist ungefähr 15 cm.

289.
Chaetodon nippon
12,5 cm Länge.
UW-Aufnahme Miyake-Jima, in 10 m Tiefe.
Foto: Allen.

290.
Chaetodon nippon
Jungtier, 4 cm Länge.
Aquariumaufnahme aus Japan.
Foto: Yasuda.

291.
Chaetodon nippon
Fast ausgewachsenes Exemplar, 10 cm Länge.
Aquariumaufnahme.
Foto: Norman.

◄ 289 290 ▲ 291 ▼

Chaetodon ocellatus LINNAEUS, 1758
Fleckflosser, Nördlicher Falterfisch

Obgleich diese Art verglichen mit den anderen Mitgliedern der Familie nicht besonders farbenfroh ist, wird sie bei den Aquarianern wegen ihrer Zähigkeit dennoch sehr geschätzt. Sie bewohnt die Korallenriffe des westlichen Atlantiks von Brasilien bis Florida. Die Larven dieser Art werden zuweilen durch den warmen Golfstrom in Richtung Norden getrieben, und so sind unter Umständen Jungtiere sogar während der Sommermonate an den Küsten des US-Staates Massachusetts anzutreffen. Ja, man berichtete sogar von einem 3 cm großen Exemplar, das bei Musquodoboit Harbour (Nova Scotia!) gefangen wurde. In den flachen Riffen Floridas ist diese Art sehr verbreitet, während sie bei den anderen Inseln der Karibischen See seltener gesichtet wird. Der charakteristische Fleck an der Rückenflosse ist vielfach verblaßt, und er ist deshalb auch bei großen, erwachsenen Tieren fast kaum noch zu bemerken. Kleinere Jungtiere haben einen schmalen, schwarzen Streifen, der von diesem Rückenfleck entlang der Schwanzwurzel bis zur Afterflosse verläuft. Die Maximallänge beträgt etwa 16 cm.

292 ▲ 293 ▼ 294 ►

292.
Chaetodon ocellatus
Jungtier, 2,5 cm Länge.
Aquariumaufnahme.
Foto: Norman.

293.
Chaetodon ocellatus
Jungtier, 5 cm Länge.
Aquariumaufnahme.
Foto: Norman.

294.
Chaetodon ocellatus
Ausgewachsenes Exemplar. New Providence, Bahamas.
Foto: Rödiger.

Jungtiere von *Chaetodon ocellatus,* die mit dem Golfstrom bis nach New York getrieben wurden

295 ▲

296 ▼

295/296.
Chaetodon ocellatus
Jungtiere, die mit dem Golfstrom an die Küste des Staates New York getrieben worden sind. Jährlich sterben hier im November bei kälter werdendem Wasser Tausende dieser Fische ab. Die Falterfische laichen im freien Wasser; Larven und Eier treiben mit dem Golfstrom nordwärts. Während dieser Reise wachsen die Jungfische bis zu einer Länge von 4, manchmal 5 cm heran. Die beiden Aufnahmen sind von höchstem Seltenheitswert, da sie diese Falterfisch-Art in einem für sie sehr ungewöhnlichen Milieu mit Kaltwasser-Seesternen und Miesmuscheln zeigen. Ausgewachsene Tiere dieser Art wird man niemals so weit im Norden finden können, weshalb sich die Art an die kalten Wassertemperaturen auch nicht gewöhnen wird.
Fotos: Norman.

Chaetodon ocellicaudus CUVIER, 1831
Schlußpunkt-Falterfisch

297.
Chaetodon ocellicaudus
Jungtier, 5 cm.
Aquariumaufnahme.
Foto: Norman.

298.
Chaetodon ocellicaudus
Fast ausgewachsenes Tier, 9,5 cm Länge.
Mactan-Insel, Cebu, Philippinen.
Foto: Randall.

297 ▲ 298 ▼

Diese nahezu unbekannte Art ist in der Vergangenheit mit *C. melannotus* (Band 1, S. 28) wegen der großen Ähnlichkeit verwechselt worden. Es bestehen aber Unterschiede hinsichtlich der Farbmuster und der Anzahl der Strahlen der Brustflosse. *C. ocellicaudus* besitzt gewöhnlich 13 Brustflossenstrahlen im Gegensatz zu *C. melannotus* mit 14 Strahlen. Am ehesten sind die beiden Arten durch ein Merkmal an der Schwanzflossenwurzel zu unterscheiden: *C. ocellicaudus* besitzt einen gerundeten, schwarzen Fleck mit hellem Rand, wohingegen *C. melannotus* einen unregelmäßigen, schwarzen Streifen aufweist, welcher eine Verlängerung des dunklen Feldes am oberen Rücken darstellt. Zusätzlich besitzt die letztere Art auf der Brust noch einen schwärzlichen Fleck, eine Verlängerung des Streifens durch das Auge. Beim *C. ocellicaudus* fehlt diese Markierung. Offensichtlich existiert eine Überschneidung hinsichtlich der geographischen Verbreitung der beiden Arten, obschon kein exakter Beweis dafür vorliegt, daß sie an ein- und demselben Ort zugleich vorkommen. *C. melannotus* ist weit verbreitet im Westpazifik und im Indischen Ozean, während *C. ocellicaudus* nur in einer Region auftreten soll, die sich von Timor bis New Ireland (Bismarck-Archipel) erstreckt. Nach Burgess erstreckt sich das Gebiet von den Philippinen bis nach Sansibar im Indischen Ozean, doch leider hat er dafür bislang keine Quellen angegeben. Die maximale Länge der Art beträgt 14 cm.

Chaetodon oxycephalus BLEEKER, 1853
Falscher Gitterfalterfisch

Mit ihrem nächsten Verwandten *C. lineolatus* weist *C. oxycephalus* eine äußerst große Ähnlichkeit auf. Sie unterscheidet sich aber von jener durch eine geringere Anzahl von weichen Strahlen an der Rücken-, weichen After- und Brustflosse (meist D. 23–24, A. 19, P. 15, im Gegensatz zu *lineolatus* mit D. 25–27, A. 20–22, P. 16). Das auffälligste Unterscheidungsmerkmal ist jedoch die Farbgebung. *Chaetodon oxycephalus* besitzt zwar das gleiche Grundmuster wie *lineolatus,* doch gibt es zwei auffällige Ausnahmen: die Augenbinde ist unterbrochen, ihr Ende ist ein isolierter, schwarzer Fleck auf dem Kopf, und das schwarze Feld entlang des oberen Randes des Rückens erstreckt sich nur bis zur Wurzel der Schwanzflosse, anstatt bis zur Mitte der Wurzel der Afterflosse wie bei *lineolatus.* Nach Burgess (1978) kommt diese Art bei Indien, den Philippinen und Palau sowie bei Guinea und im östlichen Indischen Ozean bis Sri Lanka vor. Es ist nicht absolut sicher, ob diese Art gleichzeitig im selben Lebensraum mit *C. lineolatus* existiert, obschon ihr Verbreitungsgebiet sich zumindest teilweise überschneidet. Die Maximallänge beträgt 25 cm. Die leichte Haltbarkeit von *C. lineolatus* im Aquarium dürfte für *C. oxycephalus* ebenso gelten. Wegen des zu erwartenden Längenwachstums ist die Art jedoch nur für Großbecken empfehlenswert.

299. *Chaetodon oxycephalus* Ausgewachsenes Exemplar von etwa 18 cm Länge. Foto: Power.

Chaetodon paucifasciatus AHL, 1923
Rotmeer-Orangenfalterfisch

300 ▲

300.
Chaetodon paucifasciatus
12,5 cm Länge.
UW-Aufnahme Eilat, Rotes Meer, 10 m Tiefe.
Foto: Allen.

301.
Chaetodon paucifasciatus
Halbausgewachsenes Tier, das andeutungsweise noch einen schwarzen Fleck im hinteren Teil der Rückenflosse aufweist. Bei Jungtieren bis etwa 5 cm Länge ist dieser Fleck stärker ausgeprägt.
Foto: Voigtmann.

301 ▼

Dieser Falterfisch existiert nur im Roten Meer und im anschließenden Golf von Aden. Er ist eng verwandt mit *C. mertensii* und *C. xanthurus* des tropischen Indo-Westpazifiks und mit *C. madagascariensis* vom Indischen Ozean. Die Art besitzt ein ähnliches Farbmuster wie *C. mertensii* (s. Band 1), der Rückteil des Körpers ist rot, anstatt gelb, und der Fleck auf der Stirn ist weiß umrandet (wie beim *C. xanthurus*). Ich habe diese Art sowohl bei Eilat als auch bei Dschidda beobachtet, wo sie sehr häufig Korallen und Geröllfelder in Tiefen zwischen vier und 30 m bewohnt. Bei Eilat am Ende des Golfes von Aquaba sind Exemplare dieser Art sehr häufig in Paaren oder in kleinen Schwärmen anzutreffen. Sie halten sich sehr häufig im Riff nahe des Schau-Aquariums auf, und die Besucher des Unterwasserbeobachtungsturms können sie recht häufig vorüberschwimmen sehen. Die Art ernährt sich von Korallenpolypen, Gorgonien, Algen, Polychaeten und kleinen Krustentieren. Es ist ein attraktiver Fisch, der sich sehr gut den Aquarienverhältnissen anpaßt, und der aus diesem Grunde bei Aquarianern sehr beliebt ist. Die Maximallänge beträgt 14 cm.

Ein Schwarm von *Chaetodon paucifasciatus* im Roten Meer

302.
Kleiner Schwarm von *Chaetodon paucifasciatus*. UW-Aufnahme im Roten Meer.
Foto: Moosleitner.

Chaetodon quadrimaculatus GRAY, 1831
Vierflecken-Falterfisch

Der Vierflecken-Falterfisch besitzt als ein deutliches Unterscheidungsmerkmal zu anderen Arten zwei weiße Flecken auf dem Rücken. Er ist ein Bewohner von Ozeanien, und seine Verbreitung reicht von den Inseln von Hawaii, über das Johnston-Atoll, die Tuamotu-Inseln, die Gesellschafts-Inseln, Samoa, die Phoenix-Inseln, Marshall-Inseln, Wake Island bis hin zu den Marianen. Die Art ist nicht allzu häufig, mit Ausnahme einiger Stellen im hawaiianischen Archipel, z. B. entlang der Kona-Küste der Hauptinsel. Vielfach sieht man diese Art in Paaren, und sie weist hinsichtlich ihres Habitats eine ziemlich hohe Spezialisierung auf. Man trifft sie nur ganz selten unterhalb einer Tiefe von 10 Metern. Normalerweise halten sie sich in wesentlich geringerer Tiefe auf. Sie bevorzugen Regionen, die einer gemäßigten oder leichten Wellenbewegung ausgesetzt sind: z. B. auf der Seeseite von Oahu, wo man sie in der Nähe des Kaena Point zwischen Felsen in zwei bis sechs Meter Tiefe antrifft und sie beim Abfressen von Polypen der *Pocillopora*-Korallen beobachten kann. Junge Exemplare treten zwischen Mai und September entlang der Felsenküste der hawaiianischen Inseln auf. Für das Aquarium ist diese Art nicht besonders geeignet, denn sie zeigt eine große Scheu und ist gegenüber Artgenossen aggressiv, jedoch offensichtlich in der Fütterung nicht sehr schwierig. Die Maximallänge beträgt 16 cm.

303.
Chaetodon quadrimaculatus Ausgewachsenes Exemplar. 13 cm Länge. Aquariumaufnahme. Foto: Nieuwenhuizen.

Chaetodon robustus GÜNTHER, 1860
Robuster Falterfisch

Diese Art ist vermutlich der häufigste Falterfisch entlang der tropischen Küste Westafrikas. Gewöhnlich bewohnt er felsiges Gelände mit Tiefen von einem Meter bis hinunter von ungefähr wenigstens 50 Metern. Besonders zahlreich ist er in den Felsenriffen des nördlichen Golfs von Guinea (von Liberia bis Nigeria). Gewöhnlich trifft man die Fische in Paaren an, und man kann sich ihnen relativ leicht nähern. Nur wenige Exemplare haben Eingang in den Zierfischhandel gefunden, und so gibt es folglicherweise auch nur wenige Informationen über die Aquarienhaltung, doch soll die Art im Aquarium gut haltbar sein. Die Mehrzahl früherer Autoren haben diese Art als *C. luciae* bezeichnet, was ein Synonym darstellt. Die Maximallänge beträgt ungefähr 17 cm.

304.
Chaetodon robustus
Ausgewachsenes Pärchen. UW-Aufnahme von den Kapverdischen Inseln.
Foto: Gruhl.

305.
Chaetodon robustus
auch *Chaetodon luciae* genannt. Jungtier an der Küste von Ghana. UW-Aufnahme.
Foto: Lubbock.

304 ▼ 305 ►

Chaetodon sanctaehelene GÜNTHER, 1868

St.-Helena-Falterfisch

306 ▲

307 ▲

308 ▼

Ein Schwarm von *Chaetodon sanctaehelene,* Ascension, Atlantik

Diese Art ist lediglich von St. Helena und Ascension bekannt, zwei kleine Inseln, mitten im tropischen Atlantik gelegen. Sie soll bei Ascension in mäßiger Anzahl, bei St. Helena aber recht häufig vorkommen. Am letztgenannten Ort versammeln sich die Tiere oft zu Schwärmen, um von den Abfällen zu fressen, die in den Hafen geworfen werden. Meist jedoch wird die Art in Paaren angetroffen, vielfach aber auch in Gruppen von 20 bis 30 Exemplaren, die hoch über dem Meeresboden nach Plankton jagen. Sie bevorzugen Felsengelände, deren Tiefen von ungefähr einem bis zwei Meter bis zu wenigstens 20 m reichen. Die Jungtiere besitzen einen schwarzen Fleck am Rand der Rückenflosse, der nach und nach mit zunehmendem Alter verschwindet. Darüber hinaus hat der Körper einen leicht silbrigen Glanz, und der äußere Rand der Afterflosse ist dunkler. Die Art erreicht eine Maximallänge von etwa 15 cm. Sie ist in Aquarien noch nicht gehalten worden, dürfte aber nicht allzu schwierig zu pflegen sein.

306.
Chaetodon sanctaehelene
Jungtier, ca. 4 cm lang. Ascension-Insel, Atlantik.
Foto: Lubbock.

307.
Chaetodon sanctaehelene
Halbausgewachsenes Tier, UW-Aufnahme, Ascension, Atlantik.
Foto: Lubbock.

308.
Chaetodon sanctaehelene
Ausgewachsenes Exemplar, UW-Aufnahme, Ascension, Atlantik.
Foto: Lubbock.

309.
Chaetodon sanctaehelene
Ascension, Atlantik. Die Färbung dieser Tiere ist etwas abweichend von Tieren aus St. Helena. Alle UW-Aufnahmen dieser Art wurden von Roger Lubbock speziell für dieses Buch angefertigt.
Foto: Lubbock.

Chaetodon sedentarius POEY, 1860
Karibischer Riff-Falterfisch

310.
Chaetodon sedentarius
Jungtier, 3,75 cm.
Aquariumaufnahme.
Foto: Norman.

311.
Chaetodon sedentarius
Halbausgewachsenes
Tier. UW-Aufnahme
Rose Island, Bahamas.
1 m Tiefe.
Foto: Baensch.

312.
Chaetodon sedentarius
Halbausgewachsen.
Triumph-Reef, Florida.
UW-Aufnahme.
Foto: Thresher.

310 ▲

311 ▼

Der Karibische Riff-Falterfisch ist ein Bewohner des östlichen Golfs von Mexiko und der Karibischen See. Seine Verbreitung reicht weiterhin in Richtung Norden entlang der Ostküste der Vereinigten Staaten bis hinauf nach Nord Carolina. Relativ häufig ist er in den vorgelagerten Riffen Südfloridas anzutreffen. Nach Böhlke und Chaplin (1968) scheint *sedentarius* die *Chaetodon*-Art zu sein, deren Vorkommen in den Bahamas am geringsten ist. Zwei Jungtiere von drei und fünf cm Länge wurden östlich von Rose Island (bei Nassau) von Hans Baensch in 50 cm bis einem Meter tiefem Wasser beobachtet und fotografiert. Man findet sie gewöhnlich in größerer Tiefe als dies bei den meisten anderen westindischen Falterfischen der Fall ist, mit Ausnahme von *C. aya, C. guyanensis* und *Chaetodon aculeatus.* Normalerweise reicht die Tiefe ihres Vorkommens von ungefähr 15 bis wenigstens 40 m. In den Vereinigten Staaten ist diese Art für den Aquarianer vergleichsweise leicht zu haben, und gelegentlich erscheint sie auch auf dem europäischen Markt. Es ist dies eine verhältnismäßig robuste Art, die sich gut in Gefangenschaft hält. Die natürliche Nahrung besteht aus Polychaeten, Garnelen, Amphipoden* und Hydroiden.** Jungtiere besitzen an der Weichstrahlenflosse einen augenähnlichen Fleck. Die Maximallänge beträgt ungefähr 15 cm.

*Flohkrebse **Polypen, Medusen

313.
Chaetodon sedentarius
UW-Aufnahme eines ausgewachsenen Tieres von den Bermuda-Inseln.
Foto: Colin.

312 ▼

313 ▼

Chaetodon semilarvatus CUVIER, 1831
Maskarill, Gelber Rotmeer-Falterfisch

Während meiner Tauchgänge im Roten Meer vor Dschidda im Jahre 1976 hatte ich das Glück, einen Schwarm von ungefähr 20 Maskarill-Falterfischen anzutreffen. Diese Fische sind von unglaublicher Schönheit, und der Tauchgang, in dessen Verlauf ich sie sah, wird mir immer in Erinnerung bleiben. Die Mischung von Größe, brillantem Farbenreichtum und graziöser Schwimmbewegung machen diese Art zu einem der schönsten und attraktivsten Mitglieder dieser Fischfamilie. Man trifft sie nur im Roten Meer an, und sie bewohnt normalerweise Gebiete mit reichem Korallenwachstum in Tiefen zwischen vier und 20 m. Meistens sieht man sie in Paaren oder kleinen Schwärmen. Gelegentlich kann man diesen Fisch beobachten, wie er über einen längeren Zeitraum hinweg bewegungslos unter ausladenden *Acropora*-Tischkorallen verharrt. Gewöhnlich sind die Tiere ohne Scheu, und man kann sich ihnen ohne Schwierigkeiten nähern. Von Zeit zu Zeit werden sie nach Europa und Amerika exportiert, und die kleineren Exemplare passen sich gut den Bedingungen im Aquarium an. Erwachsene Fische erreichen eine maximale Länge von ungefähr 30 cm, und sie sind deshalb viel zu groß für ein durchschnittliches Heimaquarium. Die Art zählt zu den zutraulichsten und am leichtesten einzugewöhnenden Falterfischen des Roten Meeres. Im Durchschnitt leben die Tiere bei guter Pflege 4–6 Jahre im Aquarium.

314 ▼

314.
Chaetodon semilarvatus
Ausgewachsene Tiere im Roten Meer. Das vordere Tier weist eine anormale Zeichnung in den Streifen auf. Diese abweichende Zeichnung wurde auch schon von anderen Tauchern beobachtet.
Foto: Rödiger.

315. (nächste Seite)
Ein im Korallengarten eines Riffs im Roten Meer weidender Schwarm von *Chaetodon semilarvatus*.
Foto: Voigtmann.

Chaetodon smithi RANDALL, 1975
Pitcairn-Falterfisch

Dieser ungewöhnliche zweifarbige Fisch wurde erst kürzlich in einer abgelegenen Ecke Südost-Polynesiens entdeckt. Beobachtet wurde diese Art zum erstenmal von Dr. Dennis Devaney, einem Spezialisten für Meeres-Wirbellose des Bishop Museums in Honolulu, während einer Expedition nach Pitcairn Island im Jahre 1967. Drei Jahre später gelang es Dr. C. Lavett Smith des American Museum of Natural History, die ersten Exemplare bei der Insel Rapa zu fangen. Nur wenige Monate späte besuchte auch Dr. John Randall vom Bishop Museum sowohl Rapa als auch Pitcairn an Bord des Segelschiffes „Westward" anläßlich einer Expedition, die von der National Geographic Society finanziert wurde. Er sammelte etwa ein Dutzend weiterer Exemplare und benannte sie *C. smithi* zu Ehren desjenigen, der Fische dieser Art zum ersten Male fing. Die Art ist lediglich von den Inseln Pitcairn, Rapa und Îlots de Bass (Marotiri) bekannt, einer Gruppe von 10 Felseninselchen 80 km südöstlich von Rapa. In den Riffen und den felsigen Küsten von Rapa ist diese Art sehr häufig anzutreffen, und Dr. Randall war es vergönnt, sogar große Schwärme zu beobachten. Wegen ihrer begrenzten Verbreitung in einem Gebiet, das abseits „ausgetretener Pfade" liegt, ist es höchst unwahrscheinlich, daß diese Art Eingang in den Aquarienhandel findet. Die Maximallänge beträgt ungefähr 17 cm.

316 ▼

Chaetodon smithi, Rapa, südl. Pazifik

316.
Chaetodon smithi
Ausgewachsene Tiere. Diese Art ist wegen des großen Farbkontrastes unter Wasser sehr schwierig zu fotografieren.
Foto: Randall.

317.
Chaetodon smithi
Ein Planktonfresser des freien Wassers ähnlich den *Hemitaurichthys*-Arten.
Foto: Randall.

317 ▲

318 ▼

318.
Chaetodon smithi
Bei Gefahr zieht sich der Schwarm in das Riff zurück. Die Färbung des Unterwasserbewuchses zeigt die schon kältere Temperatur des Wassers an.
Foto: Randall.

Chaetodon striatus LINNAEUS, 1758
Schwarzbinden-Falterfisch

319 ▲ 320 ▼

319.
Chaetodon striatus
Jungtier.
UW-Aufnahme in 1 m
Tiefe. New Providence,
Bahamas.
Foto: Baensch.

320.
Chaetodon striatus
Ausgewachsenes
Exemplar.
Aquariumaufnahme.
Foto: Kahl.

Chaetodon striatus war einer der ersten Falterfische, der näher beschrieben wurde. Die Beschreibung dieser Art erschien in der *Systema Naturae* des schwedischen Naturforschers Carole Linnaeus. Dieses monumentale Werk wurde im Jahre 1758 veröffentlicht, und in ihm findet sich zum ersten Male der Gebrauch unseres heutigen Systems der binominalen Nomenklatur (Gattung und Art). Der Schwarzbinden-Falterfisch kommt auf beiden Seiten des tropischen Atlantiks vor. Im Westatlantik ist er von Brasilien in Richtung Norden bis zur Karibischen See und dem Golf von Mexiko verbreitet. Desgleichen findet man ihn auch entlang der Ostküste der Vereinigten Staaten nordwärts bis Massachusetts, auf Grund von Larven, die durch den warmen Golfstrom transportiert werden. Im Ostatlantik lebt die Art an den Küsten Afrikas. Im allgemeinen ist er in der Mehrzahl der westindischen Riffe sehr zahlreich vertreten. Man sieht ihn allein oder in Paaren, wobei er gewöhnlich Tiefen zwischen ca. drei und 20 m bevorzugt. Randall (1967) untersuchte den Magen- und Darminhalt von 16 Exemplaren aus Puerto Rico und den Virgin-Inseln. Er stellte fest, daß die Nahrung dieser Art hauptsächlich Polychaeten (Sabellidae, Serpulidae, Terebellidae) und Korallenpolypen umfaßt. Geringere Reste von nicht identifizierbaren Krustentieren und Molluskeneiern wurden ebenfalls gefunden. Der Schwarzbinden-Falterfisch ist häufig im Zierfischhandel zu erstehen, und obgleich er nicht besonders farbig ist, erfreut er sich bei den Aquarianern wegen seines hübschen Musters aus Schwarz und Weiß sowie seiner friedvollen Natur großer Beliebtheit. Kleinere Jungfische besitzen einen Fleck an der weichstrahligen Rückenflosse, welcher nach und nach mit zunehmendem Alter verschwindet. Die Maximallänge beträgt etwa 16 cm.

Weber und De Beaufort (1936) beschrieben *Anisochaetodon trivirgatus* anhand eines einzigen Exemplares, das vermutlich bei Ambon in der Molukken-See von Indonesien gefangen wurde. Diese Art jedoch war höchstwahrscheinlich *C. striatus* aus dem Atlantik gewesen. Offensichtlich beging man einen Fehler, indem man dieses Exemplar falsch etikettierte oder vielleicht Teile verschiedener Sammlungen aus dem Atlantik und Pazifik im Amsterdamer Museum, wo sich das Exemplar befindet, durch eine Unaufmerksamkeit durcheinandergerieten.

Chaetodon striatus im Riff, Bahamas

321.
Chaetodon striatus
Ausgewachsenes Pärchen. Love Beach, New Providence. Bahamas, 5 m Tiefe. Gern hält sich diese Art zwischen größeren Gorgonien auf.
Foto: Baensch.

Chaetodon tinkeri SCHULTZ, 1951
Tinkers Falterfisch

322 ▲ 323 ▼

Tinkers Falterfisch ist nur bei den hawaiianischen Inseln verbreitet. Er ist wahrscheinlich häufiger, als man im allgemeinen bislang vermutet hat, doch sieht man ihn als Taucher recht selten, weil er größere Wassertiefen bevorzugt, als sie normalerweise von Tauchern aufgesucht werden. Die vorliegenden Beobachtungen stammen aus Tiefen zwischen 40 und 75 m. Nicht selten trifft man die Art in der Nähe von Steilabfällen, wo sie sich einzeln oder in Paaren, manchmal auch in kleinen Gruppen, aufhalten. Die Nahrung umfaßt eine Reihe planktonischer und benthischer* Organismen. Dies ist teilweise der Grund dafür, weshalb *C. tinkeri* sich recht gut in Gefangenschaft hält, verglichen mit vielen anderen Falterfischen, die sich hinsichtlich ihrer Nahrung mehr spezialisiert haben und sich oftmals auf das Abweiden von Korallenpolypen beschränken. In einer neueren Untersuchung, veröffentlicht von Randall, Allen und Steene (1977), wurde eine Kreuzung zwischen *C. tinkeri* und *C. miliaris* beschrieben. Diese Kreuzung ist auf Grund von drei Exemplaren mit einer Standardlänge von 41–60 mm bekannt. Sie weist eine Mischung von Farbmustern beider Elternteile auf, z. B. stammen die schwachen Punkte an den Seiten von *C. miliaris* und das teilweise dunkle Feld hinten kommt von *C. tinkeri.* Die Maximallänge von *C. tinkeri* beträgt ungefähr 15 cm. Die Art ist nahe verwandt mit *C. declivis* Randall von den Marquesas-Inseln.

*Tiere am Meeresboden (Gegensatz zu Plankton = freischwebend im Wasser).

322.
Chaetodon tinkeri
11 cm.
Aquariumaufnahme.
Foto: Norman.

323.
Chaetodon tinkeri
13 cm.
Aquariumaufnahme.
Foto: Nieuwenhuizen.

Chaetodon triangulum CUVIER, 1831
Triangel-Falterfisch

Diese Art ähnelt sehr *C. baronessa* des westlichen Pazifiks, welche bereits in Band 1 beschrieben wurde. Am besten lassen sich die beiden Arten anhand der Färbung der Schwanzflosse unterscheiden. *C. baronessa* besitzt einen sehr engen dunklen Streifen quer über die Mitte der Flosse, beim *triangulum* ist dieser Streifen dagegen sehr viel größer, wobei er beinahe den ganzen Schwanz einnimmt und ungefähr die Form eines Rhombus aufweist. *C. triangulum* ist in der Hauptsache eine Art des Indischen Ozeans, doch kommt sie auch bei einigen Inseln im westlichen Teil des Indonesischen Archipels vor. Sie ist zum Beispiel durch die Sunda-Straße in die Java-See eingedrungen, und man findet sie ebenfalls an der Nordküste von Java und bei den Seribu-Inseln in der Nähe von Djakarta. Meistens trifft man die Art in Paaren und in Tiefen zwischen ungefähr drei und 15 m an. Sie ist eng assoziiert mit *Acropora*-Korallen, hier besonders mit Hirschgeweihkorallen. Die Art frißt hauptsächlich Korallenpolypen, und aus diesem Grunde läßt sie sich nur schwer an die Aquarienbedingungen gewöhnen. Die Maximallänge beträgt ungefähr 15 cm. Früher wurde die Art einmal der Gattung *Gonochaeton* zugeordnet, die heute jedoch als Untergattung gilt.

324.
Chaetodon triangulum
Ausgewachsenes Exemplar, bei dem man sehr gut die Färbung der Schwanzflosse erkennen kann. Die Art ist eng verwandt mit *Chaetodon baronessa*, Band 1, S. 16.
Foto: Nieuwenhuizen.

Chaetodon trichrous GÜNTHER, 1874
Tahiti-Falterfisch

325 ▲ 326 ▼

Diese Art ist bei den Gesellschaftsinseln beheimatet. Es existiert allerdings auch ein Bericht über ein Vorkommen bei Palmyra, ungefähr 250 km nordwärts bei den Line-Inseln. Dieser Bericht jedoch könnte auf einen Beschriftungsirrtum oder einer falschen Identifizierung beruhen und müßte noch durch weitere Fänge an dieser Stelle bestätigt werden. Die Art scheint nicht sehr häufig zu sein. Während eines Besuches der Gesellschaftsinseln im Jahre 1969 konnten wir nur sehr wenige Individuen bei der Insel Bora Bora sehen. Häufiger kamen sie bei Tahiti vor, und eine größere Anzahl von Exemplaren konnte in den flachen Lagunen hinter dem äußeren Riffring gesichtet werden. Normalerweise schwimmen sie einzeln oder in Paaren, gelegentlich auch in kleineren Gruppen von vier und sechs Tieren. Die Art weist eine bemerkenswerte Ähnlichkeit mit dem Rauchgrauen Zwergkaiserfisch *Chaetodontoplus mesoleucus* auf und zwar hauptsächlich im Hinblick auf die Farbmusterung. Doch kann man den Kaiserfisch sehr leicht von *C. trichrous* unterscheiden, weil jener einen starken, scharfen Stachel an der unteren Ecke der Wange besitzt. Darüber hinaus ist der Kaiserfisch auf den indo-australischen Archipel beschränkt, und so ist es denn sehr unwahrscheinlich, daß man ihn mit *C. trichrous* verwechselt. Wegen seiner relativ dunklen Färbung und seiner beschränkten Verbreitung wird der Tahiti-Falterfisch nur selten importiert, obwohl kleinere Exemplare sich durchaus gut in Gefangenschaft zu halten scheinen. Die Maximallänge beträgt ungefähr 12 cm.

325.
Chaetodon trichrous
Ausgewachsenes Exemplar. UW-Aufnahme, Tahiti.
Foto: Lubbock.

326.
Chaetodon trichrous
10 cm lang. Teavaraa Tass, Tahiti. Ein Exemplar aus 15 m Tiefe.
Foto: Randall.

Chaetodon unimaculatus BLOCH, 1787
Gelber Tränentropfen-Falterfisch

Diese wohlbekannte Art besitzt eine große Verbreitung, die sich von den hawaiianischen Inseln in Richtung Westen quer über den weiten tropischen Indo-Pazifik bis zur Küste Ostafrikas erstreckt. Sie wurde bereits in Band 1 beschrieben, doch wird sie hier noch einmal wegen der Veränderlichkeit ihres Farbmusters aufgegriffen. Exemplare von Australien und den pazifischen Inseln weisen im allgemeinen eine weiße Grundfarbe auf (s. Band 1, S. 51), wohingegen diejenigen aus dem Indischen Ozean und dem westlichen Teil des Indo-Malayanischen Archipels häufig leuchtend gelb sind. Darüber hinaus ist die Augenbinde der Abart des Indischen Ozeans enger. Dieses Muster ist bemerkenswert, weil die meisten Mitglieder der Familie nur geringe Farbabweichungen in ihrem Verbreitungsgebiet zeigen. Einige Autoren wie Burgess (1979) glauben, daß der Fisch des Indischen Ozeans eine separate Unterart *C. unimaculatus interruptus* bildet. Die pazifische (weiße) Form nennt Burgess *C. unimaculatus unimaculatus.* Der Tränentropfen-Falterfisch wird häufig in Paaren oder kleinen Gruppen in Tiefen zwischen vier und 20 m angetroffen. Um Hawaii sieht man ihn meist unterhalb fünf Meter in felsigen Gegenden mit gelegentlichen Korallenstöcken von *Pocillopora* oder in Gegenden von reichem *Porites*-Wuchs. Die Jungtiere halten sich während der Sommermonate entlang der felsigen Küsten der hawaiianischen Inseln auf. Diese kleineren Exemplare sind besonders hübsch und halten sich in Gefangenschaft ausgezeichnet. Die erwachsenen Tiere erreichen eine Maximallänge von ungefähr 20 cm. Randall, Allen und Steene (1977) berichteten von einer Kreuzung zwischen dieser Art und *C. kleinii* vom Enewetak-Atoll. *C. unimaculatus* ist nicht nur gegen Artgenossen, sondern auch gegen andere gelbgefärbte Falterfische aggressiv.

327.
Chaetodon unimaculatus
Die gelbe Form, die im Indischen Ozean vorkommt.
Foto: Rödiger.

328.
Paar von *Chaetodon unimaculatus* an der Küste von Sri Lanka. UW-Aufnahme, 10 m.
Foto: Debelius.

327 ▼

328 ►

Chaetodon wiebeli KAUP, 1863
Hongkong-Falterfisch

329 ▲

330 ▼

329.
Chaetodon wiebeli
Ausgewachsen.
Exemplare aus einem Riesenaquarium mit ca. 12 m Durchmesser im Seapark, Hongkong.
Foto: Baensch.

330.
Chaetodon wiebeli
Den ganzen Tag zieht der miteinander eng verbundene Schwarm auf der Nahrungssuche durch das künstliche Riff.
Foto: Baensch.

Diese leicht zu identifizierende Art hat als charakteristisches Merkmal eine gold-orange Färbung mit einer Reihe von rötlich-braunen, schräg nach oben laufenden Bändern auf den Seiten. Die Markierungen am Kopf sind in besonderem Maße zur Klassifizierung geeignet. Zuweilen ist diese Art als *C. bellamaris* Seale bezeichnet worden. Sie kommt hauptsächlich entlang der ostasiatischen Küste von Japan bis Thailand vor. Der Bericht darüber stammt von der Kochi-Präfektur auf Shikoku, Südjapan. Ihre Verbreitung umfaßt gleichfalls die Ryukyu-Inseln, Taiwan, das Südchinesische Meer und den Golf von Thailand. Die Art bewohnt normalerweise Korallenriffe in Tiefen von ungefähr vier bis wenigstens 25 m. Gewöhnlich leben diese Fische einzeln oder in Paaren. Jungtiere besitzen einige Merkmale, die sie später als Erwachsene nicht mehr haben. Dazu gehören ein vollständig schwarzes Band, das vom oberen Teil des Kopfes bis zur unteren Ecke des Kiemendeckels läuft sowie ein Augenfleck an der weichstrahligen Rückenflosse und ein schwarzes Band über der Schwanzwurzel. Wenn die Tiere größer werden, teilt sich die Kopfbinde nach und nach in zwei Teile und es bleibt ein isolierter Fleck auf dem Kopf übrig. Die Maximallänge der erwachsenen Tiere beträgt etwa 18 cm. Im Aquarium ist die Art recht gut haltbar. Besonders an Algen- und Futtersteinen weidet sie gern.

Chaetodon xanthocephalus BENNETT, 1832
Gelbkopf-Falterfisch

Diese Art ist weit über den westlichen Indischen Ozean verbreitet. Ihr Gebiet erstreckt sich entlang der ostafrikanischen Küste von Somali bis hinunter in den Süden nach Durban. Man findet sie auch bei bestimmten Inseln, darunter Sri Lanka, den Malediven, das Chagos-Archipel, den Seychellen, Madagaskar und Mauritius. Normalerweise trifft man sie einzeln oder aber in Paaren an, in Tiefen zwischen fünf und 25 m. Sie bevorzugt Gebiete, wo ein reiches Korallenwachstum besteht. Morphologisch ähnelt die Art *C. ephippium,* und es liegen Beweise vor, daß es auch zu Kreuzungen zwischen diesen Arten kommen kann. Burgess (1974) lieferte eine Illustration einer möglichen Kreuzung von Sri Lanka. Diese weist die normale Form und Färbung von *C. xanthocephalus* auf mit Ausnahme einer großen schwarzen Markierung auf dem oberen Teil des Rückens und der hinteren Rückenflosse, was für *C. ephippium* als typisch anzusehen ist. Die Art wird nur gelegentlich importiert, gedeiht aber nach anfänglichen Schwierigkeiten gut in Gefangenschaft. Die kleineren Jungtiere besitzen einen großen schwarzen Fleck, der den hinteren Teil der Rückenflosse bedeckt. Desgleichen gibt es einen auffallenden, schwarzen Fleck an der Schwanzwurzel. Die Maximallänge beträgt 20 cm.

331 ▲

332 ▲

333 ▼

331.
Chaetodon xanthocephalus
Nachtfärbung. UW-Aufnahme, Tansania, Afrika. Ausgewachsenes Exemplar. Foto: Kipper.

332.
Chaetodon xanthocephalus
Jungtier, 5 cm Länge. Aquariumaufnahme. Foto: Norman.

333.
C. xanthocephalus,
Kenia. Foto: Kipper.

Chaetodon xanthurus BLEEKER, 1857
Gitter-Orangenfalterfisch

Diese Art ist eng verwandt mit *C. mertensii* (Band 1, S. 30), *C. madagascariensis* und *C. paucifasciatus.* Alle Mitglieder dieser Artengruppe besitzen ähnliche Farbmuster, doch können diese leicht auseinandergehalten werden. *Chaetodon xanthurus* hat als einziger an den Seiten ein schraffiertes Muster aus dunklen Linien. Hinsichtlich der Verbreitung dieser verwandten Art scheint es nur geringfügige Überschneidungen zu geben: *C. xanthurus* existiert in den Gebieten Ostindiens, den Philippinen und Okinawa. *C. mertensii* ist eine Art, die im Pazifischen Ozean, in Richtung der Tuamotu-Inseln vorkommt. *C. madagascariensis* ist weit verbreitet im Indischen Ozean, und *C. paucifasciatus* kommt nur im Roten Meer vor. Der Gitter-Orangenfalterfisch lebt alleine oder in Paaren, und man sieht ihn in der Regel unterhalb von 15 m Tiefe. Als Aquarienfisch wird er häufig von den Philippinen importiert, und er scheint sich dem Leben im Aquarium gut anzupassen. Manchmal ist die Art zänkisch; schwächere Tiere muß man dann absondern. Die Maximallänge beträgt ungefähr 14 cm.

334.
Chaetodon xanthurus
Ausgewachsene Exemplare in einer herrlichen Aquariumaufnahme.
Foto: Nieuwenhuizen.

Chaetodon zanzibariensis BROUSSONET, 1782
Afrikanischer Einfleckfalterfisch

Diese Art weist eine ferne Ähnlichkeit mit *Chaetodon speculum* auf, doch besitzt sie eine Reihe von schwachen Streifen an den Seiten, und der schwarze Fleck am oberen Teil des Kopfes ist wenigstens teilweise mit einem Streifen von silbrig-weißer oder bläulicher Farbe gesäumt. Darüber hinaus ist der Fleck etwas kleiner als beim *speculum.* Verbreitet ist *C. zanzibariensis* entlang der Küste Ostafrikas. Relativ zahlreich kommen die Fische in bestimmten Riffen in der Nähe von Dar es Salaam (Tansania) vor. Dort sieht man die Art gewöhnlich alleine oder in Paaren. Doch sind auch gelegentlich kleinere Schwärme anzutreffen, die sich besonders in der Nähe von *Acropora*-Stöcken (Hirschhornkorallen) aufhalten. Der Tiefenbereich ihres Vorkommens erstreckt sich von etwa drei bis 14 m. Ein Großteil ihrer Nahrung besteht aus lebenden Korallen, und aus diesem Grunde ist es schwierig, sie längere Zeit in Gefangenschaft zu halten. Die Maximallänge beträgt 12 cm.

335.
Chaetodon zanzibariensis
Ausgewachsen, 15 cm TL., Mahe, Seychellen, Foto: Allen.

336.
Chaetodon zanzibariensis
Jungtier, 6 cm Länge. Aquariumaufnahme. Foto: Myers.

335 ▼

336 ►

Gattung: *Hemitaurichthys* — Pyramiden-Falterfische

Hemitaurichthys multispinosus — RANDALL, 1975
Vielstachliger Falterfisch

Diese Art ist nur von der winzigen Insel Pitcairn bekannt. Obgleich dieses abgelegene vulkanische Eiland eine faszinierende Meereslebewelt aufweist, ist es eher berühmt als Zufluchtsstätte von Fletcher Christian und seiner Bande von Meuterern von Captain Blighs Schiff „Bounty". Die Nachfahren der „Bounty"-Crew leben heute noch auf der Insel, und viele tragen den Namen ihrer berühmten Vorfahren. Der Vielstachlige Falterfisch wurde zum erstenmal im Januar 1971 von Dr. John E. Randall während einer National-Geographic-Society-Expedition im Südosten Ozeaniens gefangen. Sie scheint eine Art zu sein, die tieferes Wasser bevorzugt, und sie wurde nur an einer einzigen Stelle des üppigen Korallenriffs beobachtet, die als „Der Bär" bekannt ist und welche vor der Gennet Ridge an der Nordseite von Pitcairn liegt. Neun Exemplare konnten dort mit Hilfe des Speers und Fischfanggift gefangen werden. Einer von Dr. Randalls Assistenten war Steve Christian, ein Nachfahre des berühmten Meuterers. Die Fangtiefe lag zwischen 40 und 44 m. *H. multispinosus* ähnelt *H. thompsoni,* doch ist sie in der Form länger und besitzt auch eine größere Anzahl von Rückenstacheln (15 oder 16, im Gegensatz zu 12 bei *thompsoni).* Die ungewöhnlich hohe Anzahl von Rückenstacheln veranlaßte Dr. Randall, diese Art *multispinosus* (lateinisch für „viele Stacheln") zu benennen. Die Maximallänge beträgt ungefähr 20 cm.

337.
Hemitaurichthys multispinosus
Ausgewachsenes Exemplar. SL 148 mm. Von der Insel Pitcairn aus 45 m Tiefe.
Foto: Randall.

Hemitaurichthys thompsoni FOWLER, 1923
Rosa Falterfisch

Diese Art läßt sich leicht identifizieren auf Grund der eintönigen Färbung und des Fehlens deutlicher Unterscheidungsmerkmale. Die Grundfärbung ist dunkelgrau bis beinahe schwarz. *H. thompsoni* ist eine relativ seltene Art mit einer eng begrenzten Verbreitung. Man findet sie bei Hawaii und bei Johnston Island, einem entlegenen Atoll, ungefähr 700 km südlich der hawaiianischen Inselkette. Bei Hawaii ist diese Art an bestimmten Stellen recht häufig anzutreffen, besonders bei Molokini vor der Insel Maui, und entlang der Kona-Küste der Hauptinsel. Zuweilen bildet diese Art Schwärme, die sich von tierischem Plankton ernähren. Einzelne Exemplare oder Paare werden manchmal in den flachen Riffen in der Nähe von Steilabfällen angetroffen. Die Tiefe ihres Vorkommens liegt zwischen 12 und 40 m, doch bei Johnston Island sind kleinere Gruppen mitunter auch in Lagunen von nur fünf bis 10 m Tiefe zu beobachten. Die Fische sind nicht besonders scheu, und man kann sich ihnen ohne Schwierigkeiten nähern. In den Zierfischhandel gelangt diese Art wegen des geringen Vorkommens, ihrer geringen Verbreitung und dem Fehlen von lebhaften Farben nur selten. Kleinere Arten halten sich jedoch in Gefangenschaft mit einer „Standard"-Ernährung recht gut, die gelegentlich auch lebende Garnelen einschließen sollte. Die Maximallänge beträgt ungefähr 18 cm. Jungtiere werde nur selten gesehen, sie ähneln weitgehend den ausgewachsenen Tieren.

338. *Hemitaurichthys thompsoni* Ausgewachsen. Hawaii, 12 m Tiefe. Bei bestimmtem Lichteinfall schimmert die Fischhaut perlmuttfarben bis rosa. Diesen Glanz findet man bei keinem anderen Falterfisch. Daher der deutsche Name. Foto: Allen.

338 ▲

339. *Hemitaurichthys thompsoni* Ausgewachsen, 12,5 cm. Kona, Hawaii, 10 m Tiefe. Foto: Allen.

339 ▼

Hemitaurichthys zoster (BENNETT, 1831)
Schwarzer Pyramiden-Falterfisch

Diese Art ähnelt *H. polylepis* des westlichen Pazifiks, doch unterscheidet sie sich von dieser deutlich im Hinblick auf die Farbgebung. Beide Arten besitzen ein weißes pyramidenähnliches Feld, das den mittleren Teil des Körpers bedeckt. Beim *H. zoster* aber ist der restliche Körper hauptsächlich dunkelbraun oder schwarz, anstatt gelb wie beim *H. polylepis* (s. Band 1). Den Schwarzen Pyramiden-Falterfisch findet man bei vielen Inseln im westlichen Indischen Ozean. Bei den Malediven ist er sehr häufig an einzelnen Riffen, die in der Nähe von tiefem Wasser zwischen 10 und 35 m liegen. Nicht selten bildet diese Art riesige Schwärme von mehreren hundert Einzeltieren, die sich von planktonischen Organismen hoch über dem Meeresboden ernähren. Droht eine Gefahr, zum Beispiel durch einen Taucher, dann zieht sich der Schwarm schnell in den Schutz des Riffes zurück. Die Art wird nur selten importiert, doch hält sie sich recht gut in Gefangenschaft, wo sie jedoch häufiger Lebendfutter wie z. B. Artemia salina erhalten sollte. Die Maximallänge beträgt ungefähr 16 cm.

340 ▼

340.
Hemitaurichthys zoster
Ausgewachsen.
UW-Aufnahme von den Malediven.
Foto: Voigtmann.

341.
Hemitaurichthys zoster
Dieser Schwarm mit einigen hundert Tieren wurde in 20 m Tiefe bei den Malediven aufgenommen.
Foto: Voigtmann.

Gattung: *Heniochus* — Wimpelfische

Heniochus intermedius STEINDACHNER, 1893
Rotmeer-Wimpelfisch

342 ▲ 343 ▼

342.
Heniochus intermedius
Jungtier, ca. 10 cm lang. Aquariumaufnahme.
Foto: Norman.

343.
Heniochus intermedius
Rotes Meer, UW-Aufnahme, 15 m Tiefe. Die Art erreicht eine Länge von 18 cm.
Foto: Rödiger.

344.
Dieser prächtige Schwarm von *Heniochus intermedius* wurde in einer Tiefe von etwa 10 m im Roten Meer aufgenommen.
Foto: Moosleitner.

Verschiedene Autoren haben diese Art als ein Synonym für *H. acuminatus* angesehen, wohingegen Klausewitz (1969) sie jedoch als eigene Art klassifizierte. Sie ist nur im Roten Meer beheimatet, wo sie neben *H. diphreutes* vorkommt. Beide Arten können auf Grund der Farbmuster sehr leicht unterschieden werden. Desgleichen gibt es Unterschiede in der Ökologie und ihrem Verhalten. *H. intermedius* ist im allgemeinen an Korallenriffe gebunden und meistens sieht man die Art allein oder in Paaren, nur selten in Schwärmen. *H. diphreutes* dagegen lebt gewöhnlich in großen Schwärmen über Sand und Felsenboden in Buchten, Lagunen und Flußmündungen. Nach Klausewitz bilden freilich die Jungtiere von *intermedius* ebenfalls große Gruppen in den tieferen Zonen der Riffe, wo keine lebenden Korallen existieren. Während des Jugendstadiums findet man Tiere dieser Art auch zusammen mit *H. diphreutes.* Die gelbliche Färbung des Körpers und die schwache Färbung der Binden am oberen Teil des Körpers sind Merkmale, die eine schnelle Identifizierung von *H. intermedius* erleichtern. Die Art ist sehr häufig im Golf von Aquaba anzutreffen. Dort kann man sich ihr ohne Schwierigkeiten nähern. Im Korallenriff beim Schauaquarium fotografierte ich ein ungewöhnliches Exemplar, welches zwei lange Rückenfäden besaß. Die Art paßt sich sehr schnell den Aquarienbedingungen an und akzeptiert eine Reihe von lebenden und frisch gefrorenen Futtermitteln sowie getrocknetes Flockenfutter.

Schwarm von *Heniochus intermedius* im Roten Meer

Heniochus pleurotaenia AHL, 1923
Phantom-Wimpelfisch

345.
Heniochus pleurotaenia
Halbausgewachsenes Exemplar. UW-Aufnahme, Malediven.
Foto: Voigtmann.

346.
Heniochus pleurotaenia
Ausgewachsene Tiere. UW-Aufnahme, Malediven.
Foto: Langhoff.

345 ▲ 346 ▼

Bis vor kurzem war *H. pleurotaenia* lediglich von Sumatra her bekannt und man hielt die Art für einen Jungfisch von *H. varius* (s. Band 1). Klausewitz jedoch (1969) überprüfte *Heniochus* und lieferte Beweise, daß es sich tatsächlich um eine eigene Art handelt. Das Verbreitungsgebiet umfaßt Java, Sumatra, die Nikobaren, Sri Lanka und die Malediven. Der knöcherne Vorsprung am Kopf ist ein Merkmal, das man sowohl bei *H. pleurotaenia* als auch bei *H. varius* findet, doch kann man die beiden sehr leicht anhand der Farbmuster unterscheiden. Die erstgenannte Art besitzt ein hellweißes Band, ausgehend von der Wurzel der Afterstacheln und bis zur Mitte der oberen Seiten reichend. Beide sind Bewohner von Korallenriffen, doch *H. varius* lebt gewöhnlich alleine oder in Paaren, im Gegensatz zu *H. pleurotaenia,* die man häufig in Gruppen von 20 bis 30 Einzeltieren antrifft. Normalerweise beträgt die Tiefenverbreitung zwischen zwei und 20 m. Gelegentlich wird die Art auch importiert, doch scheint sie nicht so zäh wie mancher andere Wimpelfisch zu sein, wie etwa *H. acuminatus* und *H. diphreutes.* Die Maximallänge beträgt 18 cm.

Gattung: *Johnrandallia*

Johnrandallia nigrirostris (GILL, 1862)
Barbier-Falterfisch

Johnrandallia nigrirostris ist ein Bewohner des tropischen Ostpazifiks, wo er von der Baja California bis hinunter in den Süden zur Insel Mapelo vor Kolumbien vorkommt. Von früheren Autoren ist diese Art der Gattung *Heniochus* zugeordnet worden, doch ist sie auf Grund ihrer gesamten äußeren Erscheinung nicht mit den anderen Mitgliedern dieser Gruppe zu verwechseln. Sie ist sehr eng mit *Chaetodon* verwandt, doch unterscheidet sie sich von allen Arten dieser Gattung durch das Vorhandensein einer vollständigen Seitenlinie. Nalbant (1974) schuf die Gattung *Johnrandallia,* die nur *nigrirostris* enthält. Es ist dies die am häufigsten anzutreffende Art von Falterfischen im Golf von Kalifornien. Sie kommt normalerweise in Tiefen von fünf bis wenigstens 40 m vor. Der populärwissenschaftliche Name dieser Art leitet sich von der Gewohnheit ab, mit anderen Fischen symbiotische Putzergemeinschaften zu bilden. Die mexikanischen Fischer nennen sie „El Barbero", was einfach mit „der Barbier" zu übersetzen ist. Nach einer Untersuchung von Alex Kerstitch von der Universität von Arizona werden Putzerstationen von einer Reihe verschiedener Fische aufgesucht. Während der Putzaktion bleiben sie bewegungslos stehen, so daß der Barbierfisch infizierte Hautstücke und Ektoparasiten abpicken kann. In manchen Fällen versammeln sich mehr als hundert Fische vor diesen „barber shops", wobei jeder geduldig darauf wartet, von *J. nigrirostris* bedient zu werden. Gelegentlich beteiligen sich Schulen von hundert und mehr Barbierfischen an solch einer Massenputzaktion. *Johnrandallia nigrirostris,* so scheint es, spielt auf diese Weise eine wichtige Rolle für den Gesundheitszustand der örtlichen Fischgesellschaft. Dieses ungewöhnliche Verhalten und seine attraktive Erscheinung machen diesen Fisch zu einer willkommenen Abwechslung im Meerwasseraquarium. Die Maximallänge beträgt etwa 16 cm.

Burgess (1978) lag wahrscheinlich die Beschreibung von Nalbant nicht vor, als er diese Art in die von ihm neu aufgestellte Gattung *Pseudochaetodon* einordnete.

347.
Johnrandallia nigrirostris
UW-Aufnahme eines fast ausgewachsenen Tieres aus der Baja California an der Küste von Mexiko, ca. 30 m Tiefe.
Foto: Hall.

Familie *Pomacanthidae* — Kaiserfische

Einführung

Die Familie der Kaiserfische *(Pomacanthidae)* enthält 74 Arten, die die tropischen Meere der ganzen Welt bewohnen. Die meisten von ihnen findet man in der Nachbarschaft von Korallenriffen, wo sie gewöhnlich als Einzelexemplare oder in kleinen Gruppen vorkommen. Viele Arten bevorzugen relativ flaches Wasser von normalerweise zwei bis vier Meter bis hinunter zu 10 und 15 m. Andere wiederum sind jedoch auf recht tiefes Wasser beschränkt, z. B. einige von *Centropyge* und *Genicanthus,* die man nur selten in geringeren Tiefen als 20 m sieht und die noch in Tiefen von 50 und mehr Metern vorkommen. Die Kaiserfische sind vor allem wegen ihrer imposanten Farbmuster bekannt. Viele Arten, besonders aber diejenigen, die zu *Pomacanthus* und *Holacanthus* gehören, durchlaufen dramatische Farbänderungen vom Jugend- ins Erwachsenenalter (s. Seite 312).

Geographische Verbreitung

Kaiser- und Engelfische existieren in allen tropischen Meeren, doch bewohnen die meisten Arten die artenreiche Region des Indo-Pazifik. Das sind genauer gesagt, alle außer neun oder ungefähr 88% der Gesamtzahl. In der äußersten westlichen Ecke des Pazifischen Ozeans findet man ungefähr 40 Arten, mehr als in jeder anderen Region. So ist es nicht erstaunlich, daß die Länder, welche die reichste Pomacanthiden-Fauna aufweisen, alle in dieser Gegend liegen. Die fünf führenden Länder sind wie folgt (Anzahl der Arten in Klammern):
1. Australien (23); 2. Neuguinea (22); 3. Indonesien (21); 4. Taiwan (20); 5. Philippinen (19).
Sechs Arten haben eine sehr große Verbreitung gefunden, die sich über den größten Teil des westlichen Pazifiks in Richtung Westen bis zur Küste Ostafrikas hin erstreckt. Zwölf Arten sind über weite Teile des Indischen Ozeans verbreitet, einschließlich zweier Arten, die auf das Rote Meer und den Golf von Aden beschränkt sind. Neun findet man im tropischen Atlantik, wovon alle außer *Holacanthus africanus* und *Centropyge resplendens* hauptsächlich im westlichen Teil dieses Ozeans beheimatet sind. Der östliche tropische Pazifik ist die Heimat von vier Kaiserfischen. Die restlichen Arten sind in der Hauptsache westpazifisch. Einige von ihnen haben nur eine ziemlich begrenzte Verbreitung, die nur einen kleinen Teil dieses riesigen Gebietes bedeckt. So verwirrend es auch sein mag, die Westküste Australiens, die Christmas-Insel und die Kokos-Keeling-Gruppe, die alle am östlichen Rande des Indischen Ozeans liegen, gehören tatsächlich hinsichtlich der Fauna der westpazifischen Region an. Vier Kaiserfische haben eine extrem beschränkte Verbreitung, denn sie sind auf eine einzige kleine Inselgruppe beschränkt: *Centropyge colini* (Kokos-Keeling-Insel), *Centropyge resplendens* (Ascension), *Genicanthus semifasciatus* (Lord-Howe-Insel) und *Holacanthus limbaughi* (Clipperton-Insel).

Biologie

Die Mehrzahl der Kaiserfischarten sind höchst abhängig vom Vorhandensein von Schutzmöglichkeiten in Form von Höhlen und Korallenüberhängen. Nur selten sieht man sie über weiten Sandflächen oder in Gegenden mit niedrigem Relief. Typisch ist, daß die meisten Arten in irgendeiner Weise ortsgebunden sind und daß sie die meiste Zeit am Boden verbringen auf der Suche nach Futter, wobei sie in gewissen Zeitabständen immer wieder den Schutz des Riffes aufsuchen. Die Mitglieder der Gattung *Genicanthus* aber sind charakteristische Freiwasserfische, und sie bilden oftmals Schwärme, die hoch über dem Meeresgrund nach Plankton suchen.
An einigen Arten sind Studien hinsichtlich der Freßgewohnheiten durchgeführt worden. Danach scheint es hauptsächlich drei typische Gruppen von Futtergewohnheiten zu geben:
1. Viele der kleineren Arten, besonders aber diejenigen, die *Centropyge* zugehören, fressen fast ausschließlich Algen. Dies war auch die Hauptnahrungsquelle beim *Centropyge flavissimus* in einer Untersuchung von Hiatt und Strasburg (1960), und Randall (1967) stellte ebenfalls eine Algennahrung bei *C. argi* fest.
2. Die überwiegende Anzahl, wenn nicht gar alle der großen Kaiserfische, die zu *Pomacanthus* und *Holacanthus* gehören, ernähren sich hauptsächlich von Schwämmen, in die Algen eingelagert sind, und auch in geringerem Maße von Zoantharien (Sternkorallen), Tunikaten (Manteltiere), Gorgonien, verschiedenen Eiern, Hydroiden (Hydroidpolypen) und Spermatophyten (incl. Seegräsern). Die Angewohnheit der atlantischen Kaiserfische Schwämme zu

fressen, wurde gut durch Untersuchungen von Randall und Hartmann (1968) dokumentiert.
Die dritte Hauptfreßgewohnheit bei Kaiserfischen zeigt sich bei den Arten von *Genicanthus*. Wie bereits oben erwähnt, bilden sie oft große Ansammlungen, die sich weitgehend von pelagischen Tunikaten ernähren, denen benthische Dinge wie Bryozoen*, Polychaeten und Algen beigefügt sind.
Eine der vielleicht seltensten Nahrungsgrundlagen, die bei einem Kaiserfisch festgestellt worden ist, weist die japanische Art *Centropyge interruptus* auf. Moyer (1978) stellte fest, daß Exemplare, die er bei Miyake-Jima studierte, einen beträchtlichen Anteil ihrer Nahrung dadurch erhielten, indem sie die Ausscheidung der vom Plankton lebenden Demoisellen (Pomacentridae) und *Anthias* fraßen.
Über die Brautwerbung und Fortpflanzungsgewohnheiten liegen nur wenige Informationen vor. Die Untersuchung von Moyer und Nakazono (1978) ist da eine Ausnahme, und sie versorgt uns mit mannigfaltigen wertvollen Informationen, welche unter Umständen auch auf viele der anderen Mitglieder der Familie zutreffen. Die beiden Autoren erforschten die Fortpflanzungsgewohnheiten von *Centropyge interruptus* bei Miyake-Jima. Diese Art bildet typischerweise Harems, wobei ein dominierendes männliches Tier mit ein bis vier weiblichen zusammenlebt. Diese zeigen eine Art von Hackordnung oder hierarchischem System untereinander. Die Größe eines jeden Harems wird durch die Beschaffenheit des Lebensraumes kontrolliert. Die größten Harems trifft man in Gebieten, wo es verzweigte Höhlensysteme und Felsspalten gibt, die ein Höchstmaß an Schutz bieten; Wohnraum, der aus Geröll besteht, bietet dagegen nur minimalen Schutz und wird deshalb nur von nicht dauernd beieinander bleibenden Paaren bewohnt. Entfernt man im Experiment das Männchen von seinem Harem, so macht sich beim ranghöchsten Weibchen eine bemerkenswerte Veränderung bemerkbar: es verwandelt sich nach und nach, über eine Periode von nur zwei bis drei Wochen, in ein Männchen. Geschlechtswandel schließt auch die Veränderung des Eierstockgewebes in funktionstüchtige Testikel ein. Desgleichen machen sich auch Farbverschiebungen am Kopf und den Flossen bemerkbar.
Ähnliche Fälle von Geschlechtswechsel sind auch durch Shen und Liu (1975) beim *Genicanthus semifasciatus* und von Suzuki beim *G. lamarck* dokumentiert worden (nach Berichten von Moyer und Nakazono, 1978). Es scheint durchaus so, daß die Bildung von Harems und die Möglichkeit der Geschlechtsumwandlung unter den Arten von *Centropyge* und *Genicanthus* weit verbreitet ist. So haben zum Beispiel Moyer und Nakazone Harems beim *C. vroliki, C. heraldi, C. flavissimus, C. ferrugatus* und *C. tibicen* festgestellt. Auf der anderen Seite scheint aber beim großen *Pomacanthus* und bei vielen Vertretern von *Holacanthus* das monogame Paar der normale Fortpflanzungsverbund zu sein, jedenfalls ist nicht bekannt, ob auch sie zum Geschlechtswechsel fähig sind.
Beim *Centropyge interruptus* (Miyake-Jima) vollzieht sich das Ablaichen im allgemeinen täglich zwischen Mai und Oktober und wird augenscheinlich von der Temperatur und den Lichtbedingungen beeinflußt. Das Ablaichen findet nicht statt, wenn die Wassertemperatur unter 22°C fällt. Moyer und Nakazono beobachteten 175 Laichakte, und die Mehrzahl ereignete sich zwischen 10 Minuten vor und 5 Minuten nach Sonnenuntergang, es sei denn bei bedecktem Himmel, wo die Laichaktivitäten auch früher begannen. Während der Brautwerbung umschwimmt das Männchen in schnellen Bewegungen ein einzelnes weibliches Tier. In der letzten Phase vor dem eigentlichen Laichen beginnt das männliche Tier mit einer typischen Zurschaustellung, indem es hoch entfernt vom Boden über dem Weibchen umherschwimmt und dann eine bewegungslose Pose einnimmt, wobei alle Flossen ausgebreitet werden. Daraufhin nähert sich das Weibchen, und das Männchen „liebkost" es an der Bauchseite. Dieses Verhalten veranlaßt das Weibchen zum plötzlichen Ablaichen, wobei Eier und Spermen gleichzeitig ins offene Wasser entlassen werden. Sodann ziehen sich beide Partner schnell zum Meeresboden zurück. Gewöhnlich laicht das Männchen während einer Laichperiode mit jedem einzelnen Mitglied seines Harems, wobei jeder Laichakt nur 8–10 Minuten dauert. Die Eier sind schwimmfähig und schweben zur Wasseroberfläche, wo sie sich planktonisch für eine unbestimmte Zeit aufhalten. Für westatlantische Kaiserfisch-Eier nimmt Moe 1977 eine Schlupfdauer von 18 bis 30 Stunden an.

*Moostierchen

Taxonomie (Klassifizierung)

Die meisten der jüngeren Autoren folgen dem Beispiel von Fraser-Brunner (1933), indem sie die Kaiserfische den Chaetodontiden als Unterfamilie zuordnen. Doch haben neuere Untersuchungen hinsichtlich der inneren und äußeren Morphologie starke Beweise dafür geliefert, daß es sich bei den Kaiserfischen um eine separate Familie handelt. (S. Freihofer, 1963 und Burgess, 1974). Das auffallendste externe Merkmal, durch das beide Familien auseinandergehalten werden können, ist der hervorspringende Kiemenstachel, der beim Kaiserfisch, nicht aber beim Falterfisch vorhanden ist. Ein anderer bemerkenswerter Unterschied bezieht sich auf die Morphologie des Larvenstadiums. Der Körper der Chaetodontiden-Larve ist mit seltsamen knochigen Platten bedeckt, und die Jungen werden als *Tholichthys* eingeordnet. Im Unterschied dazu fehlen diese Platten vollständig bei den Larven der Kaiserfische.

Die einzige umfassende Darstellung neueren Datums, die sich mit Kaiserfischen befaßte, war die Publikation von Fraser und Brunner aus dem Jahre 1933. Die meisten der nachfolgenden Wissenschaftler sind der dort festgelegten Einteilung gefolgt, doch hat es in den letzten Jahren etliche Kontroversen gegeben, die sich besonders auf die Trennung von *Holacanthus* und *Centropyge* und von *Holacanthus* und *Genicanthus* bezogen. Zugegebenermaßen sind die Unterschiede zwischen diesen Gattungen recht gering, und aus diesem Grunde ziehen es manche Autoren vor, sie unter *Holacanthus* zusammenzufassen. Grundsätzlich bin ich ebenfalls Fraser–Brunners Klassifizierung gefolgt, mit den Ausnahmen, wo ich im Falle von *Apolemichthys* (nach Fraser–Brunner eine Untergattung von *Holacanthus*) Smith's Einteilung (1955) folgte. Desgleichen habe ich *Heteropyge* (zuweilen auch *Euxiphipops* eingeordnet) als gleichbedeutend mit *Pomacanthus* behandelt, wobei ich Shen und Liu (in Druck) gefolgt bin.

FAMILIE POMACANTHIDAE – 74 Arten

Unterfamilie Pomacanthinae
- Gattung *Chaetodontoplus* – 9 Arten (äußerster Westpazifik)
- Gattung *Pomacanthus*
  - Untergattung *Arusetta* – 1 Art (Rotes Meer)
  - Untergattung *Euxiphipops* – 3 Arten (äußerster Westpazifik)
  - Untergattung *Pomacanthodes* – 7 Arten (Indo-Pazifik)
  - Untergattung *Pomacanthus* 2 Arten (Atlantik)

Unterfamilie Holacanthinae
- Gattung *Apolemichthys* – 6 Arten (Indo-Westpazifik)
- Gattung *Centropyge*
  - Untergattung *Centropyge* – 10 Arten (Indo-Westpazifik)
  - Untergattung *Xiphipops* – 18 Arten (Atlantik und Indo-Westpazifik)
- Gattung *Genicanthus* – 9 Arten (Indo-Westpazifik)
- Gattung *Holacanthus*
  - Untergattung *Angelichthys* – 3 Arten (Atlantik)
  - Untergattung *Holacanthus* – 1 Art (Westatlantik)
  - Neue, noch nicht beschriebene Untergattung für *H. venustus* (Indo-Westpazifik)
  - Untergattung *Plitops* – 3 Arten (östlicher Pazifik)
- Gattung *Pygoplites* – 1 Art (Indo-Westpazifik)

Die Hauptmerkmale, durch welche diese Gattungen charakterisiert werden, sind im folgenden kurz dargestellt (nach Fraser-Brunner, 1933 und Shen und Liu, in Druck).

Die Arten innerhalb der Gattungen und Untergattungen der Familie Kaiserfische

Gültige Arten erscheinen halbfett gedruckt und die wichtigsten Synonyme kursiv und eingerückt. Für jede gültige Art wird die ungefähre Verbreitung angegeben. Die Seitenzahlen beziehen sich auf Band 1 und 2 von „Falter- und Kaiserfische".

Gattung *Apolemichthys* Fraser-Brunner, 1933

Ähnelt *Holacanthus,* der präorbitale Vorsprung jedoch ohne starke Stacheln; Zwischenkiemendeckel ebenfalls ohne starke Stacheln und Wangenstachel nicht tief gerillt; Schuppen auf der Wange klein und unregelmäßig.

Apolemichthys arcuatus (Gray, 1831) – Hawaii-Inseln, Bd. 2, S. 253

Apolemichthys guezei (Randall, 1978) – Réunion, Bd. 2, S. 254

   Holacanthus guezei Randall, 1978

Apolemichthys trimaculatus (Lacépède, in Cuvier, 1831) – Indo-Westpazifik, Bd. 1, S. 92

   Apolemichthys armitagei Smith, 1955

Apolemichthys xanthopunctatus Burgess, 1973 – Zentral-Westpazifik, Bd. 2, S. 255

Apolemichthys xanthotis (Fraser-Brunner, 1951) – Rotes Meer und Golf von Aden, Bd. 2, S. 256

Apolemichthys xanthurus (Bennett, 1832) – Sri Lanka und Indien, Bd. 2, S. 258

Gattung *Centropyge* Kaup, 1860

Schuppen relativ groß; Zwischenkiemendeckel klein und gezackt oder hinten mit Stacheln; Seitenlinie endet am Ende der weichstrahligen Rückenflosse, hinterer Rand des Präorbitalfortsatzes frei.

Untergattung *Centropyge*

Centropyge aurantius Randall und Wass, 1974 – Westpazifik, Bd. 1, S. 94

Centropyge bicolor (Bloch, 1787) – Westpazifik, Bd. 1, S. 95

   Holacanthus tenigab Thiollière, 1857

Centropyge colini Smith-Vaniz und Randall, 1974 – Kokos-Keeling-Inseln, Bd. 2, S. 262

Centropyge eibli Klausewitz, 1963 – östl. Indischer Ozean, Bd. 1, S. 100

Centropyge flavissimus (Cuvier, 1831) – Westpazifik, Bd. 1, S. 102.

   Holacanthus luteolus Cuvier, 1831
   Holacanthus cyanotis Günther, 1860
   Holacanthus monopthalmus Kner, 1867
   Holacanthus ocularis Peters, 1868
   Holacanthus sphynx De Vis, 1884
   Holacanthus uniocellatus Borodin, 1932

Centropyge heraldi Woods und Schultz, 1953 – Westpazifik, Bd. 1, S. 103

Centropyge multifasciatus (Smith und Radcliffe, 1911) – Westpazifik, Bd. 1, S. 105

Centropyge nox (Bleeker, 1853) – Westpazifik, Bd. 1, S. 107

Centropyge tibicen (Cuvier, 1831) – Westpazifik, Bd. 1, S. 108

   Holacanthus leucopleura Bleeker, 1853

Centropyge vroliki (Bleeker, 1853) – Westpazifik, Bd. 1, S. 109

Untergattung *Xiphipops*

Centropyge acanthops (Norman, 1922) – Ostafrika, Bd. 2, S. 259

Centropyge argi Woods und Kanazawa, 1951 – Westatlantik, Bd. 2, S. 260

Centropyge aurantonotus Burgess, 1974 – Westatlantik, Bd. 2, S. 261

Centropyge bispinosus (Günther, 1860) – Indo-Westpazifik, Bd. 1, S. 98

   Centropyge tutuilae Jordan und Jordan, 1922

Centropyge ferrugatus Randall und Burgess, 1972 – Westpazifik, Bd. 2, S. 263

Centropyge fisheri (Snyder, 1904) – Hawaii-Inseln, Bd. 2, S. 264

Centropyge flavicauda Fraser-Brunner, 1933 – Westpazifik, Bd. 1, S. 101

   Centropyge caudoxanthurus Shen, 1973

Centropyge flavipectoralis Randall und Klausewitz, 1977 – Sri Lanka, Bd. 2, S. 265

Centropyge hotumatua Randall und Caldwell, 1973 – Südostozeanien, Bd. 2, S. 266

Centropyge interruptus (Tanaka, 1918) – Südjapan, Bd. 2, S. 267

Centropyge joculator Smith-Vaniz und Randall, 1974– Kokos-Keeling- u. Christm.-I. (Ind. Ozean) Bd. 2, S. 268

Centropyge loriculus (Günther, 1860) – Westpazifik, Bd. 1, S. 104

Centropyge multicolor Randall und Wass, 1974 – Westpazifik, Bd. 2, S. 269

Centropyge multispinis (Playfair, 1866) – Indischer Ozean und Rotes Meer, möglicherweise auch Australien, Bd. 1, S. 106

Centropyge nigriocellus Woods und Schultz, 1953 – Westpazifik, Bd. 2, S. 270
Centropyge potteri Jordan und Metz, 1912 – Hawaii-Inseln, Bd. 2, S. 271
Centropyge resplendens Lubbock und Sankey, 1975 – Ascension-Insel, Bd. 2, S. 272
Centropyge species (wird von Randall und Yasuda während der Drucklegung dieses Buches neu beschrieben)-Guam, Bd. 2, S. 273

Gattung *Chaetodontoplus* Bleeker, 1876

Schuppen sehr klein (85 und mehr in der Seitenreihe) und nicht in regelmäßigen Reihen geordnet; hinterer Rand des Präorbitalfortsatzes nicht frei; Zwischenkiemendeckel groß ohne Stacheln; Seitenlinie schließt am Ende der weichstrahligen Rückenflosse ab; die vertikalen Flossen nicht länglich.

Chaetodontoplus ballinae Whitley, 1959 – Neusüdwales (Australien), Bd. 1, S. 112
Chaetodontoplus caeruleopunctatus Yasuda und Tominaga, 1976 – Philippinen, Bd. 2, S. 274
Chaetodontoplus chrysocephalus Bleeker, 1854 – Japan–Taiwan, Bd. 2, S. 275
Chaetodontoplus cephalareticulatus Shen und Lim, 1975
Chaetodontoplus conspicillatus (Waite, 1900) – Korallenmeer und Lord-Howe-Insel, Bd. 1, S. 113
Chaetodontoplus dubouleyi (Günther, 1867) – Australien und Ostindische Inseln, Taiwan, Bd. 1, S. 114
Holacanthus darwiniensis Saville–Kent, 1890
Chaetodontoplus melanosoma (Bleeker, 1853) – Japan, Malaysia bis Neuguinea, Bd. 1, S. 116; Bd. 2, S. 336–337
Chaetodontoplus dimidiatus Bleeker, 1877
? *Chaetodontoplus niger* Chan, 1969
Chaetodontoplus mesoleucus (Bloch, 1787) – Ostindien und Philippinen, Bd. 1, S. 117
Chaetodon mesomelas Gmelin, 1789
Chaetodon atratus Gray, 1854
Chaetodontoplus personifer (McCulloch, 1914) – Australien, Ostindien und Taiwan, Bd. 1, S. 118; Bd. 2, S. 337
Chaetodontoplus septentrionalis (Schlegel, 1844) – Ostindien bis Japan, Bd. 2, S. 276
Holacanthus ronin Jordan und Fowler, 1902

Gattung *Genicanthus* Swainson, 1839

Schuppen relativ groß und in regelmäßigen Reihen; Seitenlinie endet am Ende der weichstrahligen Rückenflosse; Zwischenkiemendeckel groß; Zähne relativ klein, ihre Länge ungefähr fünfmal im Augendurchmesser enthalten; Schuppen am Kiemendeckel in 6–8 Reihen; Schwanzflosse gekerbt bis stark sichelförmig.

Genicanthus bellus Randall, 1975 – Westpazifik und östl. Indischer Ozean, Bd. 2, S. 277
Genicanthus caudovittatus (Günther, 1860) – Rotes Meer und westl. Indischer Ozean, Bd. 2, S. 278
Holacanthus zebra Sauvage, 1891
Holacanthus caudibicolor Sauvage, 1891
Genicanthus lamarck (Lacépède, 1802) – Indo-Westpazifik, Bd. 1, S. 127
Holacanthus lamarcki japonicus Schmidt, 1930
Holacanthus chapmani Herre, 1933
Genicanthus melanospilos (Bleeker, 1857) – Westpazifik, Bd. 1, S. 128
Genicanthus macclesfieldiensis Chan, 1965 (♀)
Genicanthus personatus Randall, 1975 – Hawaii-Inseln, Bd. 2, S. 280
Genicanthus semicinctus (Waite, 1900) – Lord-Howe-Insel, Bd. 1, S. 129
Genicanthus semifasciatus (Kamohara, 1934) – Taiwan bis Südjapan, Bd. 2, S. 281
Holacanthus fuscosus Yasuda u. Tominaga, 1970
Genicanthus spinus Randall, 1975 – Pitcairn-Insel und Austral-Inseln, Bd. 2, S. 282
Genicanthus watanabei (Yasuda und Tominaga, 1970) – Westpazifik, Bd. 1, S. 130
Genicanthus vermiculatus Shen und Lim, 1975

Gattung *Holacanthus* Lacépède, 1803

Schuppen relativ groß in regelmäßigen Reihen; Seitenlinie endet mit Ende der weichstrahligen Rückenflosse; Zwischenkiemendeckel groß; Zähne relativ lang, ihre Länge weniger als 2–3mal im Augendurchmesser enthalten; Schuppen auf Kiemendeckel in ca. neun Reihen; Schwanzflosse gestutzt.

Untergattung *Angelichthys*

Holacanthus africanus Cadenat, 1950 – Westafrika, Bd. 2, S. 284
Holacanthus bermudensis Jordan und Rutter, 1898 – Karibik, Bd. 2, S. 286
Holacanthus isabelita Jordan und Rutter, 1898
Holacanthus townsendi Nichols u. Mowbray, 1914 = (*bermudensis* x *ciliaris* Hybride), Bd. 2, S. 291
Holacanthus ciliaris (Linnaeus, 1758) – Westatlantik, Bd. 2, S. 288
Chaetodon squamulosus Shaw, 1789
Chaetodon parrae Schneider, 1801
Holacanthus cornutus Desmarest, 1823
Holacanthus formosus Castelnau, 1854
Angelichthys iodocus Jordan und Rutter, 1896
? *Holacanthus lunatus* Blosser, 1909

Untergattung *Holacanthus*

Holacanthus tricolor (Bloch, 1795) – Westatlantik, Bd. 2, S. 296

Neue, noch nicht beschriebene Untergattung

Holacanthus venustus Yasuda und Tominaga, 1969 – Taiwan bis Südjapan, Bd. 2, S. 299

Untergattung *Plitops*

Holacanthus clarionensis Gilbert, 1890 – Ostpazifik, Bd. 2, S. 292
Holacanthus limbaughi Baldwin, 1963 – Clipperton-Insel, Bd. 2, S. 294
Holacanthus passer Valenciennes, 1846 – Ostpazifik, Bd. 2, S. 295
Holacanthus strigatus Gill, 1862

Gattung *Pomacanthus* Lacépède, 1803

Schuppen entweder relativ groß oder klein; Schuppenzentrum verlagert nach Schuppenzacken; Seitenlinie vollständig; hinterer Rand des Präorbitalfortsatzes nicht frei; Zwischenkiemendeckel groß, ohne Stacheln; Farbmuster macht oft dramatische Veränderungen vom Jugend- zum Erwachsenenstadium durch; vertikale Flossen und Bauchflossen gewöhnlich länglich.

Untergattung *Arusetta*

Pomacanthus asfur (Forsskål, 1775) – Rotes Meer, Bd. 2, S. 302
Arusetta asfur
Holacanthus aruset Lacépède, 1802

Untergattung *Euxiphipops*

Pomacanthus navarchus (Cuvier, 1831) – Indo-Australischer Archipel, Bd. 1, S. 120
Euxiphipops navarchus Fraser-Brunner, 1934
Pomacanthus sexstriatus (Cuvier, 1831) – W.-Pazifik, Bd. 1, S. 121
Chaetodon resimus Gray, 1854
Euxiphipops sexstriatus Fraser-Brunner, 1934
Pomacanthus xanthometopon (Bleeker, 1853) – W.-Pazifik, Bd. 1, S. 124
Euxiphipops xanthometopon Fraser-Brunner, 1934

Untergattung *Pomacanthodes*

Pomacanthus annularis (Bloch, 1787) – Indien und Sri Lanka bis Salomon-Inseln, Bd. 1, S. 134
Chaetodon vorticosus Gray, 1854
Holacanthus pseudannularis Bleeker, 1858
Pomacanthus chrysurus (Cuvier, 1831) – Nordwestl. Indischer Ozean, Bd. 2, S. 304
Pomacanthus imperator (Bloch, 1787) – Indo-Westpazifik, Bd. 1, S. 134
Chaetodon nicobariensis Schneider, 1801
Holacanthus geometricus Lacépède, 1804
Holacanthus marianus Seale, 1900
Holacanthus bishopi Seale, 1900
Pomacanthus maculosus (Forsskål, 1775) – Rotes Meer bis Persischer Golf, Bd. 2, S. 306
Pomacanthus semicirculatus (Cuvier, 1831) – Indo-Westpazifik, Bd. 1, S. 136
Holacanthus alternans Cuvier, 1831
Holacanthus caeruleus Cuvier, 1831
Holacanthus lepidolepis Bleeker, 1853
Holacanthus ignatius Playfair, 1867
Holacanthus poecilus Peters, 1868
Holacanthus semicircularis De Vis, 1884
Holacanthus reginae Sauvage, 1891
Holacanthus alternans var. *meleagris* Alcock, 1896
Pomacanthus striatus (Rüppell, 1835) – Südafrika bis Rotes Meer, Bd. 2, S. 310
Holacanthus rhomboides Gilchrist und Thompson, 1908
Pomacanthus zonipectus (Gill, 1862) – Ostpazifik, Bd. 2, S. 311

Untergattung *Pomacanthus*

Pomacanthus arcuatus (Linnaeus, 1758) – Westatlantik, Bd. 2, S. 300
Chaetodon aureus Bloch, 1787
Chaetodon lutescens Bonnaterre, 1788
Pomacanthus baltcatus Cuvier, 1831
Pomacanthus cingulatus Cuvier, 1831
Pomacanthus cinquecinctus Cuvier, 1831
Chaetodon littoricola Poey, 1868
Pomacanthus paru (Bloch, 1787) –Atlantik, Bd. 2, S. 308

Gattung *Pygoplites* Fraser-Brunner, 1933

Schuppen relativ groß in regelmäßigen Reihen; Seitenlinie bis Ende der weichstrahligen Rückenflosse; Zwischenkiemendeckel ohne Stacheln, hinten mit einem schmalen Fortsatz bis zum Unterkiemendeckel. Präorbitalfortsatz konvex ohne Stacheln, hinterer Rand nicht gezackt; Schuppen auf Kiemendeckel in ca. acht Reihen.

Pygoplites diacanthus (Boddaert, 1772) – Indo-Westpazifik, Bd. 1, S. 138
Chaetodon boddaerti Gmelin, 1789
Chaetodon dux Gmelin, 1789

Wegen weiterer Merkmale, besonders im Hinblick auf die interne Morphologie, ist die Arbeit von Shen und Liu (in Druck) abzuwarten.

Stammbaum der Familie *Pomacanthidae*

(nach Shen und Liu, 1979, leicht verändert).

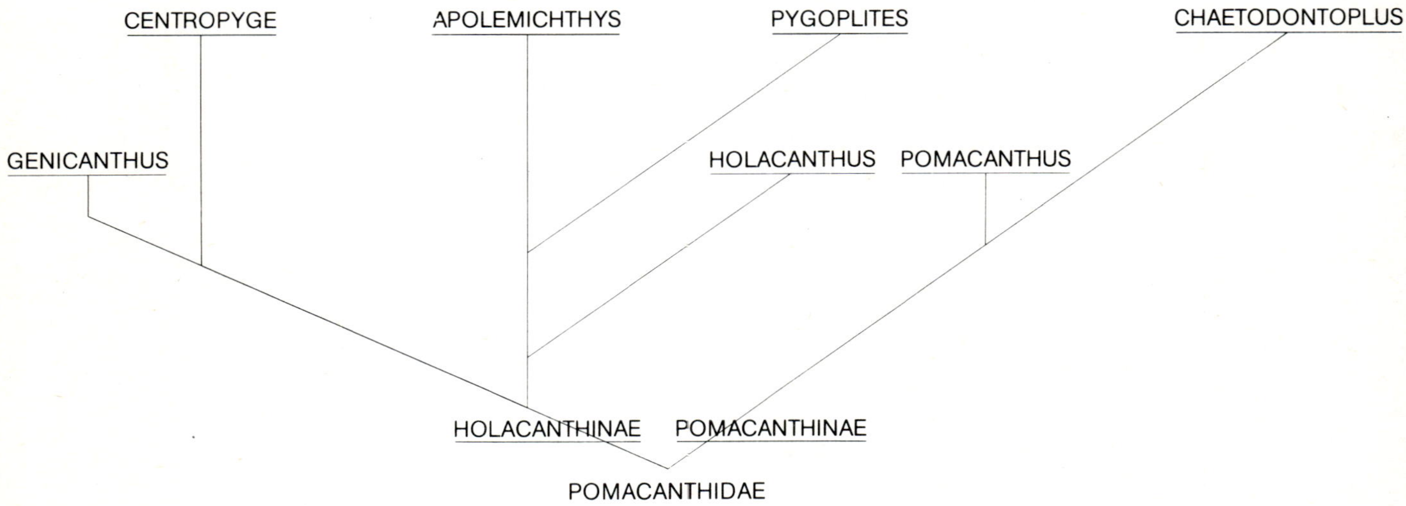

Die wichtigsten Unterscheidungsmerkmale der Gattungen und Untergattungen der Kaiserfische

Familie Pomacanthidae

Gattung	Untergattung	Dorsalstrahlen	Analstrahlen	Vertikale Schuppenreihen
Apolemichthys		XIII od. XIV, 17–19	III, 17–19	etwa 48–50
Centropyge		XIII–XV, 15–18	III, 16–18	etwa 40–50
	Centropyge	XIII–XV, 15–18	III, 16–18	etwa 40–50
	Xiphipops	XIV–XV, 15–17	III, 16–17	etwa 44–50
Chaetodontoplus		XI–XIII, 16–22	III, 16–20	etwa 85–115
Genicanthus		XIV–XV, 16–19	III–IV, 14–19	etwa 45–54
Holacanthus		XIV, 17–21	III, 17–21	etwa 42–50
	Angelichthys	XIV, 19–21	III, 20–21	etwa 45–50
	Holacanthus	XIV, 17–19	III, 18–20	etwa 42–48
	Plitops	XIV, 17–19	III, 17–19	etwa 50
Pomacanthus		IX–XIV, 17–33	III, 16–24	etwa 46–90
	Arusetta	XII, 20	III, 17–20	etwa 50
	Euxiphipops	XII–XIV, 17–20	III, 16–19	etwa 46–50
	Pomacanthodes	XI, 22–24	III, 19–23	etwa 70
	Pomacanthus	IX–X, 28–33	III, 22–25	etwa 50–90
Pygoplites		XIV, 17–19	III, 17–19	etwa 45–50

Gattung: *Apolemichthys*

Apolemichthys arcuatus (GRAY, 1831)
Flaggen-Zwergkaiserfisch, Hawaii-Engelfisch

Apolemichthys arcuatus ist einer von mehreren Falter- und Kaiserfischen, die nur von den Hawaii-Inseln her bekannt sind. Er scheint dort aber ebenfalls nicht besonders häufig vorzukommen, doch kann man einzelne Paare regelmäßig an bestimmten Orten antreffen. Manchmal findet man ihn in Gegenden mit reichem Korallenwuchs, doch häufiger in Felsenriffen, besonders dort, wo es reichlich Höhlen und Felsspalten gibt. Selten sieht man diese Art in Tiefen von weniger als 12 m, wobei sich der Tiefenbereich bis wenigstens 50 m erstreckt. Die Mehrzahl der Exemplare trifft man zwischen 25 und 50 m Tiefe. Dieser Kaiserfisch muß als eines der am unintelligentesten Mitglieder der Familie angesehen werden, schließt man dies aus der Leichtigkeit, mit der er sich fangen läßt. Hat man ihn erst einmal gesehen, wird er zur leichten Beute selbst eines Anfängers im Sammeln von Fischen. Die natürliche Nahrung besteht zum größten Teil aus Schwämmen, was erklärt, weshalb sich diese Art nicht besonders gut in der Gefangenschaft hält. Die Mehrzahl der Aquarientiere sterben innerhalb weniger Monate. Die Jungtiere sind den Erwachsenen recht ähnlich. Die Maximallänge beträgt ca. 18 cm.

349.
Apolemichthys arcuatus
Ausgewachsen.
Aquariumaufnahme, Taronga-Zoo, Sydney.
Foto: Friese.

349 ▲

350.
Apolemichthys arcuatus
Ausgewachsen.
UW-Aufnahme, Hawaii, 15 m Tiefe.
Foto: Rödiger.

350 ▼

Apolemichthys guezei (RANDALL und MAUGÉ, 1978)
Réunion-Kaiserfisch

Diese Art ist auf Grund von nur sechs Individuen bekannt, die von Paul Guézé in einer Tiefe von 60–80 m in einem Stellnetz gefangen wurden. Obwohl die Art im Augenblick nur von der Insel Réunion (östlich von Madagaskar) im Indischen Ozean bekannt ist, kann erwartet werden, daß sie auch in der Nähe von Mauritius und möglicherweise Madagaskar vorkommt.
Ihr Farbmuster ist ganz ähnlich dem von *A. xanthopunctatus* von Ozeanien. Unterscheidungsmerkmale sind jedoch der dunkle Kopf und die fehlenden schwarzen Flecken, die auch *A. trimaculatus* nahe der oberen Ecke der Kiemendeckel und auf beiden Nackenseiten hat.

Die Art unterscheidet sich von allen anderen dieser Gattung darin, daß sie längere Brust- und Bauchflossen hat. Diese reichen über den Ansatz der Afterflosse hinaus. Außerdem sind die weichstrahligen Teile der Rücken- und Afterflosse eckiger.
Die Maximallänge beträgt ungefähr 14–15 cm. Die Art ist in Aquarien noch nicht gepflegt worden. Sie dürfte jedoch in der Haltung *A. trimaculatus* ähnlich sein.

Randall beschrieb die Art als zu *Holacanthus* gehörig. Es wurde hier jedoch vorgezogen, *A. guezei* solange in der Gattung *Apolemichthys* zu belassen, bis eine einleuchtende Revision der Kaiserfische vorgenommen wurde. Dem Aussehen nach gehört *A. guezei* eindeutig in die Gattung (oder Untergattung?) *Apolemichthys*.

351.
Apolemichthys guezei
Ausgewachsenes Exemplar, SL 96 mm; TL 12 cm. Paratypus dieser gerade erst entdeckten Art. Leider sind diese Fische lebendig noch nicht fotografiert worden. Herkunft: Réunion, östlich von Madagaskar. Foto: Randall.

Apolemichthys xanthopunctatus BURGESS, 1973
Goldtupfen-Kaiserfisch

Diese Art wurde zum erstenmal im Jahre 1954 am Kapingamarangi-Atoll, Karolinen, während einer Expedition gefangen, die von der George-Vanderbilt-Stiftung finanziert wurde. Dieses Exemplar geriet nach seiner Aufnahme in die Sammlung der California Academy of Sciences jahrelang in Vergessenheit, bis Burgess es beim Studieren der Chaetodontiden und Pomacanthiden der CAS-Sammlung wieder entdeckte. Inzwischen sind von Dr. John Randall während eines Besuches auf den Line-Inseln im Oktober 1968 etliche weitere Exemplare gesammelt worden. Die Art ähnelt in höchstem Maße *A. xanthurus* (Bennett) und *A. xanthotis* (Fraser–Brunner) hinsichtlich der allgemeinen Erscheinung, doch gibt es bedeutsame Unterschiede im Farbmuster. Den beiden letztgenannten Arten fehlt der Fleck auf dem Kopf, und der „Ohren"-fleck ist gelb anstatt schwarz wie beim *xanthopunctatus*. Außerdem liegen die Verbreitungsgebiete dieser Arten weit auseinander: *xanthotis* und *xanthurus* sind Bewohner des Roten Meeres bzw. des Indischen Ozeans, während *xanthopunctatus* nur bei den Line-Inseln und den östlichen Karolinen beheimatet ist. Die Art ist im Zierfischhandel unbekannt. Die Maximallänge beträgt etwa 25 cm.

352.
Apolemichthys xanthopunctatus
Ausgewachsenes Exemplar, SL 148 mm; TL 175 mm. Nur wenige Exemplare dieser Art sind bekannt. Die Aufnahme des abgebildeten Tieres stammt von der Fanning-Insel, die unter britischem Protektorat steht und etwa 1500 km südlich von Hawaii liegt.
Foto: Randall.

Apolemichthys xanthotis (FRASER–BRUNNER, 1951)
Rotmeer-Rauchglas-Zwergkaiserfisch

353.
Apolemichthys xanthotis
UW-Aufnahme, Rotes Meer, 15 m Tiefe.
Foto: Rödiger.

353 ▲ 354 ▼

354.
Apolemichthys xanthotis
UW-Aufnahme, Dschidda, Rotes Meer, 8 m Tiefe.
Foto: Debelius.

Eine seltene Gruppe von *Apolemichthys xanthotis*

Der Rotmeer-Rauchglas-Engelfisch ist beinahe identisch mit *A. xanthurus* aus dem westlichen und mittleren Indischen Ozean. Dennoch können sie leicht auseinandergehalten werden, wenn man den Ausläufer des schwarzen Feldes am Kopfe vergleicht: beim *xanthotis* erstreckt er sich nach hinten bis in die Höhe der Bauchflossen, wobei der Kopf und die Bauchflossenwurzel vollständig eingeschlossen sind. Beim *xanthurus* ist dieses dunkle Feld auf die Brust beschränkt und auf den Teil des Kopfes, der vor dem Vorkiemenrand liegt. *A. xanthotis* findet man im Roten Meer vom Golf von Aqaba in Richtung Süden. Er kommt auch in dem sich anschließenden Golf von Aden vor. Während eines Besuches in Eilat im Jahre 1975 traf ich gelegentlich auf diese Art, paarweise in Tiefen von ungefähr 10–25 m. Normalerweise hielten sie sich in Korallengebieten auf, und es ist anzunehmen, daß ihre Nahrung aus Algen, möglicherweise auch aus Schwämmen und anderen benthischen Wirbellosen besteht. Einige gefangene Exemplare beobachtete ich im Coral World Aquarium von Eilat. Sie schienen in exzellenter Verfassung zu sein. Die Art ist im Aquarium gut haltbar. Die Maximallänge beträgt ungefähr 15 cm.

355.
Apolemichthys xanthotis
Eine nur sehr selten zu beobachtende kleine Gruppe von dieser Zwergkaiserfisch-Art.
Es handelt sich um ausgewachsene Tiere von ca. 12 cm Länge.
UW-Aufnahme, Dschidda, Rotes Meer, 18 m Tiefe.
Foto: Debelius.

Apolemichthys xanthurus (BENNETT, 1832)
Indischer Rauchglas-Zwergkaiserfisch

356 ▲

356.
Apolemichthys xanthurus
Ausgewachsen. Aquariumaufnahme. Foto: Debelius.

357 ▼

357.
Apolemichthys xanthurus
Fast ausgewachsen, 11 cm. UW-Aufnahme von den Malediven. Foto: Voigtmann.

Diese Art ist von verschiedenen Orten im westlichen Indischen Ozean bekannt, von Mauritius, Sri Lanka und der Ostküste Indiens. Sie ähnelt in ihrer Erscheinung *A. xanthotis* des Roten Meeres und des Golf von Aden. Beide Arten besitzen im allgemeinen die gleichen Farben und Muster, doch beim *xanthurus* ist das schwarze Feld am Kopf sehr reduziert, und es gibt auch bedeutsame Unterschiede hinsichtlich der Körperproportionen. Bei *A. xanthurus* beispielsweise sind der Körper und die Schwanzwurzel tiefer, das Maul kürzer, das Auge größer, und es gibt ebenfalls eine größere Anzahl poriger Schuppen an der Seitenlinie (s. Klausewitz, 1970). Der Indische Rauchglas-Zwergkaiserfisch ist ein Bewohner von Korallenriffen, wo man ihn gewöhnlich einzeln oder in Paaren in Tiefen zwischen 5 und 20 m antrifft. Die Maximallänge beträgt 15 cm. Die Art ist im Aquarium gut haltbar und meist verträglich gegenüber anderen Arten.

Gattung: *Centropyge* — Herzogfische

Centropyge acanthops (NORMAN, 1922)
Orangerücken-Herzogfisch

Diese wenig bekannte Art findet man entlang der ostafrikanischen Küste von Somalia in Richtung Süden bis in die Nähe von East London, Südafrika. Zuweilen ist sie in der ichthyologischen Literatur mit *C. fisheri,* einer hawaiianischen Art, verwechselt worden. Beide unterscheiden sich jedoch ganz deutlich in der Färbung. Der leuchtend orangefarbene Kopf und Rücken des *acanthops* sind in Verbindung mit dem dunkelblauen Körper und der gelben Schwanzflosse Merkmale, die eine Verwechslung mit allen anderen Arten von *Centropyge* im Indo-Pazifik nicht zulassen. Ein ähnliches Muster findet man beim *C. aurantonotus* des tropischen Westatlantiks, doch bei dieser Art sind die Schwanz- und Brustflossen blau statt gelb, wie beim *acanthops.* Es gibt nur wenige Berichte über die Ökologie dieser Art, am häufigsten scheint sie aber in Tiefen unterhalb von 15–20 m vorzukommen, wie die meisten anderen Verwandten der Untergattung *Xiphipops.* Diese Art gerät nur selten in den Zierfischhandel. Gelegentliche Importe stammen aus Kenia. Die Maximallänge beträgt ungefähr 7 cm.

358.
Centropyge acanthops
Ausgewachsen, 7,5 cm.
Aquariumaufnahme.
Foto: Norman.

Centropyge argi WOODS und KANAZAWA, 1951
Zwergherzogfisch

359 ▲ 360 ▼

C. argi wurde zum ersten Male im Jahre 1908 gesammelt, doch wurde der Fisch als Art erst im Jahre 1951 beschrieben und mit einem wissenschaftlichen Namen gekennzeichnet. Ursprünglich hielt man sie für eine sehr seltene Art, doch seitdem man Preßlufttauchgeräte benutzt, sind immer wieder zahlreiche Beobachtungen und Fänge verzeichnet worden. Das erste Exemplar fing man bei den Bermudas, doch weiß man heute, daß sie sehr weit über die westindischen Inseln und dem südlichen Golf von Mexiko verbreitet ist. Böhlke und Chaplain (1968) berichteten, daß sie manchmal in relativ flachem Wasser (5–10 m) zwischen den Resten der Schalen der Conch-Schnecke im Hafen von Nassau auf den Bahamas anzutreffen sind. Normalerweise jedoch bewohnen sie die Geröllfelder unterhalb von 30 m Tiefe. Wegen ihrer geringen Größe und ihrer zähen Natur ist diese Art für das Aquarium sehr gut geeignet. Man füttere verschiedene pflanzliche Kost, denn Algen bilden einen wichtigen Teil ihrer natürlichen Nahrung. Die Maximallänge beträgt etwa 6,5 cm.

359.
Centropyge argi
Jungtier, 4 cm Länge.
Aquariumaufnahme.
Foto: Norman.

360.
Centropyge argi
Ausgewachsen.
UW-Aufnahme, Bon-Aire-Insel, Kleine Antillen, 25 m Tiefe.
Foto: Randall.

Centropyge aurantonotus BURGESS, 1974
Flammenrücken-Zwergherzogfisch

Die Beschreibung dieser sehr farbenfrohen Art basiert auf zwei Exemplaren, die von Aquarienfischsammlern bei Barbados und Curaçao in Westindien gefangen wurden. Sie hat eine bemerkenswerte Ähnlichkeit mit *C. acanthops* der ostafrikanischen Küste, doch unterscheiden sich beide hinsichtlich der Farbe der Schwanzflosse, die beim *acanthops* gelb, beim *aurantonotus* aber dunkelblau ist. Burgess (1974) berichtete, daß man diese Art bei Barbados in Tiefen von etwa 16–25 m antrifft und zwar in isolierten Flächen von Hirschhornkorallen *(Acropora cervicornis).* Er erwähnt weiterhin, daß diese Art vor der Insel St. Lucia auch in der ungewöhnlichen Tiefe von 200 m mit Fischreusen gefangen wurde. Diese Art ist zwar nur schwer im Zierfischhandel zu erhalten, doch eignet sie sich sehr gut für das Leben in Gefangenschaft. Die Maximallänge beträgt 6 cm.

361 ▲ 362 ▼

361. *Centropyge aurantonotus* Jungtier, 3 cm. Aquariumaufnahme. Foto: Norman.

362. *Centropyge aurantonotus* Fast ausgewachsen, 5 cm. Aquariumaufnahme. Foto: Norman.

Centropyge colini SMITH-VANIZ und RANDALL, 1974
Colins Herzogfisch

Centropyge colini wurde zum ersten Male im März 1974 bei den Kokos-Keeling-Inseln von Dr. William Smith-Vaniz und Patrick Colin entdeckt. Die Art ist bekannt geworden auf Grund von nur drei Exemplaren, die mittels einer Harpune an einem unterseeischen Steilabfall in Tiefen zwischen 50 und 75 m gefangen wurden. Der Meeresgrund bestand aus Felsen mit vereinzelten Korallenstöcken und vielen Felsspalten. Die beiden Forscher fanden während ihres monatelang dauernden Aufenthaltes auf den Kokos-Keeling-Inseln eine wahrhaftige Fundgrube neuer Kaiserfischarten. Im Laufe mehrerer Tauchgänge am Außenriff entdeckten sie drei neue Arten, *Centropyge joculator, C. colini* und *Genicanthus bellus*. Der einzige andere Pomacanthide, den es dort gab, war der weit verbreitete *Apolemichthys trimaculatus*. Sowohl *C. colini* als auch *C. joculator* sind vermutlich nur auf die Kokos-Keeling-Inseln beschränkt. Die Inselgruppe besteht aus ungefähr 25 kleinen Inseln, die eine birnenförmige Lagune umschließen. Der Colins Herzogfisch scheint keine nahe Verwandten zu besitzen, obwohl gewisse Ähnlichkeiten mit *C. multicolor* des westlichen Pazifiks bestehen. Beide Arten weisen zum Beispiel einen relativ niedrigen Körper auf und besitzen tief eingeschnittene Rückenstrahlenmembranen. Beide unterscheiden sich jedoch sehr im Hinblick auf die Färbung, der Rückenstrahlenanzahl und der Kopfbestachelung. *C. colini* ist im Zierfischhandel unbekannt. Die Maximallänge beträgt ungefähr 7–8 cm.

363.
Centropyge colini
Ausgewachsen, Kokos-Keeling-Insel, nördlich von Australien. Dies ist eine der wenigen Aufnahmen, die von dieser Fischart überhaupt zur Verfügung steht.
Foto: Smith-Vaniz und Colin.

Centropyge ferrugatus RANDALL und BURGESS, 1972
Rotbrauner Herzogfisch

Diese Art ist eng verwandt mit *C. bispinosus.* Deutliche Unterscheidungsmerkmale sind das Farbmuster und die Form der Schwanzflosse. *C. ferrugatus* besitzt nicht wie *C. bispinosus* eine Reihe von engen vertikalen Streifen. Stattdessen hat sie aber auf den Seiten viele kleine, unregelmäßig geformte, dunkle Flecken. Die Schwanzflosse ist gestutzt (d. h. mehr oder weniger gerade am äußeren Rand) anstatt gerundet wie beim *C. bispinosus.* Bis jetzt ist die Art nur von einem relativ eng begrenzten Gebiet bekannt, doch werden zukünftige Fänge wahrscheinlich das Verbreitungsgebiet erweitern. Die Verbreitung erstreckt sich von der Tanabe Bay (ungefähr 450 km südwestlich von Tokio) bis zur Südwestspitze von Taiwan. Die Art ist relativ häufig bei Okinawa, auf den Ryukyu-Inseln, die etwa in der Mitte dieses Gebietes liegen. Sie lebt meist einzeln in Tiefen von 10 bis 30m. Nur relativ wenige Exemplare haben bis jetzt den Weg in den Handel gefunden, doch scheint sie eine recht robuste Art zu sein. Die Maximallänge beträgt ungefähr 9–10 cm.

364 ▲

364.
Centropyge ferrugatus
9,5 cm.
Aquariumaufnahme.
Foto: Norman.

365.
Centropyge ferrugatus
Ein prächtig gefärbtes Exemplar.
Aquariumaufnahme.
Foto: Debelius.

365 ▼

Centropyge fisheri (SYNDER, 1904)
Hawaii-Herzogfisch

366 ▲

366.
Centropyge fisheri
7,5 cm.
Aquariumaufnahme in einem Zoofachgeschäft auf Hawaii.
Foto: Allen.

367 ▼

367.
Centropyge fisheri
Ausgewachsen.
Aquariumaufnahme, Wilhelma, Stuttgart.
Foto: Kahl.

Über die Verbreitung dieser Art ist in der Vergangenheit von verschiedenen, weit auseinanderliegenden Orten im tropischen Indo-Pazifik berichtet worden. In Wahrheit scheint sie aber auf die Inseln von Hawaii beschränkt zu sein, und die Berichte von anderen Gegenden stellen wahrscheinlich falsche Identifizierungen dar. So betreffen zum Beispiel die meisten der Berichte aus dem Indischen Ozean *C. acanthops. C. fisheri* ist sehr eng verwandt mit *C. flavicauda* aus dem Westpazifik. Beide Arten sind Mitglieder der Untergattung *Xiphipops,* deren charakteristisches Merkmal ein Paar starker Stacheln auf dem Präorbitalknochen sind. Der Hawaii-Herzogfisch ist an bestimmten Stellen im hawaiianischen Archipel recht häufig. Er lebt gewöhnlich zwischen Geröll aus toten Korallen in Tiefen unterhalb von 30 m. Besonders häufig anzutreffen ist er bei Molokini vor der Küste von Maui. Dort sieht man ihn auch in Tiefen von nur 10–15 m. Wie die meisten der in tieferen Regionen lebenden Herzogfische hält sich auch *C. fisheri* gut in Gefangenschaft. Die Maximallänge beträgt ungefähr 6 cm.

Centropyge flavipectoralis RANDALL und KLAUSEWITZ, 1977
Mondstrahl-Herzogfisch

Diese Art wurde zum erstenmal von H. R. Schmidt bei Sri Lanka im Jahre 1955 gesammelt. Das Exemplar wurde dem Senckenberg-Museum in Frankfurt übereignet, in dessen Sammlung es unter dem Namen *C. multispinis* (s. Beschreibung Band 1) geführt wurde. Zwischen 1966 und 1972 hat das Senckenberg-Museum noch weitere Exemplare beschafft, und auch Roger Lubbock und Dr. John Randall haben die Art bei Sri Lanka gesammelt. Zusammen mit Dr. Wolfgang Klausewitz beschrieb Randall schließlich die Exemplare als eine neue Art. Sie ist nur von Sri Lanka her bekannt, und sie ist eng verwandt mit *C. multispinis,* die ebenfalls recht häufig bei Sri Lanka vorkommt, die aber auch in anderen Gegenden des Indischen Ozeans oder des Roten Meeres anzutreffen ist. Beide Arten können recht leicht auf Grund der unterschiedlichen Färbung der Brustflossen auseinandergehalten werden. Die Brustflossen von *C. multispinis* sind mehr oder weniger transparent mit einigen dunklen Pigmentflecken auf den Strahlen. Der Autor konnte im Jahre 1975 *C. flavipectoralis* bei einigen Tauchgängen an der Südspitze von Sri Lanka beobachten. Die Tiefe betrug zwischen drei und 12 m und der Untergrund bestand hauptsächlich aus Geröll mit sehr geringem Korallenbewuchs. Darüber hinaus wurden einige Exemplare in der Nähe von Trincomalee an der Nordostküste von Sri Lanka in Tiefen zwischen drei und 20 m gefangen. Die Maximallänge beträgt 10 cm.

368. *Centropyge flavipectoralis* SL 74 mm; TL 92 mm. Das Tier stammt von Trincomalee, Sri Lanka. Foto: Randall.

368 ▲

369. *Centropyge flavipectoralis* 8,5 cm. Aquariumaufnahme eines der ersten Exemplare, das lebend nach den U.S.A. gelangte. Foto: Norman.

369 ▼

Centropyge hotumatua RANDALL und CALDWELL, 1973
Osterinsel-Herzogfisch

Die ersten Fänge von *Centropyge hotumatua* gelangen im Jahre 1969 Dr. John Randall und dem Autor während einer Expedition zur Osterinsel. Danach wurden weitere Exemplare durch Dr. Randall bei Rapa, Pitcairn und Raivavae (Austral-Inseln) besorgt (diese Orte liegen alle in der Südostecke Ozeaniens). Die Art ist nach Hotumatua benannt, dem legendären polynesischen Häuptling, der als erster die Osterinseln kolonisierte. Dort ist die Art in Tiefen von unterhalb 25 m recht häufig anzutreffen. Bei Pitcairn wurde sie auch in geringeren Tiefen von etwa 14 m und in einer Maximaltiefe von 45 m gefunden. Das Habitat besteht im allgemeinen aus Korallen oder Felsen mit zahllosen Spalten. Die Art scheint sehr eng mit *C. joculator* der Kokos-Keeling-Inseln (Indischer Ozean) verwandt zu sein. Dennoch kann man die beiden Arten recht leicht anhand der Farbmuster auseinanderhalten. *C. hotumatua* ist dem Zierfischhandel nicht bekannt. Ihre geographische Verbreitung liegt weit außerhalb der Gegenden, die normalerweise von Aquarienfischsammlern aufgesucht werden. Die Maximallänge beträgt ungefähr 8 cm.

370.
Centropyge hotumatua
Ausgewachsenes Exemplar, SL 68 mm; TL 88 mm. Dieses Tier stammt von der Osterinsel im Südost-Pazifik.
Foto: Randall.

371a.
Centropyge interruptus
bei Igaya, Japan, 12 m Tiefe.
Dies ist eine der wenigen Arten Kaiserfische, bei der man die Geschlechter unterscheiden kann. Oben Männchen, unten Weibchen.
Foto: Moyer.

371b.
Centropyge interruptus
Dieser wohl prächtigste Herzogfisch wurde bei Miyake-Jima, Izu-Insel, Japan, fotografiert.
SL 83 mm; TL 108 mm.
Diese Art wurde irrtümlich auch schon als *Centropyge flavicauda* von anderen Autoren vorgestellt.
Foto: Randall.

Centropyge interruptus (TANAKA, 1918)
Japanischer Herzogfisch

Centropyge interruptus ist ein Bewohner der Pazifikküste Mittel- und Südjapans. Die bekannte Verbreitung erstreckt sich von der Tosa Bay auf der Insel Shikoku in Richtung Norden bis nach Honshu in der Gegend von Tokio. Recht häufig soll die Art um die Izu-Halbinsel (ungefähr 100 km südwestlich von Tokio) vorkommen und ebenso bei den Izu-Inseln und der südlich gelegenen Bonin-Gruppe. Burgess und Axelrod (1972) wie auch etliche frühere Autoren haben *C. interruptus* mit *C. fisheri* von Hawaii verwechselt. Wie Tominaga und Yasuda jedoch (1973) aufgezeigt haben, stellt *C. interruptus* eine eigene Art dar und unterscheidet sich ganz klar von *C. fisheri* durch ein unterschiedliches Farbenmuster. Der Japanische Herzogfisch bewohnt die Felsenküsten in Tiefen von 15 bis wenigstens 60 m. Die Jungtiere werden durch das Vorhandensein eines schwarzen Fleckes mit blauem Rand an der weichstrahligen Rückenflosse gekennzeichnet. Moyer und Nakazona haben das interessante Vermehrungsverhalten von *C. interruptus* untersucht, welches auch eine Geschlechtsumwandlung einschließt und bereits in der zusammenfassenden Einleitung zu diesem Kapitel näher dargestellt worden ist. Dies ist die einzig bekannte Art von *Centropyge,* bei der es auch Farbunterschiede bei den verschiedenen Geschlechtern gibt. Von *C. resplendens* ist dies ebenfalls bekannt (Red.). Die Kiemendeckelgegend ist beim Männchen mit starken blauen Linien markiert, die den Kopf des Tieres, wenn man es aus einer Entfernung von 1–2 m betrachtet, ganz und gar blau erscheinen lassen. Beim Weibchen ist die Kiemendeckelgegend demgegenüber orangefarbig gefleckt und mit kleinen, blauen Punkten versehen. Darüber hinaus ist beim Männchen das hintere Ende der weichstrahligen Rücken- und Afterflosse schwarz gestreift mit breiten, unregelmäßigen, leuchtend blauen Flecken. Bei den Weibchen ist diese Gegend dagegen einheitlich blau. Diese farbenfrohe Art scheint sich gut in Gefangenschaft zu halten, doch sieht man sie außerhalb Japans leider nur selten. Die Maximallänge beträgt ungefähr 15 cm.

371a ▲

371b ▼

Centropyge joculator SMITH-VANIZ und RANDALL, 1974
Kokos-Herzogfisch

372 ▲

373 ▼

372.
Centropyge joculator
6 cm. Christmas-Insel (Ind. Ozean), 20 m Tiefe. Bei dem Putzerfisch handelt es sich um den gewöhnlichen *Labroides pectoralis*.
Foto: Allen.

373.
Centropyge joculator
Ausgewachsenes Exemplar. Die Art erreicht eine Maximallänge von ca. 9 cm. Kokos-Keeling-Insel. UW-Aufnahme.
Foto: Colin.

Dieser hübsche Herzogfisch wurde Anfang 1974 bei den Kokos-Keeling-Inseln während einer Expedition der Philadelphia Academy of Sciences entdeckt. In jüngster Zeit konnte diese Art vom Autor und Roger Steene bei der Weihnachtsinsel südlich von Java gesammelt werden. Dort ist sie sehr häufig anzutreffen. Sie bewohnt Korallen- und Geröllgrund am Außenriff in Tiefen zwischen 15 und 70 m. An besonders steil abfallenden Riffen trifft man sie gelegentlich auch in nur acht bis 10 m Tiefe. Normalerweise lebt sie entweder einzeln oder zuweilen auch in kleinen Gruppen von vier bis fünf Individuen. Auf den ersten Blick ähnelt diese Art *C. bicolor* des westlichen Pazifiks. Doch läßt sie sich leicht von dieser anhand der Farbgebung unterscheiden, wie auch auf Grund der Zahl der Rückenstacheln, der Form der Schwanzflosse und der Tiefenverbreitung. *C. bicolor* (s. Band 1, S. 95) hat einen dunklen Streifen über den Augen, 15 Rückenstrahlen (14 beim *joculator*) eine gerundete Schwanzflosse (gestutzt bis leicht gerundet beim *joculator*), und man findet sie gewöhnlich in Tiefen von weniger als 15 m. *C. joculator* bewohnt im Gegensatz dazu die tieferen Gewässer am Steilabhang. Die hier gezeigten Fotografien sind die ersten, die die Art in ihrem natürlichen Habitat zeigen. *C. joculator* ist das einzige bislang bekannte Mitglied der Gattung, bei der das Männchen den hinteren Teil der Rücken- und Analflossen etwas mehr verlängert hat als das Weibchen.

Centropyge multicolor RANDALL und WASS, 1974
Bunter Herzogfisch

Zum erstenmal sah ich diese wunderschöne Art im Juni 1974 während eines 50-m-Tauchganges am Außenriff des Enewetak-Atolls im Marshall-Archipel. Sofort erkannte ich sie als eine neue *Centropyge*-Art, und mein Herz hüpfte vor Begeisteung. Doch konnte ich den Fisch nicht fangen, weil mein beschränkter Luftvorrat beinahe verbraucht war. Am nächsten Tag kehrte ich sofort dorthin zurück und fing ein prachtvolles Exemplar mit Hilfe eines Betäubungsstoffes (Quinaldine). Seit langer Zeit war es schon mein Ehrgeiz, entweder einen neuen Falterfisch oder aber einen Kaiserfisch zu fangen und zu beschreiben. Jetzt endlich war mir dieser Traum erfüllt worden . . . so dachte ich wenigstens. Plötzlich jedoch fiel mir eine Bemerkung von Dr. John Randall ein, nach der er nur einige Monate früher eine spektakuläre neue *Centropygen*-Art beim Majuro-Atoll, ebenfalls im Marshall-Archipel, gefangen hatte. Ich beschloß, dieses Problem sofort zu lösen und telefonierte mit Dr. Randall in Hawaii über den lokalen H.A.M.-Funk. Als er abnahm, beschrieb ich schnell die Farben des Fisches, und er versicherte mir, daß es sich tatsächlich um die gleiche Art handelte. Somit verlor ich meine neue Art innerhalb von nur drei Monaten.

Dr. Randall hatte vier Exemplare bei Majuro im April 1974 gesammelt. Es ist erstaunlich, wie über viele Jahrhunderte hinweg eine Fischart unentdeckt bleibt und dann innerhalb der kurzen Spanne von wenigen Monaten von verschiedenen Leuten, die unabhängig voneinander arbeiten, aufgefunden wird. Durch ein seltsames Zusammentreffen war dieser Fisch noch 2½ Monate vor Dr. Randall von einem Dritten, dem Aquarienfischfänger Clemens Classen, bei Tahiti gefangen worden.
Sowohl Classen als auch ich übergaben diesen Fisch Dr. Randall, der ihn schließlich in Zusammenarbeit mit Dr. Richard Wass beschrieb. Die Art ist ausschließlich von den Marshall-Inseln und den Gesellschaftsinseln bekannt, doch weitere Fänge in tieferem Wasser werden womöglich zeigen, daß sie auch an anderen Orten im zentralen Westpazifik vorkommt. Die sechs Exemplare, auf denen die Beschreibung von Dr. Randall und Wass basiert, wurden an sehr steilen, beinahe vertikalen Außenriffs in Tiefen zwischen 20 und 54 m gefangen. Noch ist die Art im Zierfischhandel fast unbekannt. Die Maximallänge beträgt ungefähr 9 cm.

374.
Centropyge multicolor
Ausgewachsen.
UW-Aufnahme,
Marshall-Inseln.
Foto: Nate Bartlett.

Centropyge nigriocellus — WOODS und SCHULTZ, 1953
Dreiaugen-Herzogfisch

Die ursprüngliche Beschreibung dieser Art basierte nur auf einem einzigen Exemplar, das bei der Johnston-Insel durch Dr. Leonard Schultz 1946 gefangen worden war. In jüngerer Zeit wurde sie auch von Dr. John Randall bei der Fanning-Insel in der Line-Gruppe gesammelt. Weitere Fundorte sind bis jetzt nicht bekannt. Die Johnston-Insel liegt im zentralpazifischen Ozean, ungefähr 900 km südlich des hawaiianischen Archipels, die Fanning-Insel liegt wiederum ungefähr 1900 km südöstlich von Johnston. Weitere Fänge im zentralen Westpazifik werden vermutlich ihr bislang bekanntes Verbreitungsgebiet erweitern. Das von dieser Art bevorzugte Habitat besteht aus toten Korallen und Geröllgrund in Tiefen zwischen vier und 15 m. Auch diese Art wartet noch darauf, dem Zierfischhandel zugeführt zu werden. Die Maximallänge beträgt ungefähr 6 cm.

375.
Centropyge nigriocellus
SL 38 mm; TL 50 mm.
Das Exemplar stammt von der Fanning-Insel, südlich von Hawaii im Zentral-Pazifik.
Foto: Randall.

Centropyge potteri JORDAN und METZ, 1912
Potters Herzogfisch, Rosetten-Herzogfisch

Diese Art von Herzogfisch kommt nur bei den hawaiianischen Inseln vor. Man findet sie im gesamten Archipel unterhalb von ungefähr 10 m Tiefe auf Felsen-, Korallen- und Geröllgrund. Wie auch die anderen Mitglieder der Gattung leben sie normalerweise einzeln und bleiben immer in der Nähe ihres Unterschlupfes. Typisch ist, daß die Fische von einer Felsspalte zur anderen „springen", wobei sie sich nur einen kurzen Moment im offenen Wasser zeigen. Dieser Fisch ist im Aquarium attraktiver als in seinem natürlichen Habitat. Der Grund dafür liegt darin, daß sich die leuchtend rote Farbe in größeren Tiefen, wo der Fisch normalerweise lebt, nicht bemerkbar machen kann. Die roten Stellen erscheinen dort unten eher braun oder graugrün. Kleinere Jungtiere (ungefähr 25 bis 30 mm groß) treten im Spätfrühling und Sommer auf. Zu dieser Zeit kann man sie recht leicht fangen, z.B. mit einem Netz in Felsengegenden, wie die Waimea Bay an der Nordküste der Insel Oahu. Es ist nicht ungewöhnlich, wenn man diese Jungtiere in Tiefen von nur fünf bis 10 m zu Gesicht bekommt. Erwachsene Tiere sind an den meisten Küsten ebenfalls zahlreich, doch ist es recht schwierig, sie zu fangen, wenn sie sich im dichten Korallendschungel aufhalten. Die Mehrzahl der Aquarienexemplare werden in Felsenriffen, auf Geröllgrund oder aus Felsspalten heraus gefangen. Die Art wird recht häufig dem Export zugeführt und ist bei den Aquarianern sehr beliebt. Die Fische akklimatisieren sich schnell an das Leben in der Gefangenschaft und akzeptieren trockenes, gefrorenes oder lebendes Futter. Man kann sie auch beobachten, wie sie Algen abgrasen, die vielleicht auf den Wänden des Aquariums wachsen. Die Maximallänge beträgt ungefähr 10 cm.

376 ▲

377 ▼

378 ▼

376.
Centropyge potteri
Ausgewachsen.
Aquariumaufnahme.
Foto: Nieuwenhuizen.

377.
Centropyge potteri
8 cm.
Aquariumaufnahme.
Foto: Norman.

378.
Centropyge potteri
Ausgewachsen.
UW-Aufnahme Rabbit-Insel, Oahu, Hawaii,
8 m Tiefe.
Foto: Randall.

Centropyge resplendens LUBBOCK und SANKEY, 1975
Saphir-Herzogfisch

379 ▲

380 ▼

381 ▼

Erst kürzlich wurde diese Art auf Grund von 3 Exemplaren beschrieben, die bei Ascension im Jahre 1974 gefangen worden waren. Ascension ist ein isolierter Außenposten im mittleren Atlantischen Ozean, ungefähr auf halbem Wege zwischen Südamerika und Afrika. Der Saphir-Herzogfisch ist eng verwandt mit den beiden anderen Arten von *Centropyge*, die im tropischen Atlantik beheimatet sind, *C. argi* und *C. aurantonotus*. Wie auch bei den anderen Mitgliedern der Gattung unterscheiden sich diese Arten hauptsächlich im Hinblick auf das Farbmuster. Alle drei Arten besitzen einen blauen Körper, doch beim *C. argi* sind nur der Kopf und die Brust gelb (oder orange), wohingegen beim *C. aurantonotus* der Kopf orange, die Schwanzflosse und der Rückenrand des Schwanzstieles dunkelblau sind. Beim *C. resplendens* weist das Farbmuster eine bemerkenswerte Ähnlichkeit mit dem der Demoisellen *Glyphidodontops starcki* (Allen) aus dem westlichen Pazifik auf. Diese Art von Ähnlichkeit in der Morphologie oder dem Farbmuster zwischen zwei nicht verwandten Gruppen bezeichnet der Biologe als *Konvergenz*, und man findet sie sowohl im Tier- als auch im Pflanzenreich. Der Lebensraum von *C. resplendens* besteht aus Felsen- und Schottergrund, der in Tiefen zwischen 15 und wenigstens 40 m liegt. Die Verbreitung scheint sich ganz auf das winzige Ascension zu beschränken, wo sie allerdings recht häufig auftritt. Nur sehr wenige Tiere sind bislang nach Europa exportiert worden, doch scheint die Art für den Aquarianer gut geeignet zu sein. Die Maximallänge beträgt ungefähr 6 cm. In den Aquarien eines New Yorker Zoofachhändlers hat die Art schon abgelaicht. Die Eier konnten jedoch nicht zum Schlüpfen gebracht werden. ♂ und ♀ weisen geringe Farbunterschiede auf. Die Analflosse beim ♂ ist mehr gelb, die beim ♀ fast gänzlich blau gefärbt.

379.
Centropyge resplendens
Jungtier, 3 cm.
Aquariumaufnahme.
Wahrscheinlich handelt es sich um ein Weibchen.
Foto: Norman.

380.
Centropyge resplendens
Pärchen.
Aquariumaufnahme.
Oben ♂, unten ♀.
Länge ca. 5,5 cm.
Foto: Norman.

381.
Centropyge resplendens
Schwarm einiger ausgewachsener Tiere.
UW-Aufnahme
Ascension-Insel, Atlantik, 20 m Tiefe.
Foto: Lubbock.

Centropyge species RANDALL und YASUDA, ms*
Shepards Herzogfisch, Guam-Herzogfisch

Die Art wurde erst 1978 in den Korallenriffen der Marianen- und Ogasawara- (Bonin-) Inseln im Pazifischen Ozean entdeckt. Sie wird wahrscheinlich 1979 von Dr. John Randall und Dr. Fujio Yasuda beschrieben werden, wobei diese beabsichtigen, die Art nach ihrem ersten Entdecker, John Shepard, zu benennen.

Die Art sieht dem weit verbreiteten *Centropyge bispinosus* sehr ähnlich, besonders was das Farbmuster, die proportionale Größe und die Anzahl der Flossenstrahlen anbelangen. Sie unterscheidet sich jedoch gewöhnlich durch 17 anstelle von 16 Brustflossenstrahlen, eine nur wenig gerundete anstelle einer stark gerundeten Schwanzflosse und etwas schwächer gefärbte Rücken-, After- und Schwanzflossen. Außerdem fehlen bei ihr die bläuliche Farbe über dem Kopf und auch der blaugesäumte, orangerote Fleck am Stiel der Brustflosse, beides typische Merkmale bei *C. bispinosus.*

Shepards Herzogfisch wurde in einer Tiefe, die von 10 bis 56 m reichte, beobachtet, wo er einzeln oder in kleinen Gruppen vorkommt. Die Nahrung besteht hauptsächlich aus benthischen Algen.

Nach Randall und Yasuda gibt es Beweise einer Geschlechtsumwandlung bei dieser Art. Beim Männchen, das einige kleinere Weibchen beherrscht, zeigt sich ein ausgeprägtes Territorialverhalten. Diesen haremsartigen sozialen Aufbau gibt es auch bei einigen anderen Centropygen. Die Maximallänge beträgt ca. 12 cm.

382 ▲

383 ▼

382.
Centropyge species
Diese neue, zur Zeit der Drucklegung des Buches noch nicht einmal veröffentlichte Art fotografierte Dr. Randall in 22 m Tiefe. Das Tier hat eine Länge von 7,5 cm.
Foto: Randall.

383.
Centropyge species
Jungtier, 2,5 cm TL.
Guam, eine Insel der Marianen-Gruppe, ca. 2000 km östlich von Manila, Philippinen. Guam ist US-Protektorat.
Foto: Randall.

* ms = Manuskript. Dieses soll Mitte 1979 veröffentlicht werden. Autor und Herausgeber verdanken es Dr. Randall, daß diese Art bereits jetzt in diesem Buch abgebildet werden konnte.

Gattung: *Chaetodontoplus* — Samtkaiserfische

Chaetodontoplus caeruleopunctatus YASUDA und TOMINAGA, 1976
Kristall-Kaiserfisch

Diese nahezu unbekannte Art ist auf Grund eines einzigen Exemplars beschrieben worden, das eine Standardlänge von 77 mm besaß (vom Maul bis zur Schwanzwurzel). Es wurde als Aquariumfisch von den Philippinen importiert. Die Art unterscheidet sich von den anderen Mitgliedern der *Chaetodontoplus* durch ihr auffallendes Farbenmuster, das aus zahlreichen kleinen blauen Flecken auf dunklem Grund besteht. Diese Art scheint auf den philippinischen Archipel beschränkt zu sein. Die Maximallänge beträgt 14 cm. Inzwischen ist ebenfalls ein Exemplar nach Deutschland gelangt und wurde zufälligerweise von Dr. Klausewitz gesehen und für das Aquarium im Senckenberg-Museum gekauft. Das Jungtier von ca. 10 cm Länge läßt sich leicht pflegen.

384. *Chaetodontoplus caeroleopunctatus* Halbausgewachsen, 10 cm. Aquariumaufnahme im Senckenberg-Institut, Frankfurt. Foto: Debelius.

385. *Chaetodontoplus caeroleopunctatus* Ausgewachsen. Fotobecken-Aufnahme auf der Insel Cebu, Philippinen. Foto: Lubbock.

384 ▲ 385 ▼

Chaetodontoplus chrysocephalus BLEEKER, 1854
Brauner Kaiserfisch

Die Art war über viele Jahre nur von einem einzigen Tier bekannt, das vor ungefähr 130 Jahren bei Java im Indonesischen Archipel gefangen worden war. Es ist bis heute wenig über die Art geschrieben worden, da nur eine kleine Anzahl Tiere gefangen wurde. Die meisten von ihnen kamen aus Japan. Shen und Lim (1974) haben irrtümlich ein bei Taiwan gefangenes Tier als eine neue Art beschrieben, *Chaetodontoplus cephalareticulatus.* Erst kürzlich haben Yasuda und Tominaga aus Japan ein Manuskript vorbereitet, das vorschlägt, daß das Farbmuster von *chrysocephalus* nur eine Varietät von *C. septentrionalis* ist. Es ist auffallend, daß noch nie kleine Jungtiere von *chrysocephalus* gefunden wurden. Die meisten Tiere waren länger als 100 mm Standardlänge, wobei das kleinste Exemplar, das jemals gemessen wurde, 89 mm Standardlänge hatte. Offenbar erreichen die Tiere eine Länge von maximal 22 cm.
Das Verbreitungsgebiet erstreckt sich vom südlichen Japan zum Indonesischen Archipel, was annähernd auch für *C. septentrionalis* zutrifft.

386.
Chaetodontoplus chrysocephalus
Das einzige Exemplar, das in einer Länge von unter 100 mm jemals abgebildet wurde. Das Tier stammt von Taiwan. SL = 89,2 mm.
Foto: Shen.

387.
Chaetodontoplus chrysocephalus
SL 169 mm;
TL 200 mm.
Das Tier stammt vom Südwesten der Insel Shikoku, südliches Japan.
Foto: Randall.

386 ▲ 387 ▼

Chaetodontoplus septentrionalis (TEMMINCK und SCHLEGEL, 1844)
Blaustreifen-Kaiserfisch

Diese wunderhübsche Art ist leicht an den kräftig blauen Streifen auf orange-braunem Grund zu erkennen, die Jungtiere sind jedoch meistens schwarz mit einer gelben Binde am Hinterkopf und haben eine gelbe Schwanzflosse. Die typischen blauen Streifen beginnen sich bei einer Standardlänge von ungefähr 25–30 mm zu entwickeln. Gelegentlich gibt es auch Tiere, die ein Muster von wellenartigen, horizontalen blauen Linien an Kopf, Brust und Rücken zeigen, sonst aber bräunlich mit gelben Schwanz- und Brustflossen sind. Es wurde im Text bei *C. chrysocephalus* erwähnt, daß diese beiden eine Art sein könnten. Es ist möglich, daß das Farbmuster von *septentrionalis* halberwachsene und erwachsene Weibchen darstellt, während die Männchen nach und nach zum Muster von *chrysocephalus* wechseln. Um eine Bestätigung dieser Möglichkeit zu geben, wird es zuerst notwendig sein, die Keimdrüsen von mehreren Exemplaren beider Arten zu untersuchen. Es ist auch denkbar, daß die Farbumwandlung von der *septentrionalis*- zur *chrysocephalus*-Phase durch Beobachtungen im Aquarium bestätigt werden könnte.
Der geographische Bereich erstreckt sich von Mitteljapan zu den Ryukyu-Inseln, Taiwan und Hongkong. Es ist keine seltene Art in Gebieten mit Korallenriffen, wo sie in Tiefen von 5–15 Metern als Einzelgänger anzutreffen ist. *C. septentrionalis* ist ein bekannter Aquariumfisch. Sobald die ersten Fütterungsschwierigkeiten überwunden sind, hält er sich gut in Gefangenschaft. Die Maximallänge beträgt ungefähr 20 cm.

389 ▲ 390 ▼

389.
Chaetodontoplus septentrionalis
Jungtier, 4,5 cm.
Aquariumaufnahme.
Foto: Shen.

390.
Chaetodontoplus septentrionalis
9 cm.
Aquariumaufnahme.
Foto: Norman.

391.
Chaetodontoplus septentrionalis
Ausgewachsen, 18 cm.
Aquariumaufnahme.
Foto: Friese.

391 ▼

Gattung: *Genicanthus* — Lyrakaiserfische

Genicanthus bellus — RANDALL, 1975
Pracht-Lyrakaiserfisch

Diese Art ist vermutlich von allen *Genicanthus* Kaiserfischen diejenige, die die großartigsten Markierungen trägt. Im Gegensatz zu den anderen Mitgliedern der Gattung besitzen sowohl die männlichen als auch die weiblichen Tiere ein auffallendes Farbmuster. Die Art hat außerdem eine sehr ungewöhnliche geographische Verbreitung. Sie ist lediglich bekannt von Tahiti im Pazifischen Ozean und von den Kokos-Keeling-Inseln im östlichen Indischen Ozean. Es könnte sein, daß sie auch an verschiedenen dazwischen liegenden Orten vorkommt, doch bislang ist sie den Fängern wegen der Tiefe, in der sie normalerweise vorkommt, nicht ins Netz gegangen. Nur eine geringe Anzahl von Exemplaren ist bislang gefangen worden. Alle stammen vom Außenriff, von Steilabfällen mit Tiefen von 50 und 75 m. Im allgemeinen kommt sie in Schwärmen vor, die sich fünf bis sechs Meter vom Abhang entfernt aufhalten. Doch ziehen sie sich sehr schnell in den Schutz des Riffes zurück, wenn sich ein Taucher nähert. Die Art ist im Zierfischhandel völlig unbekannt, mit Ausnahme einiger seltener Importe aus Tahiti. Die Preise für diese Fische liegen sehr hoch. Im Aquarium gilt die Art als gut haltbar. Die Maximallänge beträgt etwa 17 cm.

392.
Genicanthus bellus ♀
Kokos-Keeling-Insel.
Foto: Smith-Vaniz und Colin.

393.
Genicanthus bellus
Ausgewachsenes ♂.
Kokos-Keeling-Insel.
Foto: Smith-Vaniz und Colin.

394.
Genicanthus bellus ♀.
SL 97 mm; TL 14 cm.
Von Tahiti. Foto: Randall.

395.
Genicanthus bellus
Holotype, ♂.
SL 102 mm; TL 185 mm.
Von Tahiti, 70 m Tiefe.
Foto: Randall.

392 ▼

393 ▼

394 ▼

395 ▼

Genicanthus caudovittatus (GÜNTHER, 1860)
Rotmeer-Lyrakaiserfisch

396 ▲

397 ▼

398 ▼

Der Rotmeer-Lyrakaiserfisch ähnelt in seiner äußeren Erscheinung *G. melanospilos* (s. Bd. 1) aus dem westlichen Pazifik. Das Männchen von *caudovittatus* besitzt jedoch eine größere Anzahl von Streifen auf den Seiten und ebenso auch eine breite schwärzliche Fläche, die einen großen Teil der Rückenflosse bedeckt. Die Weibchen beider Arten haben eine größere Ähnlichkeit miteinander, doch dasjenige von *caudovittatus* läßt sich durch das Vorhandensein eines dunklen Streifens über dem Auge deutlich unterscheiden. Die Art kommt sowohl im Roten Meer als auch bei Mauritius und entlang der ostafrikanischen Küste vor. In der letzteren Region scheint sie sehr selten zu sein, denn man hat sie bislang nur bei Malindi, Kenia und Pinda, Mozambique, gesehen. Das geringe Fangergebnis dieser ostafrikanischen Art ist wahrscheinlich darauf zurückzuführen, daß der Fischfang in tiefen Riffen dort fehlt. Im Roten Meer ist sie relativ häufig im Golf von Aqaba in Tiefen zwischen 25 und 50 m. Man sieht zumeist ein einziges Männchen zusammen mit mehreren Weibchen und findet sie gewöhnlich an den Steilabfällen, wobei besonders die Männchen selbst aus größerer Entfernung sofort ins Auge fallen. Schwärme dieser Fische schwimmen mehrere Meter über dem Boden auf Suche nach planktonischer Nahrung. Jüngere Weibchen sind relativ robust und gelten daher als gute Aquarienfische. Die Länge beträgt bis 20 cm.

396.
Genicanthus caudovittatus
Ausgewachsenes ♀, ca. 12 cm Länge. Golf von Aqaba, Rotes Meer. UW-Aufnahme, 12 m Tiefe.
Foto: Debelius.

397.
Diese sehr seltene Unterwasseraufnahme zeigt ein Tier beim Geschlechtswechsel: Ein ♀ wandelt sich innerhalb weniger Wochen zu einem ♂ um. Golf von Aqaba, Rotes Meer, 12 m Tiefe.
Foto: Debelius.

398.
Genicanthus caudovittatus
Ausgefärbtes ♂. UW-Aufnahme Rotes Meer, 20 m Tiefe.
Foto: Rödiger.

Genicanthus caudovittatus im Riff

399.
Eine kleine Schule von mehreren *Genicanthus caudovittatus*. Golf von Aqaba.
Foto: Debelius.

399 ▲

400 ▼

400.
Das UW-Foto zeigt ein balzendes Pärchen *Genicanthus caudovittatus. Deutlich kann man das wesentlich größere ♂ und das kleinere ♀ erkennen.
Foto: Debelius.*

Genicanthus personatus RANDALL, 1975

Masken-Lyrakaiserfisch

401 ▲ 402 ▼

401.
Genicanthus personatus
♀ SL 93 mm;
TL 115 mm.
Aufnahme von Oahu, Hawaii, 25 m Tiefe.
Foto: Randall.

402.
Genicanthus personatus
♂ SL 155 mm;
TL 226 mm.
Hawaii-Inseln.
Foto: Randall

Diese Art ist zunächst auf Grund von vier weiblichen Exemplaren beschrieben worden, welche vor der Insel von Hawaii und Oahu durch Aquarienfischfänger in den Jahren 1972 und 1973 gefangen wurden. In seiner Beschreibung wies Randall darauf hin, daß das Männchen (zu dieser Zeit noch nicht bekannt) vom Weibchen unterschiedlich sein müßte und daß es wahrscheinlich durch eine Reihe von dunklen Streifen auf der Seite charakterisiert würde. Schließlich fing man im Oktober 1975 zwei Männchen mit Hilfe eines Bodenschleppnetzes des Forschungsschiffes „Townsend Cromwell" nahe der Nihoa-Insel (Leeward-Hawaii-Insel). Dr. Randalls Voraussage traf nur zur Hälfte zu. Tatsächlich war das Männchen verschieden, doch ihm fehlten vollständig die Streifen. Stattdessen waren Kopf und Flossen mit einem wunderschönen gelb-orangefarbenen Rand versehen. Die Art ist nur von den hawaiianischen Inseln bekannt und scheint sehr selten zu sein. Ihr normales Habitat liegt wahrscheinlich unterhalb der Tiefen, zu denen Taucher Zugang haben. Die acht bekannten Exemplare, über die Randall (1975) und Randall und Struhsaker (1976) berichteten, wurden in Tiefen zwischen 23 und 84 m gefangen. Randall und Struhsaker (1976) berichteten, daß der Magen des einen Männchens mit der grünen Alge *Codium* wie auch mit einigen Garnelenlarven und Fischeiern gefüllt war. Offensichtlich ist diese Art kein geeigneter Aquarienfisch. Ein Exemplar konnte zwei Monate lang in einem Aquarium am Leben gehalten werden, doch verweigerte es bis zum Schluß jede Nahrungsaufnahme. Die Maximallänge beträgt ungefähr 21 cm.

Genicanthus semifasciatus (KAMOHARA, 1934)
Japan-Lyrakaiserfisch

Diese Art ist ein Bewohner der Gewässer Südjapans, der Ryukyu-Inseln, Taiwans und der nördlichen Philippinen. Um Japan kommt sie nur selten vor, mit Ausnahme bei der Izu-Insel, wo sie Felsenregionen bewohnt. Die Tiefe, in der sie normalerweise lebt, reicht von 15 bis wenigstens 100 m. Das unterschiedlich gefärbte Weibchen wurde zunächst von Yasuda und Tominaga als eine separate Spezies *Holacanthus fuscosus* auf Grund eines einzelnen Exemplars von der Miyake-Insel (ungefähr 170 km südlich von Tokio) beschrieben. Obgleich es offensichtlich bislang keine publizierte Beobachtung von der Existenz beider Farbformen an einem Ort gibt, folgerte Randall 1975, daß *fuscosus* wahrscheinlich das Weibchen von *semifasciatus* ist. Diese Meinung ist schließlich von Shen und Liu (1976) unterstützt worden, welche den Vorgang einer Umwandlung vom Weibchen zum Männchen bei einem Aquariumexemplar beschrieben. Diese Geschlechtsumwandlung geht im allgemeinen bei einer Standardlänge von 80 bis 110 mm vonstatten. Kleinere Fische (unter einer Standardlänge von 80 mm), welche die *fuscosus* Farbphase aufweisen, sind Weibchen oder unreife Tiere. Es existieren kaum Angaben für die Aquariumhaltung; danach soll die Art recht ausdauernd und mit den üblichen Futtermitteln wie Frostfutter, gefriergetrocknete Shrimps, Mysis etc. zu ernähren sein. Die Maximallänge beträgt 20 cm.

403 ▲ 404 ▼

405 ▼

403. *Genicanthus semifasciatus*, ♀ (Wurde früher als *G. fuscosus* bezeichnet). UW-Aufnahme, südliches Japan. Foto: Yasuda.

404. *Genicanthus semifasciatus* Das Tier zeigt sich in den Farben während der Geschlechtsumwandlung von ♀ zum ♂. Deutlich sieht man noch die Kopfbinde des ♀ während diese beim Tier auf der nächsten Aufnahme gänzlich verschwunden ist. Foto: Norman.

405. *Genicanthus semifasciatus* *♂, SL 105 mm. Ein Tier von Taiwan. Foto: Shen.*

Genicanthus spinus RANDALL, 1975
Pitcairn-Lyrakaiserfisch

406 ▲ 407 ▼

Diese Spezies wurde zum erstenmal zu Beginn des Jahres 1975 von Dr. John Randall während eines durch die National Geographic Society finanzierten Besuchs der entlegenen Pitcairn-Insel gesammelt. Die Art ist sehr eng verwandt mit *G. semicinctus* (siehe Band 1) von der Lord-Howe-Insel, doch unterscheidet sie sich von dieser im Hinblick auf die Farbgebung (sowohl beim Männchen als auch beim Weibchen). Die Mehrzahl der bekannten Exemplare stammen von Pitcairn, doch konnte Randall sie auch bei Raivavae und Rurutu in den Austral-Inseln und auch am Ducie-Atoll (Pitcairn-Gruppe) beobachten. Das letztgenannte Atoll ist das östlichste und südlichste in Ozeanien (24°40′S, 124°47′W). *G. spinus* bewohnt Felsen und Korallenriffe in Tiefen von ungefähr 30 bis wenigstens 60 m. Gemeinhin bildet die Art Schwärme, welche sich hoch über dem Boden aufhalten. Ihre Nahrung besteht zum größten Teil aus tierischem Plankton, obwohl möglicherweise auch am Boden lebende Organismen verspeist werden. Importe für den Zierfischhandel sind nicht bekannt. Die Maximallänge beträgt ungefähr 35 cm (einschließlich der langen Schwanzfäden).

406.
Genicanthus spinus
♀, SL 165 mm;
TL 250 mm. Pitcairn.
Foto: Randall.

407.
Genicanthus spinus
♂, SL 206 mm;
TL 370 mm. Pitcairn.
Foto: Randall.

Gattung
Holacanthus

Engelfische

408.
Holacanthus tricolor
Foto: Allen.

Holacanthus africanus CADENAT, 1950
Ghana-Engelfisch

409 ▲ 410 ▼

411 ▼

Verbreitet ist diese Art entlang der tropischen Küste Westafrikas zwischen dem Senegal und dem Kongo. Nur mäßig häufig kommt sie bei Ghana vor, wo sie gewöhnlich in der Nähe von Felsen angetroffen wird. Ihre Tiefenverbreitung ist relativ groß, sie reicht von ungefähr ein bis zwei Meter Tiefe hinunter bis zu wenigstens 40 m. Wie viele andere Engelfische macht auch diese Art eine dramatische Farbveränderung durch, welche an das Wachstum gebunden ist. Die Jugendform besitzt einen leuchtend orangefarbenen Schwanz und die Rückenflosse ist mit einem orangefarbenen Rand gesäumt. Hinzu kommt ein auffallendes, weißes Band quer über die Mitte des Körpers. Diese Markierungen verschwinden nach und nach mit dem Größerwerden, wobei dann das Muster der erwachsenen Tiere vergleichsweise farblos wirkt. Nur sehr wenige Meeresfische werden für den Zierfischhandel von der westafrikanischen Region importiert, und so ist auch dieser Engelfisch nur selten in Gefangenschaft zu sehen. Die Maximallänge beträgt ungefähr 45 cm.

409.
Holacanthus africanus
Jungtier von der Ghana-Küste.
Foto: Lubbock.

410.
Holacanthus africanus
Jungtier, 50 mm SL.
Ghana.
Foto: Lubbock.

411.
Holacanthus africanus
Halberwachsen, 11 cm.
UW-Aufnahme,
Kapverdische Inseln.
Foto: Debelius.

412.
Holacanthus africanus
Fast ausgewachsen,
15 cm. UW-Aufnahme,
Kapverdische Inseln.
Foto: Debelius.

412 ▲

413 ▼

413.
Holacanthus africanus
Ausgewachsen, 22 cm.
Kapverdische Inseln.
Foto: Debelius.

Holacanthus bermudensis JORDAN und RUTTER, 1898
Bermuda-Engelfisch, Blauer Engelfisch

Diese Art steht in sehr enger Verwandschaft mit dem Königin-Engelfisch *(H. ciliaris)*, wobei sich die beiden Arten vor allem hinsichtlich des Farbmusters unterscheiden. *H. bermudensis* ist verbreitet im Golf von Mexiko, vor der Küste Südfloridas, den Bermudas und den Bahamas. Der Tiefenbereich ihres Vorkommens erstreckt sich von sehr flachem Wasser bis wenigstens 60 m. Nicht selten kommt es zu Kreuzungen zwischen dieser Art und dem Königin-Engelfisch *(H. ciliaris)*. Die Beschreibung von *Holacanthus townsendi* basierte auf dieser Kreuzung. Kleinere Jungtiere des Blauen Engelfisches halten sich gut im Aquarium, wenn sie einmal Nahrung aufgenommen haben. Die Maximallänge beträgt ungefähr 45 cm. Sonstige Angaben siehe *H. ciliaris*, S. 288.

414 ▲ 415 ▼

Holacanthus bermudensis

414.
Holacanthus bermudensis
Jungtier, 5,5 cm.
Aquariumaufnahme.
Foto: Norman.

415.
Holacanthus bermudensis
Fast ausgewachsen, 22 cm.
Aquariumaufnahme.
Foto: Norman.

416.
Holacanthus bermudensis
In Übergangsfärbung bei ca. 10 cm Länge.
Aquariumaufnahme.
Foto: Nieuwenhuizen.

Holacanthus ciliaris (LINNAEUS, 1758)
Königin-Engelfisch, Blaustirn-Kaiserfisch

417 ▲

418 ▼

Der wunderschöne Königin-Engelfisch ist den Tauchern und Aquarianern in Europa und den Vereinigten Staaten wohlbekannt. Er ist ein Bewohner der westatlantischen Korallenriffe. Seine Verbreitung reicht von Brasilien in Richtung Norden bis Florida und den Bahamas, einschließlich des Golfs von Mexiko. Gewöhnlich trifft man ihn allein oder in Paaren im flachen Wasser bis hinunter zu 70 m Tiefe. Randall (1967) untersuchte den Mageninhalt von 26 Exemplaren und berichtete, daß die Art sich fast ausschließlich von Schwämmen ernährt, die mit kleinen Mengen Algen, Tunikaten, Hydroiden und Bryozoen versetzt sind. Es werden Schwämme der verschiedensten Arten verspeist. Randall und Hartmann (1968) stellten im Mageninhalt 40 Schwammarten fest. Diese Arten stimmten beinahe mit der gleichen Anzahl von Gattungen überein. Die Jungtiere picken zuweilen Ektoparasiten von anderen Fischen ab. Die Maximallänge beträgt etwa 45 cm. Die Art gilt als eine der haltbarsten im Aquarium. Kleine Stücke herabfallender Tabletten aus gefriergetrockneten Stoffen werden gern gefressen. Eine Vitaminanreicherung des Futters oder des Wassers ist in regelmäßigen Abständen dringend erforderlich. Zeigen sich erst einmal Löcher und Risse sowie rotunterlaufene Linien und Flecken auf der Kopfpartie, so sind dies Anzeichen einer fortgesetzt unzureichenden Ernährung.

417.
Holacanthus ciliaris
Jungtier, 5 cm.
UW-Aufnahme,
Bahamas.
Foto: Hackmann.

418.
Porträt von
Holacanthus ciliaris.
Aquariumaufnahme.
Foto: Kahl.

419.
Holacanthus ciliaris
Im 2000-Liter-Aquarium von Klaus Jungbluth. Voll ausgewachsenes Tier mit über 30 cm Länge.
Foto: Baensch.

Holacanthus ciliaris

419

Farbvariationen von *Holacanthus ciliaris*

420 ▲

421 ▼

422 ▼

423 ▲

424 ▼

Kreuzung von *Holacanthus ciliaris* x *Holacanthus bermudensis*

420.
Holacanthus ciliaris
Jungtier, 10 cm.
Blaue Phase.
Foto: Norman.

421.
Holacanthus ciliaris
Jungtier. Gelbe Phase.
Foto: Friese.

422.
Holacanthus ciliaris
Jungtier, 8 cm.
Grüne Phase.
Foto: Norman.

423.
Holacanthus ciliaris
Ausgewachsen. Gelbe Phase. UW-Aufnahme, Bahama-Inseln.
Foto: Yanowitz.

424.
Holacanthus ciliaris
Ausgewachsen, 38 cm Länge. Grüne Phase. UW-Aufnahme Rose Island (bei New Providence, Bahamas), 2 m Tiefe.
Foto: Baensch.

425 ▲ 426 ▼

425.
Holacanthus ciliaris x *Holacanthus bermudensis*
Jungtier, 8,5 cm.
Aquariumaufnahme.
Foto: Norman.

426.
Holacanthus ciliaris x *Holacanthus bermudensis*
Halberwachsen, ca. 18 cm.
Aquariumaufnahme.
Taronga Zoo, Sydney.
Foto: Friese.

Holacanthus clarionensis GILBERT, 1890
Orangen-Engelfisch

427 ▲ 428 ▼

Der Orangen-Engelfisch ist im östlichen tropischen Pazifik beheimatet, wo er aber offensichtlich eine relativ beschränkte Verbreitung hat. Hauptsächlich ist er von verschiedenen Inseln und Inselgruppen bekannt, welche weit vor der Küste Mexikos liegen. Das Verbreitungsgebiet umfaßt die Clipperton-Insel, die Revillagigedos-Gruppe, einschließlich der nahegelegenen Clarion-Insel. Dort scheint die Art recht häufig zu sein. Man findet sie auch in der Nähe des Cap San Lucas an der Spitze der Baja California, doch ist sie dort recht selten. Die Art ist sehr nahe mit dem „Kaiser von Mexiko", *H. passer,* verwandt. Die Jungtiere dieser beiden Arten sind in der Färbung praktisch identisch. In Europa sieht man diesen Fisch nur selten, in Amerika kann ihn der Hobby-

Aquarianer jedoch recht häufig kaufen. Die Art hält sich gut in Gefangenschaft, doch sollte man sie wegen ihrer aggressiven Natur nur einzeln ins Aquarium setzen. Die Maximallänge beträgt ungefähr 20 cm.

427.
Holacanthus clarionensis
Jungtier, 5 cm.
Aquariumaufnahme.
Foto: Friese.

428.
Holacanthus clarionensis
Halberwachsen.
UW-Aufnahme,
Pazifische Küste von Mexiko.
Foto: Powell.

429.
Holacanthus clarionensis
Ausgewachsen.
Taronga-Aquarium Sydney.
Foto: Friese.

430.
Holacanthus clarionensis
Ein Schwarm dieser prächtigen Tiere in verschiedenen Größen.
UW-Aufnahme.
Foto: Powell.

429 ▲

430 ▼

Holacanthus limbaughi BALDWIN, 1963
Clipperton-Engelfisch

Fänge dieser Art gelangten zum erstenmal während zweier Expeditionen zu der Clipperton-Insel, die von Scripps Institution of Oceanography in den Jahren 1956 und 1958 unternommen wurden. Bislang konnte sie an keinem anderen Ort gefunden werden. Clipperton ist ein entlegenes Korallenatoll, ungefähr 3150 km westlich von Costa Rica im tropischen Ostpazifik. Die 11 Exemplare, auf denen die ursprüngliche Beschreibung beruht, wurden in geringer Entfernung von der Küste durch Sprengstoff, einem Handnetz und Speeren gefangen. Baldwin (1963) berichtete, daß diese Art nahe der Küste in Tiefen von 6–10 m recht häufig vorzukommen scheint, daß ihr Tiefenvorkommen aber auch noch weiter hinabreicht. Die Jungtiere ähneln *H. passer* und *H. clarionensis* hinsichtlich des Farbmusters. Sie besitzen eine Reihe von 7 schmalen vertikalen Streifen am Kopf und am Körper. Die Maximallänge beträgt ungefähr 25 cm.

431.
Zeichnung von *Holacanthus limbaughi*. Leider stand von dieser sehr seltenen Art von der Clipperton-Insel, nördlich von den Galápagos-Inseln, kein Foto zur Verfügung. Zeichnung: Thompson.

Holacanthus passer VALENCIENNES, 1846
Passer-Engelfisch, Kalifornia-Engelfisch, „Kaiser von Mexiko"

Die ursprüngliche Beschreibung dieser Art beruht auf einem Exemplar von den Galápagos-Inseln. Doch heute weiß man, daß sie entlang der Westküste des tropischen Amerika bis hinauf in den Norden des Golfs von Kalifornien verbreitet ist. Im letztgenannten Gebiet findet man sie in felsigen Gegenden mit im allgemeinen sehr klarem Wasser. Im Golf von Kalifornien scheint sie auf den mittleren und südlichen Teil beschränkt zu sein, wo sie in Tiefen von wenigen Metern bis wenigstens 80 m vorkommen. Die leuchtend gefärbten Jungfische sieht man gewöhnlich in dunklen Spalten des Riffes, die sie nur selten verlassen. Die erwachsenen Tiere sind relativ häufig im Golf, doch sind auch sie ständig auf der Hut, so daß man sich ihnen nur mit Schwierigkeiten nähern kann. Junge Exemplare findet man im Golf von Kalifornien vor allem während der Wintermonate, und sie stellen exzellente Aquarienfische dar. Sie sind jedoch ortsgebunden und neigen zu Aggressivität gegenüber ihrer eigenen Art. So ist es zu empfehlen, jeweils nur einen Passer-Engelfisch im Aquarium zu halten. Die natürliche Nahrung dieser Art besteht aus Schwämmen, Tunikaten und anderen benthischen Wirbellosen. Die Maximallänge beträgt ungefähr 25 cm.

432 ▲

433 ▼

432.
Holacanthus passer
Jungtier, 4,5 cm.
UW-Aufnahme,
Baja California.
Foto: Hall.

433.
Holacanthus passer
Ausgewachsen.
UW-Aufnahme,
Baja California.
Die Färbung eines Jungtieres, halbausgewachsen, ist auf dem Foto des Schutzumschlages, oben links, zu sehen.
Foto: Debelius.

Holacanthus tricolor (BLOCH, 1795)
Felsenschönheit, Der dreifarbige Klippfisch

Dies ist derjenige Engelfisch, der in den Korallenriffen des tropischen Westatlantiks am häufigsten zu beobachten ist. Jungtiere sind vornehmlich leuchtend gelb mit einem kleinen, schwarzen, blaugeränderten Fleck auf dem oberen Teil des Rückens. Auf den ersten Blick ähneln sie etwas der Demoisellenart *Eupomacentrus planifrons.* Mit zunehmender Größe dehnt sich der dunkle Fleck allmählich aus, bis zwei Drittel des Hinterteils des Fisches mit einer dunklen Pigmentierung bedeckt ist. Die Art findet man in einer Vielzahl von Habitaten, einschließlich Felsvorsprüngen, Geröllriffen und auch üppig wuchernden Korallengebieten in Tiefen von einem Meter und weniger. Die Jungtiere kommen allerdings auch hinunter bis zu 30 und mehr Metern vor. Bei Mona Island, das auf halbem Wege zwischen Puerto Rico und der Dominikanischen Republik liegt, fand ich erwachsene Tiere gewöhnlich in Tiefen von 5 bis 18 m. Junge Exemplare sind für die Bedingungen im Aquarium gut geeignet und gedeihen in Gefangenschaft. Doch wie die meisten Engelfische neigen auch sie dazu, untereinander Kämpfe auszutragen. Aus diesem Grunde kann man nicht empfehlen, mehr als jeweils ein Exemplar im Gemeinschaftsbecken zu halten. Die natürliche Ernährung besteht zum größten Teil aus Tunikaten, Zoantheren, Algen und Schwämmen. Die Maximallänge beträgt ungefähr 30 cm.

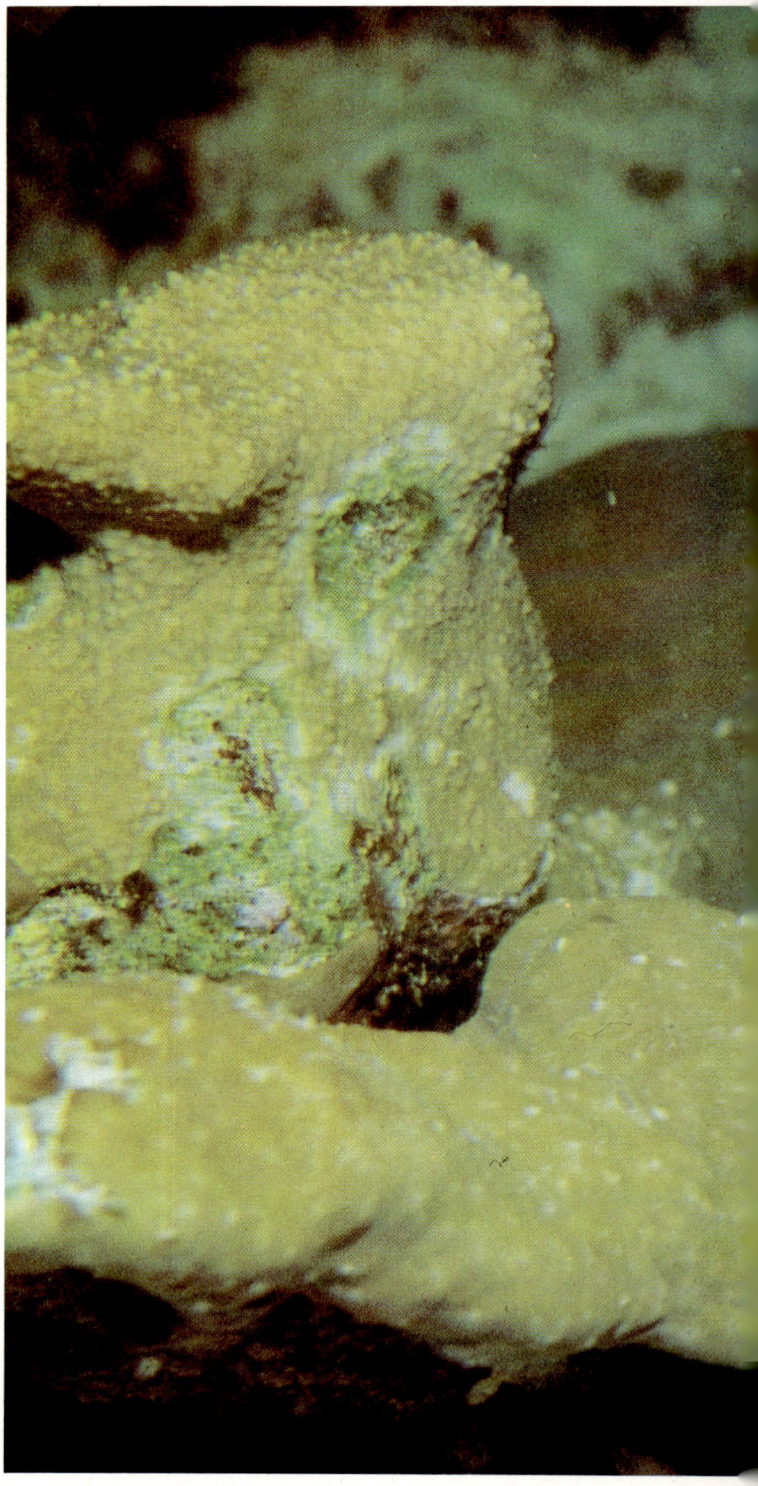

434.
Holacanthus tricolor
Ausgewachsen.
UW-Aufnahme, New Providence, Bahama-Inseln, in 5 m Tiefe.
Foto: Baensch.

Holacanthus tricolor, Jugendform

435 ▲

436 ▲

435.
Holacanthus tricolor
Jungtier, 3 cm.
UW-Aufnahme,
Bahama-Inseln.
Foto: Baensch.

436.
In einem bestimmten Altersstadium sieht die Demoiselle *Stegastes planifrons* dem jungen *H. tricolor* recht ähnlich. UW-Aufnahme, New Providence, Bahama-Inseln, 5 m Tiefe.
Foto: Baensch.

437.
Holacanthus tricolor
6 cm.
Aquariumaufnahme.
Foto: Kahl.

438.
Holacanthus tricolor
10 cm.
Aquariumaufnahme.
Foto: Norman.

437 ▼

438 ▼

Holacanthus venustus YASUDA und TOMINAGA, 1969
Gelbhalsband-Engelfisch

Zum erstenmal entdeckte man diese Art bei Ishigaki Island (Ryukyu-Gruppe) im Jahre 1967, doch Versuche sie zu fangen, waren erfolglos. Erst im Jahre 1969 gelang es, sie bei Oshima (Izu-Insel), ungefähr 100 km südlich von Tokio, zu fangen. Seit dieser Zeit sind zahlreiche weitere Fänge und Beobachtungen zu verzeichnen und zwar in einem Gebiet vom Süden Japans in Richtung Taiwan. Im Jahre 1976 hatte ich die Gelegenheit, diesen wunderschönen Engelfisch in seinem natürlichen Habitat bei der Sesoko-Insel, Okinawa, zu beobachten. Ich sah einige einzelne Tiere am Außenriff in Tiefen zwischen 15 bis 35 m. Es scheint ein scheuer Fisch zu sein, an den man nur schwer herankommt. Offenbar ist die Art auch nur selten im Zierfischhandel zu erhalten, doch würde sie sicherlich eine Bereicherung für jedes Aquarium darstellen. Junge Exemplare ähneln den älteren Tieren im Hinblick auf die Färbung. Die Maximallänge beträgt ungefähr 10 cm.

439 ▲

439.
Holacanthus venustus
SL 86 mm; TL 11 cm.
Das Tier wurde bei der Sesoko-Insel, Okinawa, Japan, aufgenommen.
Die Art ähnelt im Jugendstadium sehr der Gattung *Centropyge*.
Foto: Randall.

440 ▼

440.
Holacanthus venustus
Ausgewachsen, 15 cm.
UW-Aufnahme, südliches Japan.
Foto: Yasuda.

Gattung: *Pomacanthus* — Eigentliche Kaiserfische

Pomacanthus arcuatus (LINNAEUS, 1758)
Großflossen-Kaiserfisch, Grauer Kaiserfisch

441.
Pomacanthus arcuatus
Jungtier, 6 cm.
Aquariumaufnahme.
Foto: Norman.

441 ▲ 442 ▼

Der Großflossen-Kaiserfisch ist ein Bewohner des tropischen Westatlantiks und sein Verbreitungsgebiet reicht von Rio de Janeiro in Richtung Norden bis Florida, doch findet man ihn gelegentlich auch an der Küste Neu-Englands. Er ist relativ häufig in Gebieten mit Korallenbewuchs. Man sieht ihn gewöhnlich allein, manchmal in Paaren, in Tiefen von nur wenigen Metern bis wenigstens 30 m. Erwachsene Tiere werden relativ groß, wodurch sie einen sofort auffallenden Teil der Riff-Fauna darstellen. Der Fisch zeigt normalerweise gegenüber den Tauchern keine Furcht, und man kann sehr nahe an ihn herankommen. Randall (1967) untersuchte den Mageninhalt von 34 Exemplaren. Er berichtete, daß die Hauptnahrung aus Schwämmen besteht, doch werden in geringerem Maße auch Tunikaten, Algen, Zoantheren, Gorgonien, Hydroiden, Bryozoen und Seegräser verspeist. Die erwachsenen Tiere sind für das durchschnittliche Aquarium daheim zu groß, die farbenfrohen jungen Tiere dagegen machen sich als „Heimtiere" sehr gut. Die Länge beträgt ungefähr 50 cm. In der Karibik wird die Art als Speisefisch geschätzt. Sobald die Jungtiere umgefärbt sind und eine Länge von 10–15 cm erreicht haben, sind sie im Aquarium jahrelang ausdauernd, ja fast zäh.

442.
Pomacanthus arcuatus
Halbausgewachsen,
22 cm. UW-Aufnahme,
New Providence,
3 m Tiefe.
Foto: Baensch.

443.
Pomacanthus arcuatus
Ausgewachsenes Paar.
UW-Aufnahme,
Bahama-Inseln.
Foto: Rödiger.

Pomacanthus arcuatus mit der Fächerkoralle *Gorgonia ventalina*

Pomacanthus asfur (FORSSKÅL, 1775)
Halbmond-Kaiserfisch

444 ▲

Der Halbmond-Kaiserfisch ist ein Bewohner des Roten Meeres und des sich anschließenden Golf von Aden. Während einer im Jahre 1977 durchgeführten Reise nach Dschidda auf der arabischen Seite des mittleren Roten Meeres fand ich diese Art einigermaßen häufig um die halbwegs geschützten Innenriffe, die durch ein reiches Wachstum an Weich- und Hartkorallen charakterisiert sind, gelegentlich aber auch über schlammigem Boden bei teilweise reduzierter Sicht (verglichen mit der Sicht der weiter draußen liegenden Riffe). Die Art ist relativ scheu, doch mit Geduld kann man durchaus an sie herankommen und sie auch aus nächster Nähe fotografieren. Man sieht die Fische gewöhnlich in der Nähe von Höhlen und Spalten, doch sie kommen gelegentlich für eine kurze Zeit auch hinaus ins offene Wasser. Der Tiefenbereich bei Dschidda erstreckt sich von ungefähr 3 bis 15 m. Das Jugendstadium ist typisch für die gesamte Gattung und ähnelt in weitem Maße demjenigen von *P. maculosus,* der auch im Roten Meer vorkommt. Der Schwanz von *asfur* ist jedoch gelb anstatt weiß wie beim *maculosus.* Die Jungtiere der erst-

445 ▼

444.
Pomacanthus asfur
Jungtier. Insel Drei Brüder, Djibouti, südlich vom Roten Meer.
Foto: Randall.

445.
Pomacanthus asfur
Jungtier, ca. 10 cm, in der Übergangsfärbung.
Aquariumaufnahme.
Foto: Kahl.

Pomacanthus asfur im Riff

genannten Art besitzen gewöhnlich auch einen gelben Streifen, der sich ungefähr von der Mitte der Seitenpartien bis hinauf zur weichstrahligen Rückenflosse erstreckt. Die Maximallänge beträgt ungefähr 40 cm, erreicht im Aquarium jedoch selten mehr als 24 cm. Die Art ist gegenüber Artgenossen und ähnlich gefärbten Fischen sehr aggressiv – außer wenn man ein Paar besitzt. Die Art ist im Becken ab 300 Liter gut haltbar. Sie benötigt ausreichend Versteckmöglichkeiten.

446
Pomacanthus asfur
Ausgewachsen, 25 cm.
Dschidda, Rotes Meer,
6 m Tiefe.
Foto: Allen.

Pomacanthus chrysurus (CUVIER, 1831)
Gelbschwanz-Kaiserfisch

447.
Pomacanthus chrysurus
Jungtier, 8 cm.
Aquariumaufnahme.
Foto: Norman.

447 ▲

448a ▼

448a.
Pomacanthus chrysurus
Ausgewachsen.
UW-Aufnahme, Kenia.
Foto: Langhoff.

Der populärwissenschaftliche Name lautet im Englischen 'Ear-Spot Angelfish'. Er leitet sich von der schwarzen, mit einem orangefarbenen Ring umsäumten Markierung auf dem hinteren Teil des Kopfes nahe der Seitenlinie ab. Diese Markierung ist bei den Jungtieren noch nicht vorhanden, sie entwickelt sich erst allmählich mit zunehmender Länge. Die Verbreitung dieser Art ist noch nicht ausreichend dokumentiert, doch scheint sie im nordwestlichen Teil des Indischen Ozeans weit verbreitet zu sein. Seit kurzem liegen Berichte vor von den Seychellen und der afrikanischen Küste von Sansibar bis zum Golf von Aden. Diese Art wird man nur selten im Zierfischhandel sehen. Die Haltung ist in mit Algen gut bewachsenen Becken nicht schwierig. Die Ernährung erfolgt wie bei den anderen Kaiserfischen.

448b.
Pomacanthus chrysurus
12 cm.
Aquariumaufnahme.
Foto: Debelius.

448b ▼

Pomacanthus chrysurus x *P. maculosus*

Dieser Fisch stellt wahrscheinlich eine Kreuzung zwischen *Pomacanthus chrysurus* x *P. maculosus* dar. Das Bild wurde bei Malindi, Kenia, aufgenommen. Das Farbmuster ist ein Kompromiß zwischen den zwei Tieren, von denen angenommen wird, daß sie die Elterntiere waren. Die Analflosse hat die Färbung von *P. maculosus,* aber die Schwanzflosse ist leuchtendgelb wie bei *P. chrysurus.* Die gebogenen, gelben Streifen an den Seiten wurden ebenfalls vom *chrysurus*-Elternteil vererbt, aber eine genaue Prüfung enthüllte die Anwesenheit von dunklen Schuppenrändern, einem typischen Merkmal von *maculosus.* Die Färbung am Kopf ist der von *maculosus* ähnlich, und dem Fisch fehlt der leuchtendgelbe Ring auf dem oberen Teil der Kiemendeckel, den man bei *chrysurus* findet. Außerdem stellt die Form der Analflosse einen Kompromiß zwischen den wahrscheinlichen Elterntieren dar; sie ist in der Form ein Mittel zwischen der runden Flosse von *chrysurus* und der sehr spitzen und verlängerten Flosse von *maculosus.* Das Foto stellt die erste veröffentlichte Aufnahme dieser Kreuzung dar. Sie ist wissenschaftlich noch nicht untersucht worden. Foto: Rödiger.

▼ 449

Pomacanthus maculosus (FORSKÅL, 1775)
Sichelkaiserfisch

450 ▲ 451 ▼

Diese attraktive Art ist um die arabische Halbinsel beheimatet. Sie kommt im Persischen Golf vor sowie im nordwestlichen Teil des Indischen Ozeans und im gesamten Roten Meer. Nach meinen persönlichen Taucherfahrungen zu urteilen, scheint sie am häufigsten in der Nähe von Muscat im Golf von Oman zu sein. Relativ wenige Exemplare sah ich im Roten Meer bei Eilat und Dschidda, wo ich sie im allgemeinen vor allem in schlammigen Hafenbecken und an flachen Stellen in der Nähe von Korallenriffen und Wrackteilen antraf. Bei Muscat konnte ich während eines jeden Tauchganges eine Vielzahl von Einzeltieren beobachten. Das Habitat dort bestand hauptsächlich aus Gebieten mit reichem Korallenbewuchs in Tiefen zwischen ungefähr vier und 12 m. Der Fisch ist höchst neugierig. Oft nähert er sich dem Taucher auf weniger als einen Meter. Nach einem anfänglichen Kontakt jedoch zieht er sich meist in seinen Unterschlupf im Riff zurück und kommt dann nur in Abständen

450.
Pomacanthus maculosus
Jungtier,
UW-Aufnahme, Doha, Qatar, Persischer Golf, in 3 m Tiefe.
Foto: Allen.

451.
Pomacanthus maculosus
Halbausgewachsen.
Aufnahme im Taronga Aquarium, Sydney.
Foto: Friese.

wieder hervor. Seine kühne Farbenmusterung und seine neugierige Natur haben ihn zu einem Lieblingsobjekt für Unterwasserfotografen werden lassen. Bei Bahrain und Qatar im Persischen Golf gilt die Art als guter Speisefisch, weshalb erwachsene Tiere denn auch sehr oft auf örtlichen Fischmärkten zu sehen sind. Meiner Meinung nach ist es aber eine Schande, diesen wunderschönen Fisch zu töten und zu essen! Junge Exemplare besitzen eine Reihe von schmalen, weißen Streifen und durchlaufen eine dramatische Farbverschiebung, wenn sie eine Länge von ungefähr 10–15 cm erreicht haben. Kleine Exemplare eignen sich gut für das Leben in Gefangenschaft. Sie werden eine lange Zeit unter Aquarienbedingungen aushalten können, wenn man sich richtig um sie kümmert. Die erwachsenen Tiere, die eine Maximallänge von ungefähr 30 cm erreichen, sind allerdings viel zu groß für das durchschnittliche Heimaquarium. Die Art gilt als friedlich.

452.
Pomacanthus maculosus
Ausgewachsen.
UW-Nachtaufnahme,
Rotes Meer.
Foto: Schuch.

Pomacanthus paru (BLOCH, 1787)
Franzosen-Kaiserfisch

453 ▲

Diese Art gehört zu den großen Kaiserfischen, welche die Korallenriffe des tropischen Atlantiks bewohnen. In ihren äußeren Umrissen ähnelt sie sehr dem Grauen Kaiserfisch *(P. arcuatus)*, doch besitzt sie eine viel dunklere Grundfarbe mit schmalen gelben oder weißlichen Schuppenrändern. Die Jungform dieser beiden Arten ähneln sich mehr als die erwachsenen Tiere, und man kann sie am ehesten durch die Basis der Schwanzflosse und deren Färbung auseinanderhalten: beim *paru* ist die Schwanzflosse etwas deutlicher gerundet, und der blasse Rand um das dunkle Feld im Zentrum der Flosse ist relativ schmal. Die Schwanzflosse des *P. arcuatus* ist im Gegensatz dazu etwas mehr abgestumpft, und ihr blasser Rand ist auch etwas breiter. Randall (1967) untersuchte den Mageninhalt von 23 Franzosen-Kaiserfischen und fand dabei hauptsächlich Schwämme und Algen und in geringerem Maße Zoantheren, Tunikaten, Gorgonien, Hybroiden, Bryozoen, Spermatophyten und einige nicht identifizierbare Eier. Die Jungtiere erhalten einen Teil ihrer Nahrung, indem sie Ektoparasiten von anderen Fischen in der Art der Putzerlippfische *(Labroiden)* abpicken. *P. paru* kommt sowohl im westlichen Atlantik wie auch an der Küste Westafrikas vor. Im Westatlantik kennt man sie von Brasilien in Richtung Norden bis zu den Bahamas und Florida. Jungtiere eignen sich gut für das Leben im Aquarium. Die Maximallänge beträgt ungefähr 38 cm. Tiere in der Umfärbephase (10–12 cm Länge) sind heikel in der Pflege.

453.
Pomacanthus paru,
Jungtier, 7 cm.
UW-Aufnahme.
Foto: Hackmann.

454.
Pomacanthus paru
15 cm.
Aquariumaufnahme.
Foto: Norman.

454 ▼

455 ▼

455.
Pomacanthus paru
Jungtier, 5 cm.
Aquariumaufnahme.
Foto: Norman.

456.
Pomacanthus paru
Ausgewachsen.
UW-Aufnahme,
Bahama-Inseln.
Foto: Schott.

Ein prächtiges Exemplar von *Pomacanthus paru,* Karibik

Pomacanthus striatus (RÜPPELL, 1835)
Trapez-Kaiserfisch

457 ▲ 458 ▼

Die erwachsenen Exemplare dieser Art haben eine sehr charakteristische Körperform und Farbmusterung, verglichen mit anderen Mitgliedern der Gattung *Pomacanthus.* Größere Exemplare besitzen einen hervorspringenden Buckel auf dem Vorderteil des Kopfes, und das Profil des Rückens ist rechtwinklig und allmählich abfallend. Wegen dieser äußeren Merkmale ist diese Art mit anderen Kaiserfischen kaum zu verwechseln. Die Jungtiere haben ein deutliches *Pomacanthus*-Farbmuster, welches aus engen weißen Streifen auf einem dunkelblauen Untergrund besteht. Offensichtlich ist diese Art auf die ostafrikanische Küste und die davorliegenden Inseln einschließlich der Seychellen und Madagaskar beschränkt. Die bislang bekannte Ausbreitung erstreckt sich vom südlichen Roten Meer bis Knysna, Südafrika (ungefähr 450 km östlich von Kapstadt). Smith (1949) zufolge ist sie recht häufig in der Delagoa-Bay, Mozambique. Die erwachsenen Tiere sind viel zu groß für die meisten Aquarien, doch die leuchtend gemusterten Jungtiere eignen sich gut als Aquarientiere. Die Maximallänge beträgt ungefähr 46 cm. Die Art gilt als guter Speisefisch.

457.
Pomacanthus striatus
Jungtier, 6 cm TL,
Unterwasseraufnahme
Sodwana Bay, Südafrika.
Foto: Allen.

458.
Pomacanthus striatus
SL 264 mm;
TL 326 mm.
Küste von Natal,
12 m Tiefe.
Foto: Randall.

Pomacanthus zonipectus (GILL, 1862)
Cortez-Kaiserfisch

Der Cortez-Kaiserfisch ist ein Bewohner der Felsen- und Korallenriffe im tropischen Ostpazifik. Er ist vom Golf von Kalifornien in Richtung Süden bis Kolumbien verbreitet. Alex Kerstitch von der Universität von Arizona ist gegenwärtig mit Untersuchungen an Fischen des Golf von Kalifornien beschäftigt. Er hat erst kürzlich (Kerstitch, 1977) folgendes über den *P. zonipectus veröffentlicht: „Wie Johnrandallia (Chaetodon) nigrirostris* ist die Jungform des Cortez-Kaiserfisches ein aktiver symbiotischer Putzerfisch, doch gibt es keinen Beweis dafür, daß die erwachsenen Tiere dieses Putzerverhalten beibehalten. Die Nahrung dieses Kaiserfisches besteht hauptsächlich aus Tunikaten und Schwämmen. Gelegentlich ernähren sie sich auch von Algen, Hydroiden, Bryozoen und Fischeiern. Sowohl die erwachsenen Tiere als auch die Jungformen sind typische Flachriffbewohner, in Gebieten, wo es vornehmlich Sandboden mit gelegentlichen Felsformationen gibt. Diese Pomacanthidenart findet man normalerweise in Tiefen zwischen 20 und 40 Fuß (ungefähr 6–12 m), doch ist sie auch schon in größeren Tiefen von 100 Fuß (ungefähr 33 m) beobachtet worden. Gelegentlich wird sie von Garnelenfischern in ihren Schleppnetzen gefangen, was ebenfalls darauf hindeutet, daß die Art Sandboden bevorzugt."
Kerstitch erwähnt ebenfalls, daß die Jungtiere stark ortsgebunden sind, und daß sie gegeneinander sofort kämpferisches Verhalten zeigen, wenn sie frisch gefangen in einem Eimer zusammenkommen. Die erwachsenen Tiere sind recht furchtlos und nähern sich häufig dem Taucher auf kürzeste Distanz. Junge Exemplare halten sich gut im Aquarium. Sie eignen sich für ein Gemeinschaftsbecken, solange keine Mitglieder der eigenen Art und Gattung vorhanden sind. Die Maximallänge beträgt 46 cm. Die Art ist empfindlich gegen Lymphocystis. Extrem gute Wasserbedingungen sind zu bieten!

459 ▲

460 ▼

459.
Pomacanthus zonipectus
Jungtier, Pearl Island, Küste von Panama, Pazifik, UW-Aufnahme, 5 m Tiefe.
Foto: Rödiger.

460.
Pomacanthus zonipectus
Ausgewachsen, 28 cm. Pearl Island, 5 m Tiefe.
Foto: Rödiger.

Übersichtstafel
Die Jungtiere der Gattungen *Holacanthus* und *Pomacanthus*

Lubbock

461 ▲ *H. africanus*

Norman

462 ▲ *H. bermudensis*

Norman

463 ▲ *H. ciliaris*

Hall

464 ▲ *H. passer*

Norman

465 ▲ *P. paru*

Norman

466 ▲ *P. arcuatus*

Norman

467 ▲ *P. annularis*

Randall

468 ▲ *P. asfur*

Norman

469 ▲ *P. chrysurus*

N. Bartlett

470 ▲ *P. imperator*

Allen

471 ▲ *P. maculosus*

Norman

472 ▲ *P. (Euxiphipops) navarchus*

Steene

473 ▲ *P. (Euxiphipops) sexstriatus*

Kuiter

474 ▲ *P. (Euxiphipops) xanthometopon*

Norman

475 ▲ *P. semicirculatus*

Randall

476 ▲ *P. striatus*

Norman

477 ▲ *P. zonipectus*

Hybridationen (Kreuzungen) von Falter- und Kaiserfischen

Bei Seewasserfischen sind bislang nur sehr wenige Beispiele von Hybridationen bekanntgeworden. Slasteneko (1957) stellte eine Liste von 212 Fischkreuzungen auf, doch waren dies mit Ausnahme von 30 Fällen nur Beispiele aus dem Süßwasser. Feddern (1968) dokumentierte als erster dieses Phänomen bei marinen Kaiserfischen. Er berichtete von einer Kreuzung zwischen *Holacanthus ciliaris* und *H. isabelita* (heute als *H. bermudensis* bezeichnet). In neuer Zeit haben Randall *et al.* (1977) Kreuzungen bei Falterfischen untersucht. Eine Gesamtanzahl von 16 Kreuzungen sind bislang beobachtet worden: 11 beziehen sich auf Falterfische und 5 auf Kaiserfische.

Es ist interessant, einmal darüber nachzudenken, unter welchen Umständen der Kreuzungsvorgang bei Chaetodontiden und Pomacanthiden vor sich gehen könnte. In einer Untersuchung von Reese (1975) über die Falterfische des Westpazifiks wurde festgestellt, daß einige Arten charakteristischerweise in dauerhafter Zweierbindung stehen, wohingegen andere solitär sind oder auch Schwärme bilden. Die größte Anzahl von Falterfischen und Kaiserfischen, für die Kreuzungen bekannt sind, gehören entweder der Gruppe der Einzelgänger oder der Gruppe der paarbildenden Arten an. Es ist somit wahrscheinlich, daß Kreuzungen in Situationen stattfinden, wo Tiere gleicher Art nur selten vorkommen. Auf diese Weise wird ein einzelnes Exemplar gewissermaßen dazu gezwungen, mit einer nahe verwandten Art zu laichen. Bei der Christmas-Insel im Nordosten des Indischen Ozeans zum Beispiel kommt der Kaiserfisch *Centropyge flavissimus* häufig vor, während *C. eibli* selten ist. Bei Nichtvorhandensein eines passenden Weibchens oder Männchens ist es keineswegs schwierig, sich vorzustellen, daß *C. eibli* während der Fortpflanzungsperiode sich zu *C. flavissimus* hingezogen fühlt. Und tatsächlich, auf einer Expedition, die Roger Steene und der Autor kürzlich dorthin unternahmen, sammelten sie eine Kreuzung zwischen diesen beiden Arten.

Eine offensichtliche Voraussetzung für Kreuzungen ist eine nahe phylogenetische stammesgeschichtliche Beziehung zwischen den Arten. Von den unten aufgeführten Kreuzungen sind nur 3 *(kleinii x unimaculatus, miliaris* x *tinkeri* und *auriga* x *lunula)* Mitglieder von verschiedenen Untergattungen. In beinahe jedem Fall weisen die verwandten Arten eine verblüffende Ähnlichkeit in der Morphologie auf, obgleich schon die Farbmusterung durchaus verschieden sein kann.

Kreuzungen sind natürlich im Tier- und Pflanzenreich weit verbreitet. Die Psittaciformes oder Papageien können in diesem Zusammenhang als Beispiele auf dem Lande gelten. Sie weisen ebenfalls eine Vielzahl von verwirrenden Farbmustern auf und sind hauptsächlich in den Tropen verbreitet. Die Arten Australiens, welche gut dokumentiert sind, zählen zu denen mit der unterschiedlichsten Ökologie.

Kreuzungen bei australischen Papageien sind weit verbreitet, sowohl in Gefangenschaft als auch in der freien Natur. Von den 52 Arten, die diesen Kontinent bewohnen, sind außer 16 alle für Kreuzungen bekannt. Die meisten von ihnen ereignen sich zwischen nahe verwandten Formen, doch in einigen Einzelfällen sind auch Mitglieder verschiedener Gattungen beteiligt.

Eine Aufstellung der bekannten Falter- und Kaiserfisch-Kreuzungen wird weiter unten gegeben. Darüber hinaus berichtete Moe (1976) von einer Kreuzung zwischen dem *Pomacanthus arcuatus* und dem *Pomacanthus paru,* welche allerdings unter Laboratoriumsbedingungen vonstatten ging.

Chaetodontiden

Chaetodon auriga x *C. ephippium* (Tuamotu-Archipel)
C. ephippium x *C. semeion* (Marshall-Inseln)
C. kleinii x *C. unimaculatus* (Marshall-Inseln)
C. miliaris x *C. tinkeri* (Hawaii)
C. aureofasciatus x *C. rainfordi* (Großes Barriere-Riff)
C. ornatissimus x *C. meyeri* (Palau-Inseln)
C. pelewensis x *C. punctatofasciatus* (Großes Barriere-Riff)
C. punctatofasciatus x C. guttatissimus (Christmas-Insel)
C. ephippium x *C. xanthocephalus* (Sri Lanka)
C. auriga x *C. lunula* (Hawaii und Westaustralien)
C. miliaris x *C. multicinctus* (Hawaii)

Pomacanthiden

Centropyge eibli x *C. flavissimus* (Christmasinsel)
Centropyge vroliki x *C. flavissimus* (Marshall-Inseln)
Holacanthus ciliaris x *H. bermudensis* (Westindien)
Pomacanthus chrysurus x *P. maculosus* (Kenia)
Pomacanthus xanthometopon x *P. sexstriatus* (Großes Barriere-Riff)

478.
Chaetodon tinkeri x
Chaetodon miliaris
SL 40 mm; TL 50 mm.
Makua, Oahu, Hawaii-Inseln.
Foto: Randall.

479.
Chaetodon ephippium
x *Chaetodon semeion*
Marshall-Inseln.
Foto: Nate Bartlett.

480.
Chaetodon miliaris x
Chaetodon multicinctus
10 cm.
Foto: Norman.

478 ▲

479 ▲

480 ▲

482 ▼

481 ▲

483 ▼

481.
Chaetodon flavissimus
x *Chaetodon eibli*
70 mm SL.
Christmas-Insel,
(Ind. Ozean),
18 m Tiefe.
Foto: Allen.

482.
Chaetodon kleinii x
Chaetodon unimaculatus
Foto: Randall.

483.
Centropyge flavissimus
x *Centropyge vroliki*
Abweichende Farbvariante von der in
Bd. 1, S. 110, abgebildeten Kreuzung.
Foto: Baensch.

Die Pflege von Falter- und Kaiserfischen im Aquarium

von Hans A. Baensch

Wer Seewasserfische erfolgreich pflegen will, muß konsequent sein. Dies gilt in hohem Maße für die Pflege von Chaetodonten und Pomacanthiden. Allzu leicht läßt man sich von der Schönheit und Farbenpracht dieser Fischfamilien einfangen und kauft sie, ohne über ihre Haltung genügend zu wissen. Ein Anfänger sollte sich mit diesen Fischen nicht befassen, wenn er nicht wenigstens zwei Jahre andere, leichter zu pflegende Seewasserfische gehalten hat. Auch wer noch nicht erfolgreich Grünalgen (Caulerpa) im Aquarium pflegte, sollte sich an die Fische (noch) nicht wagen, denn Grünalgen sind ein sehr guter Indikator für gute Wasserqualität – und die ist Voraussetzung für die Pflege dieser etwas heiklen und wertvollen Fischfamilien.
Wenn man die Seewasser-Chemie beherrscht, Grünalgen zu züchten imstande ist und weiß, wie im Quarantänebecken die wichtigsten Krankheiten erfolgreich bekämpft werden, dann kann man mit Falter- und Kaiserfischen anfangen.
Worin liegt die Schwierigkeit, Falter- und Kaiserfische über längeren Zeitraum im Aquarium am Leben zu erhalten, ja sogar zum Wachsen zu bringen?
Korallenfische leben, im Gegensatz zu den meisten Süßwasserfischen, in einem sehr stabilen Milieu. Während Dichte, Temperatur, pH-Wert und Nahrungsangebot in den tropischen Lebensräumen der Süßwasserfische im jahreszeitlichen Wechsel ständig schwanken, hat der Seewasserfisch tagtäglich gleich optimale Bedingungen, außer bei Stürmen. Es gilt also, diese stets gleichen Bedingungen im Seewasseraquarium nachzuvollziehen und aufrechtzuerhalten.

Die Schwierigkeiten im Seewasseraquarium:
Das Wasser verdunstet – **die Dichte steigt.** Die Fische atmen – **der pH-Wert sinkt** infolge Kohlendioxyd-Überproduktion; denn Pflanzen, die die Kohlensäure benötigen, gibt es nur in den wenigsten Seewasserbecken.
Pflanzen fehlen – **der Nitratgehalt steigt** schneller als in einem Süßwasserbecken.
Durch Verabreichen eines kupferhaltigen Medikamentes im Falle von Krankheiten wird **der natürliche Ammoniakabbau** über das giftige Nitrit zu dem (fast) ungiftigen Nitrat **gestört.**

Beim Seewasserbecken ohne funktionierenden biologischen Filter besteht ständig die Gefahr, daß das Wasser sich selbst vergiftet. Dieses kommt durch das hohe Risiko des (normalerweise) hohen pH-Wertes von 8,3–8,5. In diesem Bereich ist das aus den Abbaustoffen der Exkremente und der nicht aufgenommenen Nahrungsstoffe entstehende Ammoniak dreimal giftiger als das Ammonium, das z. B. bei einem pH-Wert von 7,5 (wie in den meisten Süßwasseraquarien) ungiftig ist.
Ammonium (NH_4), mit seinen größeren Molekülen als Ammoniak (NH_3), ist nicht imstande, die Zellmembranen des Fischkörpers zu durchdringen und ist daher ungiftig. Je höher der pH-Wert, desto größer ist die Gefahr, daß sich ungiftiges Ammonium in giftiges Ammoniak umwandelt.
Seewasser wird durch seine Salze, die eine pH-Wert puffernde Wirkung haben, in Richtung pH 8,3–8,5 gepuffert. Das ist auch der für Seewasserfische zuträgliche Wert. Diesen pH-Wert gilt es im Aquarium zu halten und dafür zu sorgen, daß keine Abbaustoffe verwesen und giftig werden können. Die wichtigste Hilfe hierzu ist eine sparsame Fütterung, möglichst dreimal täglich in kleinen Portionen, und als technisch-chemische Hilfe ein guter Abschäumer.

Wer Falter- und Kaiserfische pflegt, kann auf einen Motorabschäumer nicht verzichten.
Dieser kostet nicht mehr als zwei bis drei der kostbaren Fische. Er bewahrt jedoch jahrelang vor Fischverlusten. Selbstverständlich muß ein solcher Abschäumer gewartet werden:
- Täglich Abschäumerkopf entleeren
- Luft und evtl. Ozonmengenzuführung nach Gebrauchsanweisung oder eigener Erfahrung

häufig kontrollieren und neu einstellen.
Wie schon am Anfang gesagt, ist Konsequenz das A und O bei der Pflege von Korallenfischen. Pflegefehler rächen sich sofort, meist schon nach wenigen Stunden oder Tagen, während in einem Süßwasserbecken oft Wochen vergehen können, ehe die Fische ernsthaften Schaden nehmen.
Ein weiterer wichtiger Punkt ist die Beckenbesetzung:
In der Beschränkung auf wenige Tiere liegt die Stärke bei der Seewasseraquaristik. Zwei bis drei

Falterfische oder ein größerer Kaiserfisch auf 100 Liter Wasser sind schon reichlich. Als **Faustregel** für diese empfindlichen Arten gilt **10–20 cm Fisch auf 100 Liter Wasser.** Dabei ist eine gute biologische Filterung Voraussetzung. Diese kann entweder im Bodengrund (ph-Wert puffernder Korallensand oder -kies) und/oder in einem großen Außenfilter stattfinden. Der Bodengrund sollte in jedem Fall über einen langsam laufenden Bodenfilter für die biologische Reinigung nutzbar gemacht werden. Die Filterleistung muß der Größe des Aquariums angemessen sein. Der Außenfilter sollte mindestens eine Leistung haben, die den Beckeninhalt zweimal pro Stunde durchlaufen läßt, d. h. für ein Aquarium mit 500 l Inhalt braucht man eine Filterpumpe mit 1000 l Leistung pro Stunde. Das mag etwas hoch gegriffen sein, ist aber für die meist zu dicht besetzten Becken ausgelegt. Schwach besetzte Becken kommen mit der halben Leistung aus. Außerdem muß man berücksichtigen, daß innerhalb weniger Tage die Förderleistung des Filters durch Verstopfung der Poren sinkt.

Der Außenfilter sollte mit einem bakterienfreundlichen, d. h. mit einem an großer Oberfläche orientierten Material gefüllt sein. Dazu eignen sich Korallenbruch, Lavagruß, Filterkohle, bakterienresistenter Schaumstoff.

Die Nitrosomas-Bakterien und Nitrobakter verwandeln Ammoniak in Nitrit bzw. in Nitrat. Wenn diese nützlichen Bakterien in ihrem Wachstum gehemmt oder durch Kupfergaben (über 0,2 mg $CuSO_4$ (Kupfersulfat) pro 100 l Wasser) abgetötet werden, können die Fischausscheidungen nicht mehr biologisch abgebaut werden. Im Falle einer Krankheiten-Behandlung mit Kupferpräparaten muß alle paar Tage frisches Wasser zugeführt werden, um auf diese Weise das Ammoniak zu entfernen. Frisches Wasser ist für Falter- und Kaiserfische allerdings schädlich, wenn es nicht zuvor behandelt und künstlich mit einem guten Wasseraufbereitungsmittel gealtert wurde. Es ist daher vorzuziehen, erkrankte Fische in einem Quarantänebecken ohne Bodengrund und bei knapper Fütterung zu behandeln. Ein Wasserwechsel erfolgt alle 2–3 Tage mit 50% frisch angesetztem Seewasser und dem Heilmittelzusatz nach Dosierungsvorschrift.

Ohne eine gewisse Zeit im Quarantänebecken ist jeder neue Fisch ein hohes Risiko. Bei einem Zukauf von neuen Fischen müssen diese unbedingt zunächst in ein Quarantänebecken gesetzt werden. Neue Fische sind fast immer krank – man sieht es ihnen nur nicht an. Beobachten Sie die zu erwerbenden Fische beim Händler auf folgende Punkte:

1. Atmung: Diese darf nicht schneller sein, als man mitzählen kann, also nicht mehr als 80 Kiemendeckelbewegungen pro Minute;
2. Die Fische müssen frei von äußeren Krankheitsanzeichen sein.
3. Die günstige Anschaffungsgröße bei Falterfischen liegt zwischen 4–8 cm, bei Kaiserfischen zwischen 4–10 cm.

484.
Ein Aquarium von 1,10 m Länge wurde hier auf einer Bank im Zimmer untergebracht. Die Bank ist mit dem gleichen Material wie der Teppichboden bespannt. Unterhalb des Aquariums befindet sich der Kreiselpumpen-Außenfilter; links von dem Becken ist eine Klappe, durch die man an die Technik wie Ozonisator, UV-Lampe usw. gelangen kann. Das Becken steht zwischen zwei Fenstern und ist mit zwei Pendelleuchten mit je einer 150-Watt-Preßkolbenlampe beleuchtet.
Foto: Baensch.

Die Pflegearbeiten hier noch einmal aufzuführen, würde zu weit führen. Als vorsichtiger Seewasser-aquarianer haben Sie sich Falter- und Kaiserfische ohnehin erst nach Sammlung von Erfahrung mit robusteren Fischen angeschafft und wissen über Wasserwechsel, pH-Kontrolle, Dichte- und Temperaturprüfung und Medikamentenanwendung Bescheid. Falls Sie das Buch noch nicht kennen, möchte ich Ihnen das Studium meiner „Kleinen Seewasserpraxis", erschienen im Tetra-Verlag, ans Herz legen.

Die Fütterung der Falter- und Kaiserfische geht aus der Übersichtstabelle S. 322 ff. hervor. Hier sei noch als Tip für nichtfressende, kranke Fische erwähnt: Seewasserfische trinken – im Gegensatz zu Süßwasserfischen. Das macht man sich bei kranken Tieren zunutze. Man gibt flüssige (wasserlösliche) Vitamine, ca. 10 ml pro 100 l Wasser, ins Aquarienwasser. Eine wichtige Hilfe ist auch die Ernährung von kranken Fischen mit Fruchtzucker, kein Traubenzucker. 50 g weißer Fruchtzucker werden pro 10 l Aquariumwasser verwendet. Fruchtzucker hat gegenüber Traubenzucker den Vorteil, daß er sofort ins Blut geht, ohne den Umweg über die vielleicht geschädigte Leber machen zu müssen.

Die Behandlungsdauer beträgt 10–12 Stunden. Danach erfolgt kompletter Wasserwechsel oder Umsetzen in ein anderes Becken.

Erklärungen zur Tabelle, Fütterungshinweise

von Hans A. Baensch

Verbreitungsgebiete
Die Tabelle erfaßt alle Gebiete, in denen die jeweilige Art bisher wissenschaftlich nachgewiesen wurde.

Tiefenbereich
Hier gibt der Autor die Meerestiefen an, in denen die Art normalerweise in der Natur angetroffen wird. Jungfische können auch noch in flacherem Wasser, bis ca. 50 cm (bei Ebbe), anzutreffen sein.

Temperaturbereich
○ 15–20°C. Wenige Arten halten so niedrige Temperaturen aus. Es sind dies der um Südafrika bis Kapstadt vorkommende *Chaetodon marleyi* und jene Arten, die in größeren Tiefen leben. Dort herrschen wesentlich geringere Temperaturen als an der Meeresoberfläche.

◑ 21–24°C. Ein recht enger Bereich, in dem diese Arten naturgerecht gepflegt werden sollten. Bei 24°C können diese Arten mit anderen Falter- bzw. Kaiserfischen aus dem höheren Temperaturbereich vergesellschaftet werden. Eine höhere Temperatur als 24°C beeinträchtigt die Lebensdauer dieser Arten, die in der Natur durchweg in größeren Tiefen oder aber kühleren Meeresströmungen leben.

● 25–28°C sind der beste Temperaturbereich für die in dieser Spalte aufgeführten Arten. In den meisten Fällen ist eine Absenkung der Temperatur auf 20–22°C nicht schädlich, auch eine Erhöhung auf über 28°C bis ca. 30°C wird ohne Schaden vertragen, wenn die Sauerstoffzufuhr dabei erhöht wird. So sollte an heißen Sommertagen ein zusätzlicher Ausströmer ins Becken gebracht werden.

Hauptsächliche Naturnahrung
Die verschiedenen Spalten geben Aufschluß, welche Naturnahrung die einzelnen Arten aufnehmen. Daraus kann man recht gut ableiten, was für eine Nahrung den Fischen ersatzweise im Aquarium angeboten werden sollte:

Korallen
Falterfische, die in der Natur hauptsächlich von Korallenpolypen leben, sind im Aquarium selten längere Zeit am Leben zu erhalten. Ausnahmen bilden lediglich die Arten *C. lineolatus* und *C. oxycephalus*, *C. rafflesi*, der im Aquarium schon bis zu zehn Jahren gehalten wurde, *C. reticulatus*, *C. speculum*, *C. unimaculatus* und *C. zanzibariensis*. Die vorstehend aufgeführten Arten erhielten deshalb bei der Einstufung für den Schwierigkeitsgrad die „Note“ 3, während alle anderen Korallenfresser unter 4 aufgeführt werden mußten. Korallen kann man bei Fütterung im Aquari-

485.
Ein 2000-Liter-Aquarium, welches mit 12 verschiedenen Kaiserfischen besetzt ist. Wenn jeder Fisch sein eigenes Territorium hat, gibt es kaum Anlaß zu Streitereien, wie das sonst in kleineren Becken der Fall ist. Das Becken wird über einen speziellen Algen-Riesel-Filter biologisch gereinigt.
Foto: Baensch/Jungbluth

um durch nichts ersetzen. Selten lassen sich einige Individuen an „Futtersteine", Muschelfleisch, Mysis usw. gewöhnen. Nach dem Erwerb einer solchen korallenfressenden, meist futterverweigernden Art muß man ohnehin alles versuchen, um sie zum Fressen zu bringen.

Schwämme und Manteltiere

Schwämme sind ebensowenig wie Korallen im Aquarium als Nahrung einzusetzen. Merkwürdigerweise lassen sich allerdings die Schwämme fressenden Kaiserfische fast alle an irgendeine Ersatznahrung gewöhnen. Auch hier ist wiederum Vielseitigkeit bei der Erprobung Trumpf. Pflanzliche Kost auf Futtersteinen und frische Grünalgen werden anfänglich selten verweigert. Wenn der Fisch erst einmal richtig Hunger hat, gute Wasserbedingungen vorfindet und einen Beckengenossen, der ihm das Fressen „vormacht" wie z. B. ein Argusfisch, wird ein gesunder Fisch dieser Rubrik auch an das ihm gebotene Ersatzfutter gehen. Auch Mollies sind zur Eingewöhnung als Auslösefaktor gut geeignet.
Einen Futterstein stellt man wie folgt her: Aus Flockenfutter, gefriergetrocknetem Futter, ein wenig Haferflocken oder Gelatine wird ein dicker Brei hergestellt und auf einen faustgroßen Stein, eine Hirn- oder Sternkoralle gestrichen. Den bestrichenen Stein trocknet man dann bei ca. 90°C im Backofen 15–20 Minuten, bis der Brei hart ist. Der Stein kann jetzt vorsichtig ins Becken gesetzt werden. Nach 30 Minuten sollte man den Stein wieder herausnehmen, ebenso die Futterreste, die nicht gefressen wurden.

Krebse, Würmer, Wirbellose

Fische, die in der Natur hauptsächlich Nahrung dieser Art aufnehmen, sind im Aquarium meist recht einfach zu ernähren. Hauptnahrung sollte für Jungtiere lebendes Artemia, für größere Arten Mysis, selten Enchyträen, noch seltener Tubifex sein; letzteres hat Verstopfung oder schleimigen Kot zur Folge. Die tiefgefrorenen Futtermittel sind nach sorgfältigem Auftauen zur Verfütterung in sparsamen, kleinen Portionen drei- bis fünfmal am Tag für diese Arten alle geeignet. Abwechslung sollte reichlich geboten werden.

Plankton

Plantonfresser sind meist ausgesprochene Schwarmfische. Einige gesunde Tiere, auch im Aquarium als Schwarm gehalten, lassen sich mit lebendem Artemia, allerlei Frostfutter, Flockenfutter und gefriergetrockneter Nahrung meist leicht ernähren. Lebendes Plankton wird von Preis in Bingen und vom Mainzer Zooreich angeboten. Es ist eine ausgezeichnete Hilfe zur Eingewöhnung heikler Arten.

Algen

Algennahrung ist für fast alle Aquarianer nach Korallen und Schwämmen am schwierigsten zu beschaffen. Im Aquarium, in dem man Algenfresser hält, sind Algen stets weggefressen. Man braucht also noch ein zweites Becken (bzw. ein drittes neben dem Quarantänebecken), um auf überfaustgroßen Steinen Algen wachsen zu lassen. Nitratfreies Wasser und geringste Besetzung ist Voraussetzung für gutes Algenwachstum. Wer sich ein derartiges Becken einrichten will, sollte es zu Beginn mit Algensteinen befreundeter Aquarianer „impfen".
Als Algenersatz kann man verschiedene Grünpflanzen wie Kopfsalat, der natürlich ungespritzt sein muß, Spinat, auch tiefgefroren, Vogelmiere und Brunnenkresse probieren lassen. Wird diese Kost nicht roh genommen, sollte man sie mit kochendem Wasser überbrühen.

Allesfresser (Omnivoren)

Hierzu gehören alle Arten, die auch in der Natur nicht wählerisch sind. Gutes Flockenfutter mit einem Proteingehalt von 40–50% reicht bei vielen Arten als Hauptnahrung aus. Flockenfutter sollte jedoch nicht Alleinnahrung sein, sondern durch Frostfutter, Pflanzenkost wie Algen und Flockenfutter auf Pflanzenbasis mit max. 30% Protein, und evtl. überbrühten Salat ergänzt werden.
Falter- und Kaiserfische sind fast den ganzen Tag über auf Nahrungssuche, aber keine Art dieser beiden Fischfamilien gehört zu den Raubfischen, die sich mit einem großen Beutebrocken auf einmal den Magen füllt, nein, die Nahrung wird in kleinsten Portionen aufgenommen. Das sollte bei der Fütterung von Falter- und Kaiserfischen unbedingt berücksichtigt werden. Häufige Futtergaben in kleinen Portionen, die die Fische in 2–5 Minuten aufnehmen, sind Voraussetzung für das Sattwerden und damit für ein gesundes Wachstum. Wer nicht die Zeit aufbringen kann, morgens, mittags und abends zweimal zu

füttern, der sollte Falter- und Kaiserfische erst gar nicht pflegen.

Fischlänge
Die Spalte gibt die ungefähre Länge von in der Natur ausgewachsenen Exemplaren an. Im Aquarium bleiben die Arten durchweg kleiner, insbesondere solche, die in der Natur über 30 cm lang werden. Diese Arten sollte man im Heimaquarium nicht pflegen, es sei denn, man kann ihnen übergroße Becken ab zwei Meter Länge bieten. Die kleinen Arten bis etwa 12 cm Länge erreichen diese meist auch im Aquarium.

Mindestbeckengröße
Hier wurde bewußt auf eine Längenangabe verzichtet, und dafür Wert auf den Lebensraum gelegt. Deshalb findet man hier eine Angabe in Litern. Sie wissen sicher, wieviel Inhalt Ihr Seewasseraquarium hat. Wenn nicht, kann dies nach der Formel Länge x Breite x Höhe in Zentimetern geteilt durch Tausend leicht ausgerechnet werden.

Beschaffbarkeit
Diese wird durch die Buchstaben l, m, s und 0 gekennzeichnet.

l = Leicht beschaffbar. Es sind Arten, die in der Natur recht häufig vorkommen. In den Hauptfanggebieten wie den Philippinen, Sri Lanka und der Karibik gibt es genügend Exportstationen, von wo aus die Zierfischimporteure beliefert werden.

m = Mittelschwer beschaffbar und in vielen Fällen recht selten im Handel anzutreffen.

s = Schwierig beschaffbar und meist selten in der Natur. Der Anfänger sollte sich mit diesen Arten nicht befassen, sondern ihre Haltung öffentlichen Schauaquarien überlassen.

0 = Die Art ist nach Wissen des Autors noch nicht im Aquarium gepflegt worden bzw. kann nicht durch einen Zierfischimporteur beschafft werden, da die Vorkommensgebiete von den üblichen Fanggebieten zu weit entfernt liegen.

Schwierigkeitsgrad
Die Ansprüche, die Falter- und Kaiserfische an die Haltung im Aquarium stellen, sind durch die Ziffern 1, 2, 3 und 4 angegeben, wobei 1 den niedrigsten Schwierigkeitsgrad darstellt:

1 = Einfach zu pflegende Arten gibt es unter den Falter- und Kaiserfischen nicht. Deshalb konnte der Schwierigkeitsgrad 1 an keinen von ihnen vergeben werden. Diese Note würde etwa auf *Dascyllus trimaculatus, Scatophagus argus* und verschiedene andere Anfängerfische zutreffen.

2 = Fische mit diesem Grad dürften gerade noch als Anfängerfische für den Seewasseraquarianer gelten. Sie sind durchweg leicht mit gutem Flockenfutter und gelegentlichen Gaben von Frostfutter zu ernähren. An die Wasserbeschaffenheit stellen diese Arten nicht allzu hohe Ansprüche. Der pH-Wert kann zwischen 7,9 und 8,5 schwanken. Der Nitrat-Gehalt sollte 200 mg/l und der Nitrit-Gehalt 0,4 mg/l nicht übersteigen.

3 = Der größte Teil der Falter- und Kaiserfische gehört hierzu. Ein gut funktionierender biologischer Filter, möglichst üppiges Grünalgenwachstum, schwache Beckenbesetzung, Fütterung mit wenigstens ein- bis zweimal wöchentlich Lebendfutter, z. B. Mysis, und häufigere Gaben von Tiefkühlfutter wie Brine Shrimps und Rote Mückenlarven sind Voraussetzung. Der pH-Wert kann zwischen 8,1 und 8,4 schwanken. Der Nitrat-Gehalt sollte max. bis 80 mg/l steigen und der Nitrit-Gehalt kurzfristig nicht höher als 0,2 mg/l.

4 = Diese Gruppe sollte nur den öffentlichen Schauaquarien vorbehalten bleiben. Die unter dieser Ziffer erfaßten Fische müssen als äußerst heikel eingestuft werden. Die vorwiegend von Korallen abhängige Ernährungsweise läßt sich im Aquarium nicht nachahmen, zudem haben diese Fische große Anpassungsschwierigkeiten an die von der Natur abweichenden Wasserbedingungen. Wenn man als Taucher Gelegenheit hat, diese Arten lebend im Korallenriff beobachten zu können, so wird man bemerken, daß sie zu den höchsten Kostbarkeiten dieser Erde gehören und wir ihr Leben im Aquarium nicht aufs Spiel setzen sollten.

Übersichtstabelle 1

Wissenschaftlicher Name	Verbreitungsgebiete: Indischer Ozean										Japan bis Australien										Pazifischer Ozean										Atlantischer Ozean							
	Rotes Meer	Ostafrika	Südafrika	Seychellen	Mauritius/Réunion/Madagascar	Arabischer Golf	Sri Lanka (Ceylon)	Malediven	Indien	Thailand	Malaysia-Indonesien	Philippinen	Taiwan	Ryukyu-Inseln	Südjapan	Neuguinea	Großes Barriere-Riff	Lord-Howe-Insel	West-Australien	Süd-Australien	Salomon-Ins. bis Neukaledonien	Fidji-Inseln	Samoa-Inseln	Gesellschafts- u. Tuamotu-Inseln	Pitcairn und Rapa*	Osterinsel	Marshall, Marianen- u. Gilbert-Inseln	Hawaii	Marquesas-Inseln	Östlicher Pazifik	Golf von Mexiko	Florida	Bermudas	Nördl. Karibik	Südl. Karibik	St. Helena und Ascension	Kapverdische Inseln	Westafrika
Familie *Chaetodontidae*																																						
Amphichaetodon howensis																		X		X																		
Amphichaetodon melbae																														X								
Chaetodon aculeatus																															X	X		X				
Chaetodon adiergastos											X	X	X	X					X																			
Chaetodon argentatus												X	X	X	X																							
Chaetodon assarius																			X																			
Chaetodon aureofasciatus																X			X																			
Chaetodon auriga	X	X	X	X	X		X	X	X	X	X	X	X	X	X	X	X	X	X		X	X	X	X	R		X	X	X									
Chaetodon auripes												X	X	X	X																							
Chaetodon austriacus	X																																					
Chaetodon aya																															X	X		X				
Chaetodon baronessa											X	X	X	X		X	X				X	X																
Chaetodon bennetti		X	X	X			X	X	X	X	X	X	X	X	X	X	X	X			X	X	X	X	R		X											
Chaetodon blackburnii		X	X		X																																	
Chaetodon burgessi												X																										
Chaetodon capistratus																															X	X	X	X	X			
Chaetodon citrinellus		X		X	X		X	X	X	X	X	X	X	X	X	X	X	X	X		X	X	X	X			X	X	X									
Chaetodon collare							X	X	X	X	X	X																										
Chaetodon daedalma														X	X																							
Chaetodon declivis																													X									
Chaetodon decussatus							X	X	X	X	X																											
Chaetodon dichrous																																				X		
Chaetodon dolosus		X	X		X																																	
Chaetodon ephippium										X	X	X	X	X	X	X	X		X		X	X	X	X	R		X	X	X									
Chaetodon falcifer																														X								
Chaetodon falcula		X		X	X		X	X	X	X																												
Chaetodon fasciatus	X																																					
Chaetodon flavirostris																	X	X			X	X	X		X													
Chaetodon fremblii																												X										
Chaetodon gardineri							X	X																														
Chaetodon guezei					X																																	
Chaetodon güntheri											?		X	X	X		X	X		X																		
Chaetodon guttatissimus		X	X	X	X		X	X	X	X																												
Chaetodon guyanensis																																		X	X			
Chaetodon hoefleri																																						X
Chaetodon humeralis																																						X
Chaetodon kleinii		X	X	X	X		X	X	X	X	X	X	X	X	X	X	X		X		X	X	X	X			X	X										
Chaetodon larvatus	X																																					
Chaetodon leucopleura	X	X		X																																		

*Diese Angaben basieren auf bisher unveröffentlichten Untersuchungen von Dr. Randall.
R = nur Rapa, P = nur Pitcairn, X = beide.

Tiefenbereich in Metern	Temperaturbereich ○ 15–20°C ◑ 21–24°C ● 25–28°C	Hauptsächliche Naturnahrung: Korallen	Schwämme und Manteltiere	Krebse, Würmer u. and. Wirbellose	Plankton	Algen	Allesfresser	unbekannt	Ungefähre Länge, ausgewachsen, in der Natur (cm)	Mindestbeckengröße Liter – Inhalt	Beschaffbarkeit: l – m – s – 0	Schwierigkeitsgrad 1 – 2 – 3 – 4	Seite (Die Zahlen in Klammern beziehen sich auf Band 1)	Deutscher Name
														Falterfische
10–50	◑						X		18	?	0	?	(59)	Lord-Howe-Pinzettfisch
?	○							X	16	?	0	?	164	Chilefalterfisch
20–100	◑ ●			X					10	200	l	3	165	Karibischer Pinzettfisch
3–20	●	X		X					15	200	s	3	(12)	Philippinen-Falterfisch
5–20	◑ ●						X		20	200	m	3	166	Silberfalterfisch
3–40	◑						X		13	200	s	3	(13)	Westaustralischer Falterfisch
5–15	●	X							13	200	s	3	(14)	Goldstreifen-Falterfisch
3–20	●			X					23	150	l	3	167 (15)	Fähnchen-Falterfisch
?	◑ ●							X	20	150	s	3	168	Goldfalterfisch
2–15	●	X							13	200	s	4	169	Rotmeer-Rippelstreifen-Falterfisch
30–150	◑			X					15	200	0	?	170	Tiefseebank-Falterfisch
3–15	●	X							13	300	s	4	(16)	Baroness
5–30	●						X		18	300	m	4	(18)	Bennetts Falterfisch
?	●							X	13	250	s	3	171	Strahlen-Falterfisch
40–75	●			X					14	200	0	?	172	Burgess Falterfisch
2–15	◑ ●			X					10	150	l	3	173	Pfauenaugen-Falterfisch
2–15	●			X			X		13	200	l	3	(20)	Punktierter Falterfisch, Zitronen-Falterfisch
3–15	●	X		X					16	250	s	3	174	Halsband-Falterfisch
?	◑						X		15	250	0	3	176	Eisenfalterfisch, Eisfalterfisch
15–30	●			X					12	300	0	?	177	Marquesas Falterfisch
2–20	●			X			X		20	200	s	2	178	Gemalter Falterfisch, Schwarzflossen-Vagabund
4–40	●			X					16	300	0	3	180	Igelfalterfisch, Weißrücken-Falterfisch
40–200	●						X		14	250	0	3	181	Mozambique-Falterfisch
5–15	●						X		20	300	l	3	(21)	Sattelfleck-Falterfisch
10–150	◑			X					16	250	s	3	182	Sensen-Falterfisch
3–15	●						X		20	250	l	3	183	Indischer Doppelsattel-Falterfisch, Sichelfleck-Falterf.
2–25	●						X		25	300	m	3	184	Tabakfalterfisch
2–20	●						X		20	250	s	3	(22)	Schwarzer Falterfisch
4–65	◑						X		13	250	s	3	186	Blaustreifen-Falterfisch
20–50	●						X		17	300	s	3	187	Gelbrand-Falterfisch
60–200	●			X					11	?	0	?	188	Rüsselfalterfisch
5–40	◑						X		15	250	s	4	(23)	Günthers Falterfisch
5–25	●						X		12	300	s	4	189	Tüpfel-Falterfisch
100–200	◑			X					12	300	0	?	190	Guyana-Falterfisch
5–35	●							X	20	250	0	3	191	Hoeflers Falterfisch, Westafrikanischer Falterfisch
2–40	○						X		18	300	m	3	192	Ostpazifik-Falterfisch
10–40	●						X		14	200	l	3	(24)	Kleins Falterfisch
3–15	●	X							12	300	s	4	193	Rotmeer-Maskenfalterfisch
30–80	●						X		18	300	s	3	194	Gelbschwanz-Falterfisch

Übersichtstabelle 2

Wissenschaftlicher Name	Verbreitungsgebiete: Indischer Ozean										Japan bis Australien										Pazifischer Ozean										Atlantischer Ozean							
	Rotes Meer	Ostafrika	Südafrika	Seychellen	Mauritius/Réunion/Madagascar	Arabischer Golf	Sri Lanka (Ceylon)	Malediven	Indien	Thailand	Malaysia–Indonesien	Philippinen	Taiwan	Ryukyu-Inseln	Südjapan	Neuguinea	Großes Barriere-Riff	Lord-Howe-Insel	West-Australien	Süd-Australien	Salomon-Ins. bis Neukaledonien	Fidji-Inseln	Samoa-Inseln	Gesellschafts- u. Tuamotu-Inseln	Pitcairn und Rapa	Osterinsel	Marshall, Marianen- u. Gilbert-Inseln	Hawaii	Marquesas-Inseln	Östlicher Pazifik	Golf von Mexiko	Florida	Bermudas	Nördl. Karibik	Südl. Karibik	St. Helena und Ascension	Kapverdische Inseln	Westafrika
Chaetodon lineolatus	X	X	X	X	X		X	X	X	X	X	X	X	X	X	X	X	X	X		X	X	X	X				X										
Chaetodon litus																										X												
Chaetodon lunula		X	X	X	X		X	X	X	X	X	X	X	X	X	X	X	X	X		X	X	X	X	X		X	X	X									
Chaetodon madagascariensis		X	X	X	X		X	X																														
Chaetodon marcellae																																					X	X
Chaetodon marleyi			X																																			
Chaetodon melannotus	X	X		X	X		X	X	X	X	X	X	X	X	X	X	X	X			X	X	X	X			X											
Chaetodon melapterus				X		X																																
Chaetodon mertensii											X	X	X	X		X	X	X			X	X	X	X	R		X											
Chaetodon mesoleucos	X																																					
Chaetodon meyeri		X	X	X			X	X	X	X	X	X	X	X		X	X		X		X						X											
Chaetodon miliaris																												X										
Chaetodon mitratus					X			X			Kokos-Keeling- und Christmas-Insel																											
Chaetodon modestus						X							X	X	X				X								X	X										
Chaetodon multicinctus																												X										
Chaetodon nigropunctatus						X																																
Chaetodon nippon												X	X	X	X																							
Chaetodon ocellatus																															X	X	X	X	X			
Chaetodon ocellicaudus		X									X	X				X																						
Chaetodon octofasciatus							X		X	X	X	X	X	X	X	X	X																					
Chaetodon ornatissimus							X				X	X	X	X	X	X	X	X	X		X	X	X	X	X		X	X	X									
Chaetodon oxycephalus							X				X	X				X																						
Chaetodon paucifasciatus	X																																					
Chaetodon pelewensis																X	X	X			X	X	X	X	X				X									
Chaetodon plebeius							X			X	X	X	X	X	X	X	X	X	X		X	X																
Chaetodon punctatofasciatus											X	X	X	X	X	X	X		X		X						X											
Chaetodon quadrimaculatus															X								X	X	P		X	X	X									
Chaetodon rafflesi							X			X	X	X	X	X	X	X	X				X	X	X	X														
Chaetodon rainfordi																X	X	X																				
Chaetodon reticulatus												X	X	X	X	X	X				X	X	X	X	P		X	X										
Chaetodon robustus																																					X	X
Chaetodon sanctaehelene																																				X		
Chaetodon sedentarius																															X	X		X	X			
Chaetodon selene											X	X	X	X	X	X																						
Chaetodon semeion							X				X	X	X	X		X	X				X	X	X	X			X											
Chaetodon semilarvatus	X																																					
Chaetodon smithi																									X													
Chaetodon speculum					X						X	X	X	X	X	X	X	X	X																			
Chaetodon striatus																															X	X	X	X	X			
Chaetodon tinkeri																												X										

Tiefenbereich in Metern	Temperaturbereich ○ 15–20°C ◑ 21–24°C ● 25–28°C	Hauptsächliche Naturnahrung							Ungefähre Länge, ausgewachsen, in der Natur (cm)	Mindestbeckengröße Liter – Inhalt	Beschaffbarkeit: l – m – s – 0	Schwierigkeitsgrad 1 – 2 – 3 – 4	Seite (Die Zahlen in Klammern beziehen sich auf Band 1)	Deutscher Name
		Korallen	Schwämme und Manteltiere	Krebse, Würmer u. and. Wirbellose	Plankton	Algen	Allesfresser	unbekannt						
10–40	●	X					X		30	400	l	2	(25)	Gestreifter Falterfisch
1–25	◑						X		15	?	0	?	195	Osterinsel-Falterfisch
1–30	●						X		18	250	l	2	(26)	Mondsichel-Falterfisch
10–40	●						X		14	250	l	3	196	Indischer Winkel-Orangenfalterfisch
35–95	○	X		X					14	250	s	4	198	Wellenfalterfisch
1–120	○						X		18	250	s	3	199	Südafrikanischer Falterfisch
3–15	●	X							15	250	l	3	(28)	Schwarzrücken-Falterfisch
3–20	●	X							12	250	s	4	200	Persischer Falterfisch
10–40	●						X		13	250	l	3	(30)	Mertens Falterfisch, Winkel-Orangenfalterfisch
5–30	●							X	16	250	s	3	202	Weißbrauner Rotmeerfalterfisch, Weißgesicht-Falterf.
5–25	●	X							20	400	l	4	(31)	Meyers Falterfisch, Gebänderter Falterfisch
1–250	◑						X		13	250	m	3	204	Hirsekorn-Falterfisch
30–70	●			X					14	300	0	?	206	Mitra-Falterfisch
20–200	◑			X					17	300	0	?	208	Braunband-Falterfisch
5–30	◑						X		12	250	s	3	209	Hawaii-Streifenfalterfisch
3–15	◑	X							13	250	s	4	210	Schwarzpunkt-Falterfisch
5–20	◑ ●							X	15	250	s	3	211	Japanfalterfisch
2–20	◑ ●						X		16	300	l	3	212	Fleckflosser, Nördlicher Falterfisch
3–15	●	X							14	250	s	3	214	Schlußpunkt-Falterfisch
3–20	●	X							10	300	s	4	(32)	Achtbinden-Falterfisch
5–25	●	X							18	400	s	4	(33)	Orangestreifen-Falterfisch
10–40	●	X							25	300	s	3	215	Falscher Gitterfalterfisch
4–30	●						X		14	250	s	3	216	Rotmeer-Orangenfalterfisch
10–30	●						X		13	200	m	3	(34)	Punkt-Diagonalstreifen-Falterfisch
3–20	●	X							10	400	m	4	(35)	Blaupunkt-Falterfisch
5–30	●						X		9	250	m	3	(36)	Punktstreifen-Falterfisch
2–15	●	X							16	300	s	4	218	Vierflecken-Falterfisch
3–15	●	X		X					15	250	m	3	(38)	Großschuppen-Falterfisch
3–15	●	X							13	300	s	4	(39)	Doppelband-Falterfisch
5–20	●	X							15	250	m	3	(40)	Perlen-Falterfisch
1–50	◑ ●							X	17	250	0	?	219	Robuster Falterfisch
2–20	●						X		15	300	0	?	220	St.-Helena-Falterfisch
15–40	●			X					15	200	l	3	222	Karibischer Riff-Falterfisch
10–50	●						X		10	250	s	3	(42)	Goldtupfen-Falterfisch
5–25	●						X		26	250	s	3	(43)	Graupunkt-Falterfisch
4–20	●							X	30	300	l	3	223	Maskarill, Gelber Rotmeer-Falterfisch
10–30	◑							X	17	?	0	?	226	Pitcairn-Falterfisch
3–20	●	X							15	200	l	3	(44)	Malayischer Einfleckfalterfisch
3–20	●			X					16	250	l	2	228	Schwarzbinden-Falterfisch
40–75	◑			X					15	250	s	3	230	Tinkers Falterfisch

Übersichtstabelle 3

Verbreitungsgebiete

Wissenschaftlicher Name	Indischer Ozean										Japan bis Australien										Pazifischer Ozean										Atlantischer Ozean							
	Rotes Meer	Ostafrika	Südafrika	Seychellen	Mauritius/Réunion/Madagascar	Arabischer Golf	Sri Lanka (Ceylon)	Malediven	Indien	Thailand	Malaysia–Indonesien	Philippinen	Taiwan	Ryukyu-Inseln	Südjapan	Neuguinea	Großes Barriere-Riff	Lord-Howe-Insel	West-Australien	Süd-Australien	Salomon-Ins. bis Neukaledonien	Fidji-Inseln	Samoa-Inseln	Gesellschafts- u. Tuamotu-Inseln	Pitcairn und Rapa	Osterinsel	Marshall, Marianen- u. Gilbert-Inseln	Hawaii	Marquesas-Inseln	Östlicher Pazifik	Golf von Mexiko	Florida	Bermudas	Nördl. Karibik	Südl. Karibik	St. Helena und Ascension	Kapverdische Inseln	Westafrika
Chaetodon triangulum		X		X			X	X	X	X	X																											
Chaetodon trichrous																								X					X									
Chaetodon tricinctus																		X																				
Chaetodon trifascialis	X	X	X	X	X		X	X	X	X	X	X	X	X	X	X	X	X			X	X	X	X	R		X	X										
Chaetodon trifasciatus		X		X	X		X	X	X	X	X	X	X	X	X	X	X	X	X		X	X	X	X	R		X	X										
Chaetodon ulietensis											X	X	X	X	X	X	X		X		X	X	X	X			X											
Chaetodon unimaculatus		X	X	X	X		X	X	X	X	X	X	X	X	X	X	X	X	X		X	X	X	X	X		X	X	X									
Chaetodon vagabundus	X	X	X	X	X		X	X		X	X	X	X	X	X	X	X	X			X	X	X	X			X											
Chaetodon wiebeli										X	X	X	X	X	X																							
Chaetodon xanthocephalus		X	X	X	X		X	X																														
Chaetodon xanthurus											X	X	X	X																								
Chaetodon zanzibariensis		X		X	X																																	
Chelmon marginalis																	X		X																			
Chelmon mülleri																	X																					
Chelmon rostratus		X			X		X		X		X	X	X	X		X	X				X																	
Chelmonops truncatus																				X																		
Coradion altivelis															X		X																					
Coradion chrysozonus										X	X	X	X			X			X																			
Coradion melanopus											X					X																						
Forcipiger flavissimus	X	X	X	X	X		X	X	X	X	X	X	X	X	X	X	X	X	X		X	X	X	X	X	X	X	X	X	X								
Forcipiger longirostris				X												X	X							X	P			X	X									
Hemithaurichthys multispinosus																									P													
Hemithaurichthys polylepis										X	X	X	X	X	X	X	X				X	X	X	X	P			X										
Hemithaurichthys thompsoni																												X										
Hemithaurichthys zoster		X	X	X	X		X	X	X																													
Heniochus acuminatus		X	X	X	X	X	X	X	X	X	X	X	X	X	X	X	X	X	X		X	X	X	X			X											
Heniochus chrysostomus									X	X	X	X	X	X	X	X	X		X		X	X	X	X	P		X											
Heniochus diphreutes	X		X				X	X							X				X	X								X										
Heniochus intermedius	X																																					
Heniochus monoceros		X	X	X	X		X	X			X	X	X	X	X	X	X				X	X	X	X			X											
Heniochus pleurotaenia							X	X		X	X																											
Heniochus singularius										X	X	X	X	X	X	X	X		X								X											
Heniochus varius											X	X	X	X	X	X	X		X		X	X	X															
Johnrandallia nigrirostris																														X								
Parachaetodon ocellatus							X		X	X	X	X	X	X		X	X		X		X	X																

Tiefenbereich in Metern	Temperaturbereich ○ 15–20°C ◑ 21–24°C ● 25–28°C	Hauptsächliche Naturnahrung: Korallen	Schwämme und Manteltiere	Krebse, Würmer u. and. Wirbellose	Plankton	Algen	Allesfresser	unbekannt	Ungefähre Länge, ausgewachsen, in der Natur (cm)	Mindestbeckengröße Liter – Inhalt	Beschaffbarkeit: l – m – s – 0	Schwierigkeitsgrad 1 – 2 – 3 – 4	Seite (Die Zahlen in Klammern beziehen sich auf Band 1)	Deutscher Name
3–15	●	X							15	300	m	4	231	Triangel-Falterfisch
3–25	●							X	12	250	s	4	232	Tahiti-Falterfisch
3–15	◑	X							15	300	0	4	(46)	Dreiband-Falterfisch
3–20	●	X							18	300	l	4	(47)	Sparrenfalterfisch
3–20	●	X							15	300	l	4	(48)	Rippelstreifen-Falterfisch, Rotsaum-Falterfisch
3–20	●						X		18	300	m	2	(50)	Pazifischer Doppelsattel-Falterfisch
5–25	●	X							20	250	m	3	233 (51)	Tränentropfen-Falterfisch
3–30	●						X		23	200	l	2	(52)	Vagabund, Schwarzrand-Falterfisch
4–25	●							X	18	250	m	2	234	Hongkong-Falterfisch
5–25	●						X		20	300	m	3	235	Gelbkopf-Falterfisch
15–30	●						X		14	200	l	2	236	Gitter-Orangenfalterfisch
3–15	●	X							12	200	s	3	237	Afrikanischer Einfleckfalterfisch
4–15	●			X					18	300	0	4	(56)	Vierbinden-Pinzettfisch
4–20	●			X					20	300	0	4	(57)	Müllers Pinzettfisch
3–20	●			X					20	250	l	4	(58)	Gewöhnlicher Pinzettfisch, Segelpunkt-Pinzettfisch
2–40	○			X					15	250	0	3	(60)	Schwarzbinden-Pinzettfisch, Talma
3–15	●						X		15	300	s	4	(62)	Hochflossen-Coradion
3–15	●						X		15	300	s	4	(64)	Novara-Coradion
3–15	●						X		13	300	s	4	(66)	Zweiaugen-Coradion
5–25	●			X					15	300	l	3	(68)	Gelber Maskenpinzettfisch
5–25	●			X					19	300	s	4	338 (69)	Röhrenmaul-Pinzettfisch
30–50	◑ ●				X				20	400	0	?	238	Vielstachliger Falterfisch
5–40	●				X				18	400	m	3	(70)	Gelber Pyramiden-Falterfisch
5–40	◑				X				18	400	s	?	239	Rosa Falterfisch
5–40	●				X				16	400	l	2	240	Schwarzer Pyramiden-Falterfisch
2–30	●						X		20	150	l	2	341 (73)	Gemeiner Wimpelfisch
2–20	●	X							15	250	s	4	(74)	Pazifik-Wimpelfisch
3–200	◑ ●				X				15	200	l	2	341 (75)	Schwarm-Wimpelfisch
3–20	●						X		18	250	l	2	242	Rotmeer-Wimpelfisch
3–20	●							X	23	300	m	3	(76)	Masken-Wimpelfisch
3–20	●							X	18	300	m	3	244	Phantom-Wimpelfisch
3–25	●							X	25	250	m	3	(78)	Malayen-Wimpelfisch
3–25	●							X	18	300	m	2	(79)	Schwarzer Wimpelfisch, Seebulle
5–40	◑						X		16	250	s	3	245	Barbier-Falterfisch
3–50	●						X		17	250	m	3	(82)	Segelfalterfisch, Fünfbinden-Falterfisch

Übersichtstabelle 4

Wissenschaftlicher Name	Indischer Ozean										Japan bis Australien										Pazifischer Ozean										Atlantischer Ozean							
	Rotes Meer	Ostafrika	Südafrika	Seychellen	Mauritius/Réunion/Madagascar	Arabischer Golf	Sri Lanka (Ceylon)	Malediven	Indien	Thailand	Malaysia-Indonesien	Philippinen	Taiwan	Ryukyu-Inseln	Südjapan	Neuguinea	Großes Barriere-Riff	Lord-Howe-Insel	West-Australien	Süd-Australien	Salomon-Ins. bis Neukaledonien	Fidji-Inseln	Samoa-Inseln	Gesellschafts- u. Tuamotu-Inseln	Pitcairn und Rapa	Osterinsel	Marshall, Marianen- u. Gilbert-Inseln	Hawaii	Marquesas-Inseln	Östlicher Pazifik	Golf von Mexiko	Florida	Bermudas	Nördl. Karibik	Südl. Karibik	St. Helena und Ascension	Kapverdische Inseln	Westafrika
Familie *Pomacanthidae*																																						
Apolemichthys arcuatus																												X										
Apolemichthys guezei					X																																	
Apolemichthys trimaculatus		X	X	X	X		X	X		X	X	X	X	X	X	X	X		X		X						X											
Apolemichthys xanthopunctatus																					Karolinen- u. Line-Ins.																	
Apolemichthys xanthotis	X																																					
Apolemichthys xanthurus					X		X	X	X																													
Centropyge acanthops		X	X		X																																	
Centropyge argi																															X	X	X	X				
Centropyge aurantius																X	X						X															
Centropyge aurantonotus																																			X			
Centropyge bicolor											X	X	X	X	X	X	X		X		X	X	X															
Centropyge bispinosus		X		X			X	X			X	X	X	X	X	X	X	X			X	X	X	X			X											
Centropyge colini											Kokos-Keeling-Ins.																											
Centropyge eibli							X	X		X	X					X	X		X																			
Centropyge ferrugatus													X	X	X																							
Centropyge fisheri																												X										
Centropyge flavicauda											X	X	X	X	X	X	X				X	X	X	X														
Centropyge flavipectoralis							X																															
Centropyge flavissimus																	X				X	X	X	X	X		X		X									
Centropyge heraldi													X	X	X		X				X				P		X											
Centropyge hotumatua																									X	X												
Centropyge interruptus															X																							
Centropyge joculator											Kokos-Keel.- u. Christm.-Ins.																											
Centropyge loriculus																X					X			X	P		X	X										
Centropyge multicolor																								X			X											
Centropyge multifasciatus											X	X				X					X	X	X	X														
Centropyge multispinis		X	X	X			X	X		X																												
Centropyge nigriocellus																					Johnston- und Line-Ins.																	
Centropyge nox											X	X				X	X				X																	
Centropyge potteri																												X										
Centropyge resplendens																																				X		
Centropyge species („shepardi")																											X											
Centropyge tibicen											X	X	X	X	X	X	X	X	X		X																	
Centropyge vroliki											X	X	X	X	X	X	X	X			X						X											
Chaetodontoplus ballinae																				X																		
Chaetodontopl. caeruleopunctatus												X																										
Chaetodontoplus chrysocephalus											X		X		X																							
Chaetodontoplus conspicillatus																		X			X																	
Chaetodontoplus dubouleyi													X			X	X		X																			

Tiefenbereich in Metern	Temperaturbereich ○ 15–20°C ◑ 21–24°C ● 25–28°C	Hauptsächliche Naturnahrung: Korallen	Schwämme und Manteltiere	Krebse, Würmer u. and. Wirbellose	Plankton	Algen	Allesfresser	unbekannt	Ungefähre Länge, ausgewachsen, in der Natur (cm)	Mindestbeckengröße Liter – Inhalt	Beschaffbarkeit: l – m – s – 0	Schwierigkeitsgrad 1 – 2 – 3 – 4	Seite (Die Zahlen in Klammern beziehen sich auf Band 1)	Deutscher Name
														Kaiserfische
12–50	◑		X						18	300	l	3	253	Flaggen-Zwergkaiserfisch, Hawaii-Engelfisch
?	◑ ●								15	350	0	?	254	Schwarzkopf-Zwergkaiserfisch
10–35	●		X						15	350	l	3	(92)	Gelber Dreipunkt-Zwergkaiserfisch
?	●		X						25	400	0	?	255	Goldtupfen-Zwergkaiserfisch
10–25	●		X						15	300	s	3	256	Rotmeer-Rauchglas-Engelfisch
5–20	●		X						15	300	m	3	258	Indischer Rauchglas-Engelfisch
15–50	●					X			7	100	s	2	259	Orangerücken-Herzogfisch
30–70	◑ ●					X			6,5	100	m	3	260	Zwergherzogfisch
3–20	●							X	10	250	s	2–3	(94)	Goldbrauner Herzogfisch
15–200	●							X	6	100	s	2–3	261	Flammenrücken-Zwergherzogfisch
3–20	●					X			15	250	m	3	(95)	Blaugelber Herzogfisch
10–50	●					X			8	150	m	3	(98)	Kennedys Herzogfisch, Blauschwarzer Streifenherzogf.
50–100	●							X	8	200	0	?	262	Colins Herzogfisch
10–30	●					X			15	150	m	3	(100)	Schmuck-Herzogfisch
10–30	●							X	10	200	m	3	263	Rostbrauner Herzogfisch
30–70	◑					X			6	150	s	3	264	Hawaii-Herzogfisch
10–60	●					X			6	150	s	3	(101)	Weißschwarz-Herzogfisch
3–20	●					X			10	200	s	3	265	Mondstrahl-Herzogfisch
2–15	●					X			9	200	l	3	(102)	Zitronen-Herzogfisch
10–45	●					X			10	200	l	3	(103)	Goldener Herzogfisch
14–50	◑							X	8	200	0	?	266	Osterinsel-Herzogfisch
15–60	◑					X			15	200	s	3	267	Japanischer Herzogfisch
15–70	●							X	9	200	0	?	268	Kokos-Herzogfisch
5-60	●						X		12	200	m	2	(104)	Feuer-Herzogfisch
20–60	●							X	9	200	0	4	269	Bunter Herzogfisch
20–70	●							X	10	250	s	3	(105)	Zebra-Herzogfisch
3–40	●					X			9	200	l	3	(106)	Blaubrauner Herzogfisch
4–15	●					X			6	150	0	?	270	Dreiaugen-Herzogfisch
10–40	●					X			9	300	l	3	(107)	Schwarzer Herzogfisch, Mitternachts-Herzogfisch
10–50	◑					X			10	200	l	3	271	Potters Herzogfisch, Rosetten-Herzogfisch
15–40	◑ ●					X			6	150	s	3	272	Saphir-Herzogfisch
10–56	●					X			12	250	0	?	273	Guam-Herzogfisch, Shepards Herzogfisch
4–30	●					X			18	350	l	2	(108)	Leuchtfleck-Herzogfisch
3–15	○					X			10	200	l	2–3	(109)	Perlen-Herzogfisch
?	◑		X						20	?	0	?	(112)	Perlgrauer Kaiserfisch
?	●		X						14	300	s	4	274	Kristall-Kaiserfisch
?	◑ ●		X						22	300	s	3	275	Brauner Kaiserfisch
?	●		X						25	400	s	4	(113)	Kragen-Kaiserfisch, Stattlicher Kaiserfisch
5–20	●		X						25	300	s	3	(114)	Australischer Kaiserfisch

Übersichtstabelle 5

Wissenschaftlicher Name	Verbreitungsgebiete: Indischer Ozean										Japan bis Australien										Pazifischer Ozean										Atlantischer Ozean							
	Rotes Meer	Ostafrika	Südafrika	Seychellen	Mauritius/Réunion/Madagascar	Arabischer Golf	Sri Lanka (Ceylon)	Malediven	Indien	Thailand	Malaysia–Indonesien	Philippinen	Taiwan	Ryukyu-Inseln	Südjapan	Neuguinea	Großes Barriere-Riff	Lord-Howe-Insel	West-Australien	Süd-Australien	Salomon-Ins. bis Neukaledonien	Fidji-Inseln	Samoa-Inseln	Gesellschafts- u. Tuamotu-Inseln	Pitcairn und Rapa	Osterinsel	Marshall, Marianen- u. Gilbert-Inseln	Hawaii	Marquesas-Inseln	Östlicher Pazifik	Golf von Mexiko	Florida	Bermudas	Nördl. Karibik	Südl. Karibik	St. Helena und Ascension	Kapverdische Inseln	Westafrika
Chaetodontoplus melanosoma											X	X	X	X	X	X																						
Chaetodontoplus mesoleucus											X	X	X	X	X	X					X																	
Chaetodontoplus personifer													X				X		X																			
Chaetodontoplus septentrionalis											X	X	X	X	X																							
Genicanthus bellus											Kokos-Keeling-Ins.													X														
Genicanthus caudovittatus	X	X			X																																	
Genicanthus lamarck		X									X	X		X	X	X					X																	
Genicanthus melanospilos											X			X		X	X				X	X																
Genicanthus personatus																												X										
Genicanthus semicinctus																		X																				
Genicanthus semifasciatus													X	X	X																							
Genicanthus spinus																									X													
Genicanthus watanabei													X	X	X		X				X			X	P													
Holacanthus africanus																																					X	X
Holacanthus bermudensis																															X	X	X	X				
Holacanthus ciliaris																															X	X		X	X			
Holacanthus clarionensis																														X								
Holacanthus limbaughi																														X								
Holacanthus passer																														X								
Holacanthus tricolor																															X	X	X	X	X			
Holacanthus venustus													X	X	X																							
Pomacanthus arcuatus																															X	X		X	X			
Pomacanthus annularis							X		X	X	X					X					X																	
Pomacanthus asfur	X																																					
Pomacanthus chrysurus		X		X																																		
Pomacanthus imperator	X	X	X	X	X	X	X	X	X	X	X	X	X	X	X	X	X		X		X	X	X	X	P		X	X										
Pomacanthus maculosus	X					X																																
Pomacanthus navarchus											X					X			X																			
Pomacanthus paru																															X	X	X	X	X			X
Pomacanthus semicirculatus	X	X	X	X	X		X	X	X	X	X	X	X	X	X	X	X	X	X		X	X	X															
Pomacanthus sexstriatus											X	X	X	X		X	X		X		X																	
Pomacanthus striatus		X	X	X																																		
Pomacanthus xanthometopon								X			X			X		X	X																					
Pomacanthus zonipectus																														X								
Pygoplites diacanthus	X	X		X	X		X	X	X	X	X	X	X	X		X	X		X		X	X	X	X			X											

Tiefenbereich in Metern	Temperaturbereich ○ 15–20°C ◐ 21–24°C ● 25–28°C	Hauptsächliche Naturnahrung: Korallen	Schwämme und Manteltiere	Krebse, Würmer u. and. Wirbellose	Plankton	Algen	Allesfresser	unbekannt	Ungefähre Länge, ausgewachsen, in der Natur (cm)	Mindestbeckengröße Liter – Inhalt	Beschaffbarkeit: l – m – s – 0	Schwierigkeitsgrad 1 – 2 – 3 – 4	Seite (Die Zahlen in Klammern beziehen sich auf Band 1)	Deutscher Name
5–25	●		X						17	250	m	3	(116)	Phantom-Kaiserfisch
5–25	●		X						17	250	m	3	(117)	Rauchgrauer Zwergkaiserfisch, Mond-Zwergkaiserf.
10–50	●		X						23	400	s	4	(118)	Sternchen-Kaiserfisch, Himmelsmasken-Kaiserfisch
5–20	●		X						20	300	s	4	276	Blaustreifen-Kaiserfisch
50–100	◐ ●				X				17	300	s	4	277	Pracht-Lyrakaiserfisch
25–50	●				X				20	300	s	3	278	Rotmeer-Lyrakaiserfisch
10–50	●				X				12	250	s	3	(127)	Vierstreifen-Lyrakaiserfisch, Lamarcks Engelfisch
20–50	●				X				21	400	s	3	(128)	Zebra-Lyrakaiserfisch
20–85	◐					X			21	400	s	3	280	Masken-Lyrakaiserfisch
20–50	◐				X				18	400	s	3	(129)	Halbgebänderter Lyrakaiserfisch
15–100	●				X				20	400	s	3	281	Japan-Lyrakaiserfisch
30–60	◐				X				35	500	0	?	282	Pitcairn-Lyrakaiserfisch
30–50	●				X				15	300	m	3	(130)	Gelbstrich-Lyrakaiserfisch
2–40	◐ ●		X						45	500	s	3	284	Ghana-Engelfisch
2–60	◐ ●		X						45	500	l	3	286	Bermuda-Engelfisch, Blauer Engelfisch
2–70	◐ ●		X						45	500	l	3	288	Königin-Engelfisch, Blaustirn-Kaiserfisch
5–70	◐		X						20	400	s	4	292	Orangen-Engelfisch
6–70	◐		X						25	?	0	?	294	Clipperton-Engelfisch
3–80	◐		X						25	400	m	4	295	Passer-Engelf., California-Engelf., „Kaiser von Mexiko“
1–40	◐ ●		X						30	400	l	3	296	Felsenschönheit, Der dreifarbige Klippfisch
10–40	●							X	10	250	m	3	299	Gelbhalsband-Engelfisch
2–40	◐ ●		X						50	500	l	3	300	Großflossen-Kaiserfisch, Grauer Kaiserfisch
10–30	●		X						30	400	m	4	(132)	Ringkaiserfisch
3–15	●		X						40	300	l	3	302	Halbmond-Kaiserfisch
5–20	●		X						25	400	l	3	304	Gelbschwanz-Kaiserfisch
3–70	●		X						30	500	l	3	(134)	Imperator, Eigentlicher Kaiserfisch
4–20	●		X						30	500	m	3	306	Sichelkaiserfisch
3–20	●		X						25	400	m	4	(120)	Traumkaiserfisch, Blaugürtel-Kaiserfisch
3–30	◐ ●		X						38	500	l	3	308	Franzosen-Kaiserfisch
5–30	●		X						40	500	l	3	(136)	Koran-Kaiserfisch
5–30	●		X						50	800	m	3	(121)	Sechsbinden-Kaiserfisch
?	◐ ●		X						46	800	s	3	310	Trapez-Kaiserfisch
5–20	●		X						38	500	m	4	(124)	Diadem-Kaiserfisch
6–35	◐		X						46	500	s	4	311	Cortez-Kaiserfisch
3–25	●		X						25	400	m	4	(138)	Pfauenkaiserfisch

Wie fotografiert man Falter- und Kaiserfische im Meer?

Viele meiner Tauchpartner, wie auch andere, welche ich auf meinen verschiedenen Reisen traf, haben großes Interesse an den Methoden und der Ausrüstung gezeigt, mit denen man unter Wasser Fische fotografieren kann. Sowohl Roger Steene, der Autor von Band 1, als auch ich verwenden ähnliche Techniken, die ich nun kurz beschreiben will. Wir benutzen eine Nikon-F-Spiegelreflexkamera, doch gibt es auf dem Markt noch etliche andere exzellente Kameras, die ähnliche Möglichkeiten bieten. Wir wählten die Nikon-F wegen ihres weiten Angebots an Zubehör, darunter einen großen „actionfinder" mit Mattscheibe, welcher für die Unterwasserfotografie von besonderer Wichtigkeit ist. Ein anderer Vorteil des Nikon-Systems ist das ausgezeichnete 105-mm-Makro-Nikkor-Objektiv, welches der eigentliche Schlüssel zum Gelingen von guten Fischporträts darstellt. Gelegentlich benutzen wir auch ein 55-mm-Makro-Objektiv, so zum Beispiel, wenn wir einen Fischschwarm oder einen ungewöhnlich großen Fisch fotografieren oder wenn wir im kühleren Wasser tauchen (die Fische dort sind weniger scheu, und man kann sich ihnen leichter nähern als den tropischen Arten). Dennoch, das 105-mm-Objektiv ist das eigentliche „Arbeitspferd", und wir benutzen es in tropischen Gewässern im allgemeinen bei 95% der Fälle. Es ist höchst vielseitig für Nahaufnahmen verwendbar, bei Motiven, deren Größe von den jungen Falterfischen, Demoisellen und Schleimfischen bis hin zu den größeren Kaiserfischen reicht.

Die Kamera selbst wird in ein kommerziell hergestelltes Unterwassergehäuse gesteckt. Ich benutze ein Aluminiumgehäuse der Firma Oceanic Products, während Steene das populäre, leichtgewichtige Ikelite-Gehäuse verwendet, welches aus durchsichtigem Kunststoff gefertigt ist. Beide Gehäuse werden in den USA hergestellt, doch ähnliche Modelle kann man auch von europäischen oder japanischen Herstellern beziehen.

Sowohl Steene als auch ich benutzen eine relativ einfache Elektronenblitztechnik, die aus einem einzigen billigen Blitz besteht, welcher in einem Kunststoffgehäuse untergebracht ist. Dieses ist in einer seitlichen Stellung etwa 30 cm vom Kameragehäuse entfernt oder aber direkt oberhalb des Kameragehäuses angebracht. Der Blitz ist auf einem beweglichen Arm befestigt, wodurch es möglich ist, den Blitz nach verschiedenen Winkeln auszurichten, je nach Entfernung zum Motiv. Der Blitz wird mit dem Kameragehäuse durch ein kommerziell hergestelltes Synchronkabel verbunden, das absolut wasserisoliert ist. Da alle Fotos mit dem Blitz gemacht werden, benutzen wir durchgängig eine Verschlußgeschwindigkeit von 1/60 sec. Wir bevorzugen als Film den Ektachrome ER mit einer Empfindlichkeit von 19 DIN (ASA 64). Als Blendenöffnung sind für diesen Film bei den Bedingungen unter Wasser folgende Werte zu empfehlen (die Entfernung Objekt – Motiv in Klammern) F-16 (25–30 cm), F-11 (35–45 cm), F-8 (60–80 cm), F-5,6 (90–120 cm), bei einer Leitzahl des Elektronenblitzes von 28 (18 DIN – 50 ASA). Dennoch, um nichts dem Zufall zu überlassen, mache ich in der Regel zwei weitere Aufnahmen, wobei ich noch jeweils einen Wert über bzw. unterhalb des Wertes wähle, den ich als richtig ansehe. (Anm. des Übersetzers: Die Helligkeit des Hintergrundes wie des Objektes selbst machen mitunter eine Abweichung vom Idealwert notwendig. Ein dunkler Hintergrund bzw. ein dunkles Objekt verlangen eine größere Blendenöffnung, ein hellerer Hintergrund bzw. ein helleres Objekt machen eine kleinere Blende notwendig.) All dies verlangt vom Fotografen ein ungeheures Maß an Geduld und Mut, im richtigen Moment den Auslöser zu betätigen, dann, wenn die Kombination von Schärfe, Stellung des Motivs und der gewünschte Hintergrund übereinstimmen. In der Unterwasserfotografie, wie in den meisten anderen gleichartigen Unternehmungen, gibt es keinen Ersatz für Erfahrungen, die man sich mit der Zeit aneignet. Hat man erst einmal eine geeignete Ausrüstung erstanden, so ist es eine Sache der Praxis, und in einigen Fällen kann es durchaus auch Jahre dauern, bevor man wirklich gute Resultate erzielt. (Anm. der Redaktion: Wer sich in die Materie der Unterwasserfotografie einarbeiten möchte, dem sei u. a. die folgende Literatur zum Studium empfohlen: Arnd Rödiger, Unter Wasser fotografieren, München, 1976; Freihen, Unter-Wasser-Foto-Praktikum, Stuttgart, 1977).

Anhang zu Band 1

Korrekturen Band 1

S. 24 *Chaetodon kleini* = *C. kleinii*
S. 28 *Chaetodon melanotus* = *C. melannotus*
S. 28 Bild 31 und 33 zeigen *C. ocellicaudus* juv.
S. 30 *Chaetodon mertensi* = *C. mertensii*
S. 53 Bild 77 zeigt einen Hybriden von *C. lunula* x *C. auriga*
S. 59 *Chelmonops howensis* wurde von BURGESS umbenannt in *Amphichaetodon howensis*
S. 83 Bild zeigt *Atypichthys latus*
S. 114 *Chaetodontoplus dubouleyi* = *C. duboulayi*
S. 116 *Juvenile Chaetodontoplus melanosoma* sind schwarz gefärbt.
S. 124 *Euxiphipops xanthometapon* = *Pomacanthus xanthometopon*

Ergänzung des Bild- und Textmaterials

Der nachfolgende Anhang zu Band 1 ist im Hinblick auf Ergänzungen, tages- resp. nachtzeitliche, geografische, alters- und geschlechtsbedingte Farbabweichungen diesem Band angefügt. Einige besonders gelungene UW-Landschaftsaufnahmen können dem Aquarianer Anregung geben für die naturnahe Gestaltung der Aufbauten im Aquarium.

486.
Heniochus monoceros
Eine dynamische UW-Aufnahme an der Küste von Kenia. Der tauchende Fotograf sollte ruhig einmal experimentieren und sich an solchen fotografischen Aufgaben wie dieser hier versuchen.
Foto: Voigtmann.

Nachtfärbungen verschiedener Falterfische

487 ▲

488 ▲

487.
Chaetodon citrinellus
Nachtfärbung.
UW-Aufnahme,
Australisches
Barriere-Riff.
Foto: Steene.

489.
Chaetodon vagabundus
Australisches
Barriere-Riff.
Foto: Steene.

488.
Chaetodon rafflesi
Nachtfärbung.
Australisches
Barriere-Riff.
Foto: Steene.

490.
Chaetodon lineolatus
Nachtfärbung.
Küste von Kenia.
UW-Aufnahme.
Foto: Kipper.

489 ▼

490 ▼

Chaetodon auriga

491.
Chaetodon auriga
Nachtfärbung.
Küste von Kenia.
Foto: Kipper.

Jungtiere verschiedener Falter- und Kaiserfische

492 ▲ 494 ▼

493 ▲ 495 ▼

496 ▼

492.
Chaetodon güntheri
6 cm. Aquariumaufnahme, Taiwan.
Foto: Shen.

493.
Centropyge flavissimus
6 cm. Hier wird der Beweis erbracht, daß die Art als Jungtier einen Fleck auf der Körpermitte hat.
Foto: Steene.

494.
Vinculum sexfasciatum
6 cm.
Foto: Steene.

495.
Chaetodontoplus melanosoma
4,3 cm.
Foto: Norman.

496.
Apolemichthys trimaculatus
4,5 cm. Es beginnt sich gerade der schwarze Strich auf der Afterflosse herauszubilden. Mit ca. 7 cm Länge verliert der Fisch den schwarzen Augenfleck in der Rückenflosse.
Foto: Baensch.

497.
Chaetodontoplus melanosoma
SL 117 mm, TL 142 mm. Das Tier wurde im Südwesten von Shikoku, Japan, gefangen. Es zeigt starke Farb- und Körperproportions-Unterschiede zu dem Tier im Foto 498. Es wurden Vermutungen darüber angestellt, ob es sich um eine Farbvariante, ein Tier in Geschlechtsumwandlung oder sogar um eine eigene Art handelt. Sogar eine Kreuzung zwischen *C. chrysocephalus* und *C. melanosoma* wäre möglich.
Foto: Randall.

Geschlechtsunterschiede und Farbvarianten

497 ▲ 499 ▼

498 ▲ 500 ▼

501 ▼

498.
Chaetodontoplus melanosoma
Mit gelber Schwanzflosse. Diese Zeichnung wurde von Bleeker als *Chaetodontoplus dimidiatus* beschrieben. Vergleiche: Band 1, S. 116.
Das Tier hat eine Länge von 18 cm und wurde bei den Molukken aufgenommen.
Foto: Debelius.

499.
Pygoplites diacanthus
UW-Aufnahme, Rotes Meer. Man beachte den Farbunterschied zu den Fotos in Band 1, S. 138/139. Die Fische dieser Art im Roten Meer haben eine orangefarbene Kehle, während die Fische des Indo-Pazifiks eine blaue Kehle haben.
Foto: Rödiger.

500.
Chaetodontoplus personifer
♀ SL 177 mm; das in Band 1, S. 118 abgebildete Tier, Foto 175, ist ein ♂.
Foto: Shen.

501.
Genicanthus watanabei
Diese Farbvariante von Taiwan wurde von Shen und Liu als *Genicanthus vermiculatus* beschreiben. Vergleiche Band 1, S. 130.
Foto: Shen.

Forcipiger longirostris BROUSSONET, 1782
(Schwarzer) Röhrenmaul-Pinzettfisch

502 ▲

503 ▼

Die häufigere gelbfarbige Farbspielart dieser Spezies wurde in Band 1 behandelt. Obwohl *F. longirostris* eine recht große Verbreitung im tropischen Indo-Westpazifik hat, ist die dunkle Erscheinungsform nur selten zu sehen. Die meisten Berichte über Beobachtungen und alle lebend gefangenen Exemplare stammen von der Kona-Küste der Insel Hawaii, so zum Beispiel von der Stadt Refugue und der Kealakekua-Bay, wo jeden Tag einige Einzelexemplare angetroffen werden können. Beobachtet wurde diese Färbung auch bei den Gesellschaftsinseln, am Großen Barriere-Riff und kürzlich erst bei den Komoren und der Christmasinsel im Indischen Ozean.
Am letztgenannten Ort kommt *F. longirostris* ungefähr doppelt so oft vor wie der nahe Verwandte *F. flavissimus*. Es wurde auf 100 gelbe ungefähr ein schwarzes Individuum beobachtet. Darüber hinaus hat man dort gleichfalls eine sehr seltene farbliche Übergangsform gesehen (s. Foto). Röhrenmaul-Pinzettfische trifft man allgemein einzeln oder in Paaren an, die schwarze Farbspielart dann gewöhnlich in Gesellschaft eines gelben Exemplars. Dunkle Exemplare, die im Aquarium gehalten werden, verändern die schwarze Färbung oft in das normale Gelb, oder sie verändern diese wenigstens zum Teil. Die Art ist nahe verwandt mit *F. flavissimus*, doch unterscheiden sie sich von dieser durch ihr längeres Maul (s. S. 68–69 Band 1). Die Maximallänge beträgt ungefähr 19 cm.

Ein natürliches Riff im Roten Meer als Beispiel für Dekoration im Aquarium

502.
Forcipiger longirostris
In der farblichen Übergangsform zwischen Gelb und Schwarz. Diese äußerst seltene Aufnahme schoß Jerry Allen bei den Christmas-Inseln in 12 m Tiefe.

503.
Forcipiger longirostris
in einer Länge von 15 cm. Die Aufnahme entstand an der Kona-Küste (Hawaii) in 10 m Tiefe. Diese schwarze (melanistische) Form kommt äußerst selten vor. Auf einhundert Exemplare gibt es normalerweise höchstens ein schwarzes Individuum. Um Hawaii ist die melanistische Form häufiger.
Foto: Allen.

504.
Chaetodon melannotus
Dieses Foto sieht aus wie eine Aquariumaufnahme mit den dekorativ aufgebauten Korallen. In Wirklichkeit wurde es an der Küste von Kenia in einem Unterwasserpark geschossen. Die Schreibweise von *C. melannotus* mit zwei „n" ist nach den neuesten Regeln der Nomenklatur richtig.
Foto Voigtmann.

504.

Ein außergewöhnlicher Schwarm von *Heniochus acuminatus*, Malediven

Foto: Voigtmann

Unterscheidung von *Heniochus acuminatus* und *H. diphreutes*

Diese beiden Arten wurden schon in Band 1 behandelt, doch haben etliche Leser den Wunsch geäußert, noch weitere Informationen hinsichtlich der Unterschiede zwischen diesen beiden Arten zu erhalten. Allen und Kuiter (1978) veröffentlichten die Ergebnisse ihrer Untersuchungen, welche die Hauptunterschiede im Detail erklären. Zunächst unterscheiden sich diese Arten deutlich im Hinblick auf ihre Ökologie und ihr allgemeines Verhalten.
H. acuminatus trifft man entweder allein oder in Paaren an, und ist eng gebunden an den Riffteil, wo lebende Korallen wachsen. Dagegen wird *H. diphreutes* gewöhnlich in großen Schwärmen angetroffen, die sich von Zooplankton weit über dem Boden ernähren. Sie nähern sich nur dem Riff, wenn Gefahr droht. Nicht selten bewohnen sie relativ öde Sandgebiete, wo sie sich über isolierten Felsen oder toten Korallenblöcken aufhalten. Darüber hinaus unterscheiden sich die beiden Arten auch im Hinblick einiger wichtiger morphologischer Charakteristika, die im folgenden näher erläutert werden:
Rückenstacheln – *H. acuminatus* hat normalerweise 11 im Vergleich zu 12 beim *H. diphreutes*.
Flossenproportionen – Die Bauchflossen sind beim *diphreutes* bedeutend länger als beim *acuminatus*. Das Gegenteil ist der Fall hinsichtlich der Afterflosse. Beim *acuminatus* ist die Afterflosse länger als beim *diphreutes*. Es gibt desgleichen Unterschiede hinsichtlich der Form der Afterflosse. Beim *acuminatus* ist sie sanft gerundet, beim *diphreutes* stark winklig.
Kopfform – Das Maul des *H. acuminatus* ist stärker betont. Das ventrale Kopfprofil des *diphreutes* ist voller und robuster (s. Zeichungen).
Maximalgröße – *H. acuminatus* erreicht eine Länge von ungefähr 25 cm, während *H. diphreutes* nur etwa 15 cm groß wird. Ein Unterschied besteht auch hinsichtlich der Minimalgröße der postlarvalen Jungtiere. Die Jungen von *H. acuminatus* haben eine Standardlänge von ungefähr 15 mm (vom Maul bis zur Schwanzwurzel), während die kleinsten *H. diphreutes* 25–30 mm lang sind. *H. acuminatus* ist weit verbreitet im gesamten Indo-Westpazifik, doch kommt er nicht bei Hawaii und im Roten Meer vor. Dort aber findet man *H. diphreutes*. Letzterer ist auch beheimatet im südlichen Japan, in Neusüdwales, Westaustralien, den Malediven und bei Durban, Südafrika. Beide Arten zusammen trifft man an bestimmten Stellen vor der Küste Neusüdwales, Australien.

Heniochus acuminatus
Gemeiner Wimpelfisch

Heniochus diphreutes
Schwarmwimpelfisch

506 ▲

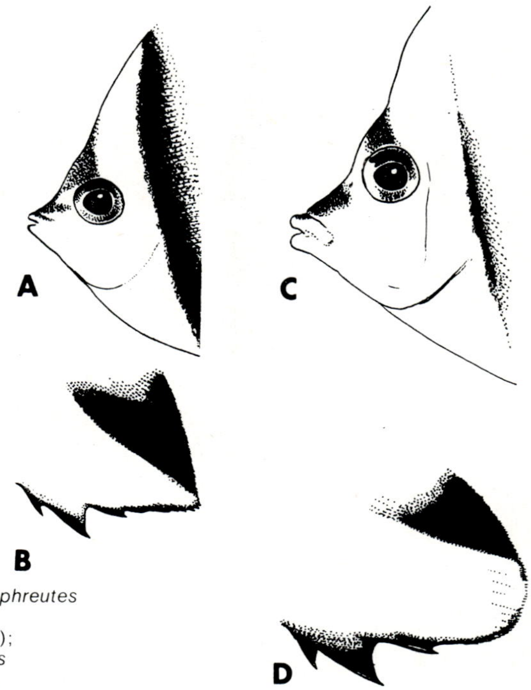

506.
Heniochus acuminatus
Bei diesem Tier ist der 4. Rückenflossenstrahl ungewöhnlich lang ausgezogen. Unterwasseraufnahme Ostafrika.
Foto: Rödiger.

507.
Heniochus diphreutes
Die fast stets im Schwarm vorkommende Art wurde im Roten Meer fotografiert.
Foto: Schuch.

508.
Heniochus acuminatus
Die fast immer einzeln oder paarweise vorkommende Art wurde hier bei den Abrolhos-Inseln vor West-Australien aufgenommen.
Foto: Allen.

Heniochus diphreutes
Kopf (A) und Analflosse (B);
H. acuminatus
Kopf (C) und Analflosse (D).

507 ▼

508 ▼

Centropyge tibicen beim Ablaichen

509 ▲

510 ▼

509.
Centropyge tibicen
Pärchen. Miyake-Jima, Japan. Deutlich erkennt man die farblichen Unterschiede der Geschlechter. Oben ♀, unten ♂.
Foto: Moyer.

510.
Zum Ablaichen steigen die Tiere zur Wasseroberfläche auf, und im freien Wasser werden Eier und Sperma ausgestoßen. Deutlich sieht man über dem wieder dem Boden zustrebenden Pärchen eine Wolke der ausgestoßenen Geschlechtsprodukte. Die Aufnahme ist von höchstem Seltenheitswert.
Foto: Moyer.

Weiterführende Literatur über Falter- und Kaiserfische

Eine umfassende Liste der bedeutenden Arbeiten, die sich mit Falter- und Kaiserfischen befassen, wird nachfolgend gegeben. Diese beinhaltet Referenzangaben, auf die im Buch Bezug genommen wird. Zur Erleichterung für den Leser wurden die Angaben in zwei Bereiche unterteilt: Der erste behandelt die allgemeine Biologie der Falter- und Kaiserfische; der zweite behandelt ihre Klassifizierung.

Biologie der Falter- und Kaiserfische und allgemeine Literatur.

Abel, E. R. 1960. Zur Kenntnis des Verhaltens und der Ökologie von Fischen an Korallenriffen bei Ghardapa (Rotes Meer). Z. Morphol. Ökol. Tiere, 49: 430–503.

Bauer, J. A., Jr. and G. Klay. 1974. Pigmy angels spawn. Octopus, 1 (5): 7–18.

Burgess, W. E. 1974. Une forme atypique de *Chaetodon* de Ceylon. Rev. fr. Aquariol., 2: 37–40.

Chlupaty, P. 1962. About the butterflyfishes of the genus *Chaetodon*. Trop. Fish Hobbyist, 11 (3): 42–47.

Debelius, H. 1976. Eine Erstvorstellung: *Chaetodon arabicus* (Steindachner). Das Aquarium, 84 (Juni): 261–263.

Ehrlich, P. R., F. H. Talbot, B. C. Russell, and G. R. V. Anderson. 1977. The behaviour of chaetodontid fishes with special reference to Lorenz's „poster colouration" hypothesis. J. Zool., Lond., 183: 213–228.

Feddern, H. A. 1968. Hybridization between the western Atlantic angelfishes, *Holacanthus isabelita* and *H. ciliaris*. Bull. Mar. Sci., 18(2): 351–382.

Fraser-Brunner, A. 1951. Pattern development in the chaetodont fish *Pomacanthus annularis* (Bloch), with a note on the status of *Euxiphipops* Fraser. Copeia, No. 1: 88–89.

Fricke, H. W. 1976. Bericht aus dem Riff. Piper-Verlag, München, W. Germany.

Graaf, Frank de 1977. Zwergkaiserfische. DATZ, 2 (Februar): 60–63.

Graaf, Frank de 1977. Zwergkaiserfische II. DATZ, 4 (April): 132–135.

Hamilton, W. J. III and R. M. Petermann. 1971. Countershading in the colorful reef fish *Chaetodon lunula*: concealment, communication, or both? Anim. Beh., 19(2): 357–364.

Hiatt, R. W. and D. W. Strasburg. 1960. Ecological relationship of the fish fauna on coral reefs of the Marshall Islands. Ecol. Monogr., 30: 65–127.

Hobson, E. S. 1965. A visit with el barbero. Underwater Nat., 3(3): 5–10.

Kerstitch, A. 1977. Butterflies and angels of the Sea of Cortez. Marine Aquarist (U.S.A.), 7(9): 17–28.

Lobel, P. S. 1975. Hawaiian angelfishes. Marine Aquarist (U.S.A.), 6(4): 30–41.

Mayland, H. J. 1976. Some Red Sea fishes. Marine Aquarist (U.S.A.), 7(5): 29–34.

Meyers, A. A. and P. M. Meyers. 1978. Rafflesi. Marine Aquarist (U.S.A.), 8(5): 42–45.

Miklosz, J. C. 1972. When is a koran not a koran? Marine Aquarist (U.S.A.), 3(4): 16–25.

Moe, M. A. Jr. 1976. Rearing Atlantic angelfish. Marine Aquarist (U.S.A.), 7(7): 17–26.

Moe, M. A. Jr. 1977. Inside the egg of an angelfish. Marine Aquarist (U.S.A.), 8(3): 5–12.

Moyer, J. T. and A. Nakazono. 1978. Population structure, reproductive behavior, and protogynous hermaphroditism in the angelfish *Centropyge interruptus* at Miyake-jima, Japan. Jap. J. Ichthyol., 25(1): 25–39.

Okuno, R. 1962. Intra- and interspecific relations of salt-water fishes in aquarium. I. Butterflyfishes. Japan. J. Ecol., 12(4): 129–133.

Randall, J. E. 1967. Food habits of reef fishes of the West Indies. Studies in tropical Oceanography No. 5. Univ. of Miami Inst. Mar. Sci.: 665–847.

Randall, J. E., G. R. Allen, R. C. Steene. 1977. Five probable hybrid butterflyfishes of the genus *Chaetodon* from the central and western Pacific. Rec. West. Aust. Mus., 6(1): 3–26.

Randall, J. E. and W. D. Hartman. 1968. Sponge-feeding fishes of the West Indies. Mar. Biol., 1(3): 216–225.

Randall, J. E. and Maugé, L. A. 1978. *Holacanthus guezei*, a new angelfish from Réunion. Bull. Mus. natn. Hist. nat., Paris. 3rd Ser., no. 514, Zoologie 353: 297–303.

Reese, E. S. 1973. Duration of residence by coral reef fishes on „home" reefs. Copeia, No. 1: 145–149.

Reese, E. S. 1975. A comparative field study of the social behaviour and related ecology of reef fishes of the family *Chaetodontidae*. Z. Tierpsychol., 37: 37–61.

Reese, E. S. 1977. Coevolution of corals and coral feeding fishes of the family *Chaetodontidae*. Proc. Third Int. Coral Reef Symp. 1: 267–274.

Shen, S. C. and C. H. Liu. 1976. Ecological and morphological study of the fish fauna from the waters around Taiwan and its adjacent islands. 17. – A study of sex reversal in a pomacanthid fish *Genicanthus semifasciatus* (Kamohara). Acta Oceanographica Taiwanica Sc. Reports, Nat. Taiwan Univ. No. 6: 140–150.

Silner, L. 1965. Der Kaiserfisch von Akaba, *Holacanthus (Apolemichthys) xanthotis* – ein Neunachweis im Roten Meer. Neptun, 5: 246–247.

Slastenenko, E. P. 1957. A list of natural fish hybrids of the world. Hidrobiologi, ser. B, 4(2–3): 76–97.

Steene, R. C. 1977. Falter- und Kaiserfische, Band 1. Mergus-Verlag, Melle, W. Germany.

Takeshita, G. Y. 1976. An angel hybrid. Marine Aquarist (U.S.A.), 7(1): 27–35.

TI Tatsachen und Informationen aus der Aquaristik 1977. 37 (März): S. 4–18.

Yasuda, F. 1967. Some observations on the color of the young forms of *Chaetodontoplus septentrionalis* (T. & S.). Sci. Rep. Yokosuka City Mus., 13: 78–81.

Yasuda, F. and Y. Tominaga. In press. Different color patterns of *Holacanthus septentrionalis* from the coastal waters of Japan. Jpn. J. Ichthyol.

Yasuda, F. and A. Zama. 1975. Notes on the two rare chaetodont fishes, *Parachaetodon ocellatus* and *Coradion chrysozonus* from the Ogasawara Islands. J. Tokyo Univ. Fish., 62(1): 33–38.

Zumpe, D. 1964. Laboratory observations on the aggressive behaviour of some butterfly fishes (Chaetodontidae). Z. Tierpsychol., 22(2): 226–236.

Zumpe, D. 1964. Kampfverhalten bei *Chelmon rostratus.* Die Aquarien und Terrarien Z., 17(7): 210–212.

Zumpe, D. 1964. Das Kampfverhalten bei *Heniochus acuminatus.* Die Aquarien und Terrarien Z., 17(10): 303–305.

Klassifizierung (Taxonomische Arbeiten)

Ich habe die Angaben für jede Originalbeschreibung der gültigen Arten von Falter- und Kaiserfischen nicht aufgeführt. Die meisten Leser haben ohnehin dafür keine Verwendung, aber für Studenten oder Berufsichthyologen, die diese Angaben benötigen, werden empfohlen:

Fraser-Brunner (1933) für die *Pomacanthidae* und Burgess für die *Chaetodontidae.*

Ahl, E. 1923. Zur Kenntnis der Knochenfischfamilie Chaetodontidae, insbesondere der Unterfamilie Chaetodontinae. Arch. Naturg. A 89(5): 1–205.

Allen, G. R. and R. H. Kuiter. 1978. *Heniochus diphreutes* Jordan, a valid species of butterflyfish (Chaetodontidae) from the Indo-West Pacific). J. Roy. Soc. West. Aust., 61(1): 11–18.

Allen, G. R. and R. C. Steene. 1979. The fishes of Christmas Island, Indian Ocean. Spec. Publ. Aust. Nat. Parks Wildlife: I–140

Baldwin, W. J. 1963. A new chaetodont fish, *Holacanthus limbaughi,* from the eastern Pacific. Los Angeles Country Mus. Contri. Sci. No. 74: 1–8.

Böhlke, J. E. and Chaplin, C. G. 1968. Fishes of the Bahamas. Livingston Pub. Co., Wynnewood, Pennsylvania.

Burgess, W. E. 1973. *Apolemichthys xanthopunctatus,* a new species of angelfish (family Pomacanthidae) from the Pacific Ocean. Trop. Fish Hobbyist (U.S.A.), 21: 55–56, 86–89.

Burgess, W. E. 1974. *Centropyge aurantonotus,* a new species of pygmy angelfish from the southern Caribbean. Trop. Fish Hobbyist, 23 (225, No. 3): 90–97.

Burgess, W. E. 1978: Butterflyfishes of the world. T. F. H. Publications, Inc., Neptune, New Jersey, U.S.A.

Burgess, W. E. and Axelrod, H. R. 1972. Pacific Marine Fishes. Book 2. TFH Publications Inc., New Jersey. 104

Cuvier, G. 1831 (In: Cuvier, G. and A. Valenciennes). Histoire Naturelle des Poissons, Levrault, Paris.

Fraser-Brunner, A. 1933. A revision of the chaetodont fishes of the subfamily Pomacanthinae. Proc. Zool. Soc. London, 1933: 543–599.

Fraser-Brunner, A. 1950. *Holacanthus xanthotis,* sp. n. and other chaetodont fishes from the Gulf of Aden. Proc. Zool. Soc. London, 120: 43–48.

Freihofer, W. C. 1963. Patterns of the ramus latera is accessorius and their systematic significance in teleostean fishes. Stanford Ichthyol. Bull. 8: 81–189.

Hubbs, C. L., 1963. *Chaetodon aya* and related deep-living butterflyfishes: Their variation, distribution, and synonymy. Bull. Mar. Sci., 13 (1): 133–192.

Guézé, P. and L. A. Máuge. 1973. Redécouverte de *Chaetodon mitratus* Günther (Pisces: Chaetodontidae). Travaux et documents de l'O.R.S.T.O.M. communications présentées au Colloque Commerson La Réunion 16–24 Octobre 1973: 39–44.

Günther, A. 1860. Catalogue of the fishes in the British Museum. Vol. 2. Trustees Brit. Mus. (Nat. Hist.). London.

Klausewitz, W. 1963. *Centropyge eibli* n. sp. von den Nikobaren (Pisces, Percoidea, Pomacanthidae). Senck. biol., 44(3): 177–181m.

Klausewitz, W. 1969. Vergleichend-taxonomische Untersuchungen an Fischen der Gattung Heniochus. Senckenbergiana biol., 50: 49–89.

Klausewitz, W. 1972. Litoralfische der Malediven. II. Kaiserfische der Familie Pomacanthidae (Pisces: Perciformes). Senck. biol., 53(5/6): 361–372.

Klausewitz, W. und T. Wongratana. 1970. Vergleichende Untersuchungen an *Apolemichthys xanthurus* und *xanthotis.* Senck. biol. 51(5/6): 323–332.

Lubbock, R. and R. D. Sankey. 1975. A new angelfish of the genus *Centropyge* (Teleostei: Pomacanthidae) from Ascension Island. Bull. Br. Mus. nat. hist. (Zool.), 28(5): 227–231.

Masuda, H., Araga, C. and Yoshino, T. 1975. Coastal Fishes of Southern Japan. Tokai University Press, Tokyo.

Máuge, L. A. and R. Bauchot. 1976. Une espèce nouvelle de Chétodon de l'Oceán Indien occidental: *Chaetodon guezei* (Pisces: Chaetodontidae). Bull. Mus. Natn. Hist. nat., Paris, 3rd ser., no. 355, Zoologie 248: 89–101.

Nalbant, T. 1964 (1965). Sur les Chaetodons de l'Atlantique, avec la description d'un noveau genere *Bauchotia* (Pisces: Chaetodontidae). Bull. Mus. Natn. Hist. nat., 36(5): 584–589.

Nalbant, T. 1973. Studies on chaetodont fishes with some remarks on their taxonomy (Pisces, Perciformes, Chaetodontidae). Travaux Mus. Hist. Nat. „Grigore Antipa" 13: 303–331.

Nalbant, T. 1974. Some osteological characters in butterfly fishes with special references to their phylogeny and evolution (Pisces, Perciformes, Chaetodontidae). Travaux Mus. Hist. Nat. „Grigore Antipa" 15: 303–314.

Ogilby, J. D. 1915. Review of the Queensland Pomacanthinae. Mem. Qld. Mus., 3: 99–116.

Randall, J. E. 1975. A revision of the Indo-Pacific angelfish genus *Genicanthus,* with descriptions of three new species. Bull. Mar. Sci., 25(3): 393–421.

Randall, J. E. 1975. Three new butterflyfishes (Chaetodontidae) from southeast Oceania. U O, 25: 12–22.

Randall, J. E. and D. K. Caldwell. 1973. A new butterflyfish of the genus *Chaetodon* and a new angelfish of the genus

Centropyge from Easter Island. Contr. Sci. Los Angeles Country Mus., no. 237: 1–11.

Randall, J. E. and W. Klausewitz. 1977. *Centropyge flavipectoralis,* a new angelfisch from Sri Lanka (Ceylon). Senck. Biol., 57(4/6): 235–240.

Randall, J. E. and P. J. Struhsaker. 1976. Description of the male of the Hawaiian angelfish *Genicanthus personatus.* Bull. Mar. Sci., 26(3): 414–416.

Randall, J. E. and R. C. Wass. 1974. Two new pomacanthid fishes of the genus *Centropyge* from Oceania. Jpn. J. Ichthyol., 21(3): 137–144.

Shen, S. C. 1973. Ecological and morphological study on fish-fauna from the waters around Taiwan and its adjacent islands. 3. Study on the chaetodont fishes (Chaetodontidae) with description of a new species and its distribution. Rept. Inst. Fish. Biol. Nat. Taiwan Univ., 3(1): 1–75.

Shen, S. C. and P. C. Lim. 1975. An additional study on chaetodont fishes (Chaetodontidae) with description of two new species. Bull. Inst. Zool., Academia Sinica, 14(2): 79–105.

Shen, S. C. and C. S. Liu. In Druck. Clarification of the genera of the angelfishes (family Pomacanthidae). Acta Oceanographic Taiwanica Sci. Repts. Nat. Taiwan Univ.

Smith, J. L. B. 1949. The sea fishes of southern Africa. Central News Agency, Ltd., South Africa.

Smith, J. L. B. 1955. The fishes of the family Pomacanthidae in the Western Indian Ocean. Ann. Mag. nat. Hist., (12) 8: 377–384.

Smith-Vaniz, W. F. and J. E. Randall. 1974. Two new species of angelfishes *(Centropyge)* from the Cocos-Keeling Islands. Proc. Acad. nat. Sci. Philad., 126(8): 105–113.

Tominaga, Y. and F. Yasuda. 1973. *Holacanthus interruptus,* a valid pomacanthid species, distinct from *Centropyge fisheri.* Jpn. J. Ichthyol., 20(3): 157–162.

Weber, M. and L. F. de Beaufort. 1936. The fishes of the Indo-Australian Archipelago, Vol. 8. E. J. Brill, Leiden.

Woods, L. P. and L. P. Schultz. 1953. Subfamily Pomacanthinae. In: Schultz, L. P. et al., Fishes of the Marshall and Marianas Islands. Bull. U.S. nat. Mus., 202(1): 597–608.

Yasuda, F. and Y. Tominaga. 1970. Two new long-tailed pomacanthine fishes from Miyake-Jima and Okinawa-Jima, Japan. Jpn. J. Ichthyol., 17(4): 141–151.

Yasuda, F. and Y. Tominaga. 1976. A new pomacanthid fish, *Chaetodontoplus caeruleopunctatus,* from the Philippines. Jpn. J. Ichthyol., 23(3): 130–132.

Verzeichnis der in diesem Buch aufgeführten Synonyme

Unter den Seitenangaben finden Sie die jeweiligen, heute gültigen Namen der Arten und ihre Zuordnung.

Verzeichnis der deutschen Fischnamen von Band 1 und 2

Seitenangaben bis 144 = Band 1; ab 145 = Band 2

Verzeichnis der gültigen wissenschaftlichen Fischnamen von Band 1 und 2

Die fett gedruckten Zahlen weisen auf die Artbeschreibung und Abbildungen hin: Seitenangaben bis 144 = Band 1; ab 145 = Band 2.
Die mager gedruckten Zahlen weisen auf die Zuordnung der Arter innerhalb der Gattungen und Untergattungen hin.
Die Seitenangaben des Tabellenteils (s. 322–331) sind hier nicht enthalten.

68,-
34,80 €

Asia
SEA OF JAPAN
Japan
NORTH PACI
Okinawa
Hongkong
Formosa
Red Sea
20°
SOUTH CHINA SEA
MICRONESIA
Bangkok
Africa
Philippines
Pa
Marshall Islands
Sri Lanka (Ceylon)
Caroline Islands
Maldive Islands
Singapore
Borneo
Moluccas
Equator
Seychelles
Sumatra
New Guinea
Zanzibar
INDONESIA
Celebes
Solomon Islands
Java
Aru Islands
MELANESIA
Timor
Indian Ocean
Great Barrier Reef
New Hebrides
Darwin
20°
Cairns
Fiji Islands
Mauritius
Tonga
Lourenco Marques
New Caledonia
Madagascar
Australia
Brisbane
SOU
Perth
Lord Howe Island
Sydney
Melbourne
New Zealand